Nicole Joens

Tanz der Zitronen

Tanz der Zitronen

Literarisches Sachbuch
Nicole Joens

CINDIGO

Originalausgabe
1. Auflage Juli 2013

©CINDIGObook, der Buchverlag
der CINDIGOfilm GmbH, München & Berlin
Alle Rechte vorbehalten

Umschlaggestaltung: Christine Paxmann
Lektorat: Heike Pöhlmann und Ulrike Töllner

Satz & Gestaltung: Philip Joens

Druck: freiburger grafische betriebe GmbH & Co KG

Made in Germany
ISBN 978-3-944251-13-4

Mehr über unsere Filme, Musik und Bücher:
http://www.cindigo.de

Widmung

Für meine Mutter, die mich lehrte, die Kunst zu respektieren und mir die Liebe zu Büchern, Musik und Filmen schenkte.

Für meinen Vater, der mir beibrachte an mich zu glauben und niemals aufzugeben.

Ob ihre Künstler-Erziehung eine gute Idee war, werde ich erst am Ende meines Lebens wissen.

Bis auf drei eindeutig als Satire zu erkennende Kapitel in meinem Buch, die der Unterhaltung dienen, schildere ich wahre Begebenheiten aus meiner Perspektive. Die Namen beteiligter Personen, die ich schützen möchte, wurden von mir verändert, so auch entscheidende Details ihrer Lebensumstände, die zu ihrer Erkennung führen könnten.

Auszüge wesentlicher Artikel von engagierten Medien-Journalisten, die zur Klärung einiger von mir kritisierten Missstände dienen, wurden mir freundlicher Weise zur Veröffentlichung zur Verfügung gestellt.

Dem Liedermacher, und unermüdlichen Weltverbesserer, *Konstantin Wecker,* danke ich für die Erlaubnis, seinen Liedtext abdrucken zu dürfen.

Vorwort

Die *Redakteurin* Annika hieß in Wirklichkeit anders, doch der Name Annika hätte gut zu ihr gepasst, wie ich finde. Ihr Tod ist wahr und einer der Hauptgründe, warum ich dieses Buch schreibe.

Bei Annikas unvermitteltem und viel zu frühen Tod im Winter 2011 hätte beruflicher Stress eine Rolle gespielt, so hörte ich von erschrockenen Kollegen in München. Seitdem quält mich eine merkwürdige Unruhe. Es könnte sein, dass ich an Annikas Stress maßgeblich beteiligt war. Ich hatte ihren Vorgesetzten gegenüber einen Korruptionsverdacht geäußert, den wir zu ihren Lebzeiten leider nicht mehr aus der Welt schaffen konnten. Das belastet mich und ich wünsche mir auch nach ihrem Tod eine Aufklärung über einige Ungereimtheiten.

Es ist furchtbar, wenn man jemanden verdächtigt, doch wurde Annika als eine von drei Zeuginnen in einem Gerichtsverfahren gegen mich benannt, das mich mundtot machen sollte, zumindest ist das die einzige Erklärung, die mir halbwegs logisch erscheint.

Annikas Tod ist Teil einer längeren Geschichte über mein Drehbuchschreiben für die öffentlich-rechtlichen Sender und einige Missstände, die über Jahre durch fehlende Kontrollorgane hässliche Blüten trieben. Daher die dringende Forderung vieler Filmschaffender und auch einiger Politiker nach Transparenz.

Mehr als acht Milliarden Euro Gebührengelder zeugen von einem enormen Vertrauen, das es zu erhalten gilt. Seit Jahren stehen ARD und ZDF jedoch immer wieder wegen undurchsichtiger finanzieller Machenschaften und ihrer Politiknähe im Kreuzfeuer. Das belastet auch das Verhältnis zu den freien Filmschaffenden inzwischen stark.

Weiterhin sehe ich die künstlerische Freiheit von Drehbuchautoren gefährdet, seit ich zweimal vor Gericht meine Rechte verteidigen musste. Schreiben wir für ARD und ZDF nicht nach Sender-Weisung, so können wir durch willigere Autoren ersetzt werden, selbst bei unseren eigenen Geschichten.

Geht es überhaupt noch um Inhalte? Feuilletons beschweren sich im Namen vieler Zuschauer über das monothematische Fernsehprogramm. Seit Jahren bemerkt man die Vernachlässigung unserer Erzähl-Kultur und es geschieht nichts dagegen. ARD und ZDF kaufen lieber für viele Millionen Sportrechte ein.

Sind ARD und ZDF ihr Geld unter diesen Bedingungen noch wert?

Ein Dauer-Streitpunkt zwischen befreundeten Redakteuren und mir ist die Tatsache, dass die Zuschauer meiner Meinung nach schon seit gut fünf Jahren zu viel Geld für unser veraltetes Sender-System bezahlen. ARD und ZDF schleppen einen enormen Wasserkopf an überflüssiger Verwaltung mit sich herum anstatt sich zu verkleinern. Lauter *Tochter- und Enkelunternehmen* wollen an unseren Rundfunkgebühren mitverdienen.

Über das Wort *Proporz* war ich gemeinsam mit der ZDF-Redakteurin Annika gestolpert. Es ging um vier Millionen Gebührengelder, die mit Hilfe meines ZDF-Vierteilers für den Sonntagabend zu einem jungen Produzenten nach Berlin wandern sollten, der mir zu wenig Produktionserfahrung hatte. Als ich fragte warum das Geld nach Berlin ging, obwohl mein Vierteiler in Bayern spielte und ich in München lebte, sagte Annika, das ginge mich nicht wirklich etwas an. Später stand ihr Name in einem bedrohlich klingenden Anwaltsbrief an mich. Sie war als Zeugin in einem Gerichtsfall gegen mich benannt.

Hatte ich mit meinen unbequemen Fragen in ein Hornissennest gestoßen?

Monate vor dem Gerichtstermin fragte ich bei Annika nach, warum das ZDF mir meine Geschichte nicht einfach zurückgeben wollte. Dieses ganze Gerichtsverfahren wegen meines angeblichen Ungehorsams als Autorin erschien mir absurd. Ich bekam keine Antwort. Dann war sie eines Tages tot.

«Die Menschen werden jenes Ding verfolgen,
vor dem sie am meisten Angst haben.»

Leonardo Da Vinci (1452 - 1519)

Todeshauch

Geschichtenerzähler sind seltsame Menschen. Sie können oft nicht anders, als mit diesen Wesen, die sie tagsüber in endlosen Worten auf Papier bannen, auch ihre Nächte zu verbringen. Selbst in meinen Träumen wüten manche Charaktere und verlangen nach immer neuen Worten.

Seitdem man mir die mehreren hundert Seiten des geplanten ZDF-Vierteilers abrupt wegnahm, entstanden aus der Vorgeschichte meiner nicht verfilmten „Blut und Boden" Geschichte am Chiemsee drei Romane. Zwei wurden im Jahr 2012 als Hawaii-Romane beim Piper Verlag unter meinem Pseudonym *Noemi Jordan* veröffentlicht. Der dritte folgt diesen Herbst und ein vierter Roman soll im Herbst 2014 erscheinen. Vielleicht spielt er erneut auf Hawaii, oder aber dieses Mal endlich am Chiemsee. Das hängt vom ZDF ab.

Meine persönliche Erfahrung mit Annika, vor allem aber ihr unerwarteter Tod, konfrontierte mich mit Fragen, die ich mir mit Logik allein nicht beantworten kann. Im Film- und Mediengeschäft arbeiten nicht nur wir Freien oft wie die Besessenen. Uns treibt oft die Leidenschaft zu unserem Beruf, was nicht immer gesund ist und mein schwer zu strukturierendes Berufsleben war zu dem Zeitpunkt von Annikas Tod bereits zweigeteilt.

Seitdem ich als Drehbuchautorin verklagt worden war, arbeitete ich zusätzlich als Produzentin an der Seite meines Mannes an unserem ersten Kinofilm: *Woodstock in Timbuktu - die Kunst des Widerstands*, Regie *Désirée von Trotha*. Wir waren im Aufbau und hatten viel zu tun, auch mehr als sechzig Stunden Arbeit die Woche waren keine Seltenheit. Der in Mali spielende Dokumentarfilm war nicht voll finanziert und es ging nicht anders.

Nebenbei schlug ich mich mit dieser unleidigen ZDF-Misere herum. Mein Name war beim ZDF auf eine sogenannte *Schwarze Liste* gerutscht. Diese Liste gab es offiziell nicht, dennoch hatte Annika mir meinen möglichen Auftragsverlust bei inhaltlichem Ungehorsam in einem ihrer Emails angekündigt und meine Nächte waren oft unruhig. Nach ihrem Tod, im Winter 2011, begann ich einige Male von Annika zu träumen.

Wie genau war sie gestorben?

Angeblich, so die Gerüchte in der Medienbranche, lag die beliebte *Redakteurin* nach einer besonders erfüllten Arbeitswoche tot in ihrer Wohnung. Bei ihren Yogaübungen soll sie nach einem Herzstillstand eingeschlafen sein.

War das möglich? Wenn ja, wie konnte so etwas passieren? Und hatte ihr Tod, oder besser gesagt der berufliche Stress, der ihre Gesundheit belastet haben soll, etwas mit meinem Petzen beim ZDF zu tun?

Wenn ja, wäre meine Schuld kein Vergehen im juristischen Sinne. Ich hatte es mit meinem Anwalt abgesprochen, da ich in meinen Augen berechtigte Zweifel an ihrem Vorgehen hatte. Annika und ich hatten die Verantwortung ihrer berufliche Integrität, als *Redakteurin* eines öffentlich-rechtlichen Senders, in Bezug auf die Proporz-Millionen nicht abschließend klären können. Deswegen hatte ich darum gebeten, meinen Drehbuchvertrag nur mit dem ZDF unterzeichnen zu dürfen. Damals vertraute ich dem ZDF noch. Daher fragte ich, als Ungereimtheiten auftauchten, einfach bei *Heike Hempel*, Annikas direkter Vorgesetzter, nach. Die Wahl des relativ unerfahrenen Berliner Produzenten schien mir absurd, daher scheute ich die vertragliche Bindung. Annika reagierte damals irritiert. Später dann, als sie sich als Redakteurin noch ungewöhnlicher verhielt, wandte ich mich sogar an den damaligen *Programmdirektor, Dr. Thomas Bellut.* Ich fühlte mich im Recht. Dennoch würde ich mir mein Petzen noch lange vorwerfen müssen, sollte ich damit beim ZDF Ungutes ausgelöst haben. Hoffentlich hatte Annika durch mich nicht so viel Stress, dass ihr Tod früher eintrat als vom Schicksal vorgesehen. Hoffentlich ist alles anders, sind auch die Alpträume, die mich bisweilen quälen, nur Ausdruck einer undefinierbaren Schuld, die ich verspüre, weil mein Konflikt mit Annika ungelöst blieb.

Doch was hatte ich eigentlich getan?

Nach zwanzig Jahren Arbeit als Drehbuchautorin für die öffentlich-rechtlichen Sender hatte ich mir von Annika meine Lieblingsgeschichte, von mir über Jahre erdacht, zurückgewünscht. Es sollte mitten in der Entwicklung, ich schrieb bereits die Dialoge, plötzlich ein weiteres ZDF-Ermittlerformat daraus gemacht werden.

Für das Fernsehen schreibe ich normalerweise Dramen, zweimal war es leichte Komödie, doch für einen guten Krimi-Vierteiler bin ich zu unerfahren. Da gibt es bessere Autoren, der *Tatort* ist ein großartiger Krimi-Spielplatz für viele meiner meist männlichen Kollegen.

Warum aber durfte meine Geschichte nicht mehr als Drama mit einigen, wenigen Krimi-Elementen gedreht werden, wie ursprünglich geplant? Auch Annika hatte es, fast genau zwei Jahre vor ihrem Tod, kurz bedauert, dann aber die übliche Quoten-Begründung geliefert. Der ZDF-Zuschauer würde mehr Kriminalgeschichten brauchen, da gäbe es eine Umfrage.

Daraufhin wollte ich meine Geschichte zurück, um wie geplant meinen Roman zu schreiben. Vielleicht hätte ich eine Fernsehfassung an die ARD verkauft, doch vor allem ging es mir um meinen Roman. Prompt wurde es schwierig. Ein anderer Autor sollte aus meiner Geschichte einen ZDF-Krimi machen. Als ich vorschlug, dass man mich dann wenigstens ausbezahlen sollte, bevor dieser anderer Autor, dessen Namen man mir anfangs nicht nennen wollte, meine Geschichte bekam, wurde ich zu meinem Erstaunen verklagt.

Ich musste mir einen Anwalt nehmen und stand zum ersten Mal in meinem Leben als Beklagte in Berlin vor Gericht, eine Erfahrung, die mich zutiefst prägte. Bisher war ich mir sicher gewesen, dass ich als Künstlerin in einem geschützten Raum arbeitete, da wir in Deutschland ein Urheberrecht hatten, das mein Einverständnis bei inhaltlichen Veränderungen voraussetzt. Plötzlich stand auch das in Frage und ich fiel aus sämtlichen Wolken.

Wider Erwarten konnten mein Anwalt und ich vor dem Berliner Landgericht einen kleinen Erfolg verbuchen. Einer der Richter konnte mein Anliegen verstehen. Ihm war klar, dass man mir nicht einfach meine Geschichte wegnehmen konnte, oder inhaltliche Änderungen erzwingen durfte. Meine Geschichte war mein geistiges Eigentum und hatte einen zu beziffernden Wert. Es war wunderbar, wie gekonnt einer der Richter diesen Sachverhalt auch artikulierte, doch war es damit nicht getan.

Die Gegenseite wollte meine Geschichte behalten. Ich sagte Nein zu ihrem Angebot, daher gingen sie in Berufung. Von ihrem Standpunkt aus ging es um einen Vier-Millionen-Produktionsauftrag, den ich als Autorin verhindern würde, da ich meine Geschichte immer noch so erzählen wollte, wie ich es als Künstlerin verantworten konnte. Es war absurd. Immer noch war ich keine Krimiautorin. Ich hatte ein Drama in vier Teilen geschrieben mit einigen kleinen Krimielementen und es war kein ZDF-Ermittlerformat. Ich konnte nicht auf alle meine Rechte verzichten, denn ich wollte meinen Roman schreiben.

Sich deswegen vor Gericht zu zanken, mag für Nicht-Autoren verrückt klingen, und vielleicht ist es das auch. Nur lassen manche Geschichten einen Autor einfach nicht mehr los. Ich empfand die inhaltliche Übergriffigkeit von Produktion und Redaktion als Quoten-Zensur, anders kann ich es nicht benennen.

Dabei konnte ich mich normalerweise inhaltlich gut fügen. Über viele Jahre hatte ich zum Beispiel die ARD-Seifenoper *Marienhof* geschrieben, die inhaltlich gänzlich von der Redaktion des Bayerischen Rundfunks kontrolliert wurde. In den Anfangsjahren würde ich diese inhaltliche Kontrolle als politisch liberal einstufen, später ging es mehr in die konservative Richtung. Man wusste als Autor, worauf man sich einließ.

Doch mit meiner eigenen Geschichte war es anders. Ich wachte mitten in der Nacht mit ganzen Szenen auf. Das ungeklärte Schicksal eines begnadeten und von seinen Dorfkindern heißgeliebten, jüdischen Dorflehrers, dem engsten Freund eines rebellischen Chiemsee-Fischers, hatte sich selbstständig gemacht. Sie wollte unbedingt erzählt werden. Vielleicht hatte die Hartnäkkigkeit dieser Geschichte mit einer alten Dorflinde nahe der österreichischen Grenze im Chiemgau zu tun. Neben diesem erstaunlichen Baum lebte ich fast fünf Jahre lang. Die raschelnden Blätter dieser Linde hatten mir vor vielen Jahren von diesem, im Dritten Reich in diesem Baum gehenkten, Lehrer erzählt. Von seinen Schülern im Dorf wurde er nie vergessen, doch auch in meinen Gehirnwindungen lebte er.

Warum hatte das ZDF ausgerechnet diesen Vierteiler gewollt? Wie Annika mir erklärt hatte, waren Vorschläge aus ganz Deutschland für die neuen ZDF-Mehrteiler für den Sonntagabend eingereicht worden. Warum also

17

mein ermordeter Lehrer und seine neugierige Nichte, die zwanzig Jahre später, in den aufmüpfigen Endsechzigern, spurlos verschwand, während sie nach Gründen für die Ermordung ihres Onkels forschte?

Die Auswirkungen einer Bluttat auf alle Nachkömmlinge hatte ich in meinen Vierteiler im bayerischen Bergland dramatisch und spannend erzählt. Doch dann wollte das ZDF diese Geschichte plötzlich nicht mehr als Heimat-Drama erzählen, obwohl sie gut recherchiert war.

Vielleicht war meine Herzblutlinde zu gründlich recherchiert? Vielleicht wusste man auf dem *Lerchenberg*, in den juristischen Eingeweiden des ZDF-Gebäudes, ebenfalls beschämende Geheimnisse aus Kriegszeiten, wie sie mir von den Blättern eines Baumes zugeraunt worden waren?

Mein ZDF-Vierteiler rührte an eine empfindliche Wunde. Die über Jahrzehnte vertuschten Zwangsenteignungen von jüdischem Besitz waren ein hässliches Überbleibsel unseres Behörden- und Beamtenfilzes nach dem Krieg.

In dem Dokumentarfilm *Menschliches Versagen* von *Michael Verhoeven* kamen vor allem beschämende Machenschaften deutscher Finanzämter ans Licht.

In meinem dramatischen Vierteiler ging es um gefälschte Grundbücher. Es war ein heikles Thema. Doch gab es meines Wissens am Chiemsee keine zwangsenteigneten Seegrundstücke. Ich hatte zumindest keine gefunden, die einst in jüdischem Besitz gewesen wären. Dieses Detail hatte ich frei erfunden, allerdings nie mit Annika abgeklärt, ob sie darin ein Problem sah.

Wenn die Geschichte nicht passend war, aus welchem Grund auch immer, hätte das ZDF sie mir spätestens im Jahr 2012 zurückgegeben können. Darum gebeten hatte ich mehrfach, auch nach Annikas Tod. Bereits im Jahr

2009 hatte ich über eine finanzielle Schadensbegrenzung auf beiden Seiten mit Annikas Vorgesetzter *Heike Hempel* und auch mit der Produktionsfirma korrespondiert.

Nur wollte das ZDF mir meine Geschichte immer noch nicht zurückgeben. Dabei hatten sie ab Mai 2012 auch nicht mehr die Absicht, sie noch zu verfilmen. Dieser Sachverhalt wurde mir während der zweiten Gerichtsverhandlung, im Jahr 2012, von dem Produzenten Paul vor dem Oberlandesgericht Berlin sogar direkt vor dem Richter mitgeteilt. Ich hatte bei diesem zweiten Gerichtsverfahren keine Chance. Der Richter teilte mir zu Anfang der Verhandlung mit, dass ich mich vergleichen sollte, da kein vollständiges Werk zu erkennen war. Auf die Tatsache, dass meine Geschichte schon längst vollständig vorlag, ging er nicht weiter ein. Ich bin mir fast sicher, dass er meine fast vierhundert Seiten *Herzblutlinde* gar nicht gelesen hatte. Wir hätten genausogut über eine Anleitung zum Hausbau, oder einen anderen Inhalt reden können, weder mein Roman, noch meine inhaltlichen Belange spielten in der zweiten Gerichtsverhandlung eine Rolle. Es war alles sehr mysteriös, zudem das ZDF bei meinen anschließenden Nachforschungen, wegen meines Romans, zunächst gar nicht reagierte. Erneut musste ich einen Anwalt bemühen.

Heutzutage würde ich die Geschichte sogar beim Bayerischen Rundfunk als intelligente Regional-Serie anbieten. Sie ist aber vielleicht auch dort aus politischer Sicht nicht erwünscht. Geschichtlich-politische Aufarbeitung ist out, das große Täter-Verständnis, so wie in dem ZDF-Mehrteiler aus dem Jahr 2013: *Unsere Mütter, unsere Väter*, hat begonnen. Das ist ein komplett anderer Ansatz, den ich so nie schreiben könnte, da ich als Autorin ganz anders empfinde.

Die unpassende politische Ausrichtung meines Vierteilers für das ZDF wäre zumindest eine halbwegs plausible Begründung für Annikas plötzlich verändertes Verhalten während der Zusammenarbeit.

Im August 2009 waren wir uns bezüglich der Hauptfiguren meiner Geschichte bereits einig und standen kurz vor Vertragsunterzeichnung. Annika war damals noch die einzige Redakteurin. Mit einem Mal bestand sie darauf, dass die junge Kindsmutter aus dem Norden aus der Geschichte vermögend war und ein schickes Auto fahren sollte. Ich starrte sie ungläubig an.

«Das meinen Sie nicht ernst, oder?»

«Und wie ich das ernst meine! Das wollen unsere ZDF-Zuschauer am Sonntagabend so. Nach ihrem brillant abgeschlossenen Studium als Apothekerin hat die junge Mutter großartige Aussichten auf einen hervorragenden Job in den USA...»

«Wie bitte?»

«Sie haben mich ganz richtig verstanden. Die schöne junge Mutter fährt ein elegantes Cabriolet. Vielleicht sollte es rot sein...?»

Natürlich war ich dagegen, denn es war unrealistisch. Alleinerziehende Mütter verarmten laut langjähriger Statistik auch in Deutschland. Das durfte auch in dem Mehrteiler spürbar sein, musste es sogar, da ich versuchte auch jüngeres Publikum anzusprechen.

«Meine junge Kindsmutter muss jeden Cent umdrehen, selbst ihr gemietetes Zimmer am Chiemsee wäre äußerst bescheiden. Das ist wichtig für die Geschichte...»

«Das geht im ZDF gar nicht. Der Sonntagabend ist Wohlfühlfernsehen, da stört Armut!»

«Wohlfühlen geht auch ohne das große Geld, wie ich finde, vor allem bei jungen *Protagonisten*, die auf der Suche nach ihrem eigenen Lebensweg sind. Es reicht, dass meine Hauptfigur ein abgeschlossenes Studium hat...»

So etwas war typisch *Redakteur*! Kurz vor Vertragsabschluss wurden die Daumenschrauben getestet. Dabei war ich dem ZDF bereits entgegengekommen. Ursprünglich war meine junge Mutter eine Cellistin, die keinen Schimmer hatte, wie sie auf Dauer ihr Kind finanzieren würde. So eine Hauptprotagonistin war für das ZDF überhaupt nicht in Frage gekommen.

Laut ZDF-Umfragen fühlten sich Zuschauer am Sonntagabend wohl, wenn man ihnen Geschichten wohlhabender Menschen mit herausragenden beruflichen Perspektiven und möglichst kleinen Problemen erzählte. Das sagte Annika mit ihrer sanften Stimme und einem Redakteurs-Blick, der nicht viel Widerstand zulassen würde. Ich kannte das bereits. Die Inhalts-Polizei zeigte ihr hässliches Gesicht.

Damals hätte ich wissen können, dass es keine gute Idee war für Annika einen ZDF-Mehrteiler schreiben zu wollen. Doch hätte mir jemand gesagt, dass ich mich deswegen vor zwei Berliner Gerichten rechtfertigen würde, und Annika zwei Jahre und zwei Monate später tot in ihrer Wohnung liegen würde, hätte ich es nicht geglaubt. Meine Frage nach meinem unbequemen politischen Inhalt, die das Berliner Oberlandesgericht so gar nicht interessieren wollte, bleibt: Haben wir es neuerdings mit einer *Quoten-Zensur* zu tun, die nichts anderes ist, als beinharte politische Zensur in einem feigen Deckmäntelchen der Popularität?

«So gut wie immer hat eine kleine engagierte Minderheit die Welt in einen besseren Ort verwandelt»

Martin Luther King

Frühlingserwachen in Jaipur

Im März 2013 war ich im Rahmen meiner Produzentinnen-Tätigkeit für unsere Firma auf einer Rechercherreise in Indien unterwegs. Unter anderem filmte ich ein Interview mit einem pensionierten, amerikanischen Gefängnisdirektor. Ich nenne ihn John. Mit beginnender Altersweisheit war John zu einem System-Verbesserer geworden. Ein Versuch sein Gewissen zu beruhigen, der zum Scheitern verurteilt war.

In die Linse meiner Kamera erzählte John zunächst auf charmant-monotone Weise von seinem langjährigen Milliarden-Steckenpferd. John analysierte mit besonderer Vorliebe die intelligenten, systemischen Mechanismen der stetig wachsenden privaten Gefängnisindustrie in den USA. Je erfolgreicher die Gefängnisse waren, desto mehr brachten sie seine Augen zum Leuchten. Er beriet einige der ganz großen Gefängniskomplexe, sowohl in den USA, als auch in anderen Ländern, sogar in China und Indien hatte er Kunden.

«Es ist ein Milliardengeschäft, verstehst du, an dem sehr viele Menschen mitverdienen können, wenn sie verschwiegen genug sind. Der Strafvollzug selber ist nur ein Puzzlestein von vielen ...»

Geduldig beschrieb er mir, wer sich alles an Gefängnisinsassen bereichern konnte. Teil eines Systems konnten kooperierende Gerichte sein, spezielle Gutachter und Gefängnispsychologen. Dann natürlich auch einige Überwachungsfirmen und die Bau- und Instanthaltungsfirmen für die Gebäude. Weiterhin wichtig seien spezielle Transportunternehmen.

«Verstehst du, wie das in den USA mit den privaten Gefängnissen läuft? Alle haben sie etwas davon! Die

Großküchen, viele Mediziner, alle möglichen Unternehmen: vom speziellen Wäscheservice über den Drogenlieferanten bis zum Prothesenmacher!»

Er lächelte fast schon entschuldigend. Immer mal wieder käme in einem Kampf unter Insassen auch ein Arm oder ein Bein abhanden.

«Und ja, zu guter Letzt braucht man auch möglichst viele Gefangene ... sonst läuft der Laden nicht. Immerzu braucht man Nachschub... das System will wachsen!»

Ich filmte ihn fasziniert. John erzählte von dem *prison system* wie von einem gefräßigen Tier, das sich selbst am Leben erhalten musste.

«Stets dient ein System zuerst sich selbst, das musst du einfach begreifen. Und auch in den US-Gefängnissen ist meistens ein gewisses Maß an Korruption der nötige Klebstoff, der alle zusammenhält. Das gilt für die Wachen, die Gefangenen und alle anderen auch. Hältst du einmal die Hand auf, bist du drinnen... dann gehörst du dazu! Die Neuen, die werden erst nach einiger Zeit eingeweiht... aber das System braucht immer Nachschub. Ohne Nachschub geht es nicht!»

Ich zoomte noch näher an seine jetzt wütend funkelnden Augen.

«Auch ich lebe von diesem verdammten System, weil ich es berate. Und ich berate es, weil das System der privaten Gefängnisindustrie immer weiter wachsen will. Und deshalb müssen in den USA mehr und mehr Leute kriminell werden...»

John lächelte traurig.

«Wir nennen es Wirtschaftswachstum. In der Gefängnisindustrie geht es um verdammt viel Geld. Daher müssen in den USA auch alle Bürger Angst haben ...Waffen, Angst, Gefängnisse, Geld... der ewige Kreislauf.»

John fing an mir zu erklären, dass sich in vielen Systemen ab einer gewissen Größe in den USA fast nur noch mit korrupte Methoden etwas erreichen ließ.

Auch das überteuerte Gesundheits-System in Amerika schnitt im weltweiten Vergleich schlecht ab. Es war bestechlich und wurde von Lobbyisten über die Politik gesteuert, daher waren die Kranken massiv im Nachteil. John konnte sich auch darüber aufregen, jedoch fühlte er sich nur am Rande mitverantwortlich.

«Wir können nicht alles reparieren, doch kann ich nicht in Ruhe achtzig Jahre alt werden, wenn ich nicht zumindest versuche eine Stimme der Vernunft für die Gefängnis-Industrie zu sein. Wir haben alles falsch gemacht, verstehst du?»

John wusste, dass viele Menschen ohne triftigen Grund in Amerika einsaßen, einfach weil das gefräßige Gefängnis-System sie hinter Gittern brauchte.

«Ich weiß, dass immer mehr Menschen zu Unrecht einsitzen, weil ich das System zu gut kenne. Ich habe vor mehr als fünfzig Jahren begonnen in einem kleinen Gefängnis in Oregon zu arbeiten… Damals war es ein Baby-System, heute steht da ein hungriger Gigant und lacht über einen alten Mann wie mich…»

Er sah mich prüfend an. «Und du, was weißt du über das hungrige System von deinem Fernsehsender, das dir Kopfzerbrechen bereitet?»

Ich hatte ihm am Tag zuvor von den merkwürdigen Begebenheiten um meine Geschichte herum erzählt. Auch über Annikas plötzlichen Tod hatten ich geredet. Er bat mich die Kamera auszuschalten, bevor er weiter sprach.

«Hat du über Korruption nachgedacht? Vielleicht starb deine Annika deshalb…? Hast du zumindest einmal darüber nachgedacht…?»

Johns Frage blieb zunächst unbeantwortet. Bald vier Jahre waren seit Beginn meines größten beruflichen Alptraumes vergangen. Immer, wenn ich darüber sprach, spürte ich das Adrenalin der Angst, und wusste genau warum. Meine Freiheit als Autorin sah ich als beschnitten, was mich zutiefst erschreckte. Medienmacht war eine leere Worthülse für mich, die sich mit Gesichtern gefüllt hatte. Eines davon gehörte einem Richter in Berlin, der mich noch nicht einmal angehört hatte, bevor er meinen Fall zu den Akten legen wollte. Das viel umstrittene Urheberrecht drohte zu einer Farce zu verkommen. Dachte ich an mein Verfahren zurück, krampfte sich mein Magen zusammen.

Vor den Toren unseres Hotels mit dem märchenhaften Palast-Garten tobte der Verkehr. Wir tranken ein angenehmes Schweige-Bier in dieser heißen Frühlingsnacht in Jaipur. Was für ein Privileg mit einem erfahrenen Kämpfer außerhalb Deutschlands über mein Thema reden zu können. Ich wusste, dass John zwar seit Jahren versuchte gegen Korruption im Gefängnissektor zu kämpfen, doch gleichzeitig von dem gefräßigen System lebte. Er kannte dieses Paradox, das auch uns freie Filmschaffende in Deutschland gewöhnlich daran hinderte, allzu unbequeme Fragen an ARD oder ZDF zu stellen. Niemand konnte riskieren sich die öffentlich-rechtlichen Sender zu Feinden zu machen. Neue Aufträge stehen auf dem Spiel, oft sogar die Existenz.

Mit wenigen Worten skizzierte ich für John unser Acht-Milliarden-Sender-System: Ständige Geldprobleme, immer kostengünstigeres Programm, acht Millionen, die über Jahre so gut wie unbemerkt beim gemeinsamen ARD und ZDF Kinderkanal verschwinden konnten. Dann die mangelnde Transparenz in der Auftragsvergabe und den

Finanzen. Dazu viele Politiker in den Aufsichtsgremien. Daher gab es auch keine externe Aufsicht über die Finanzen. Von politischer Seite wurde die mangelnde Transparenz seit Jahren stillschweigend geduldet.

John sah mich nach meiner Aufzählung grinsend an. Dann zog er eine seiner gewaltigen, buschigen Augenbrauen hoch: «Sounds like a German paradise for corruption! Call me, if you need a gun...»

Natürlich scherzte John, als er mir eine Waffe anbot, und ich lachte mit ihm. Wir sprachen noch eine Weile über die Dinge, die mir persönlich beim ZDF widerfahren waren. Vor allem auch über den Vertrauensanwalt des ZDF, der sich nie wieder bei mir gemeldet hatte. John sagte, so etwas sei typisch. Könnte ich jedoch einschätzen, wie weitreichend, oder sogar gefährlich ein Acht-Milliarden-Korruptionsgeflecht möglicher Weise war?

Gelegenheit macht Diebe, das hatte sich im Fall von *KIKA* bewahrheitet. Doch was Annikas Tod betraf, wollte ich nicht einmal an mich selber die Frage stellen, ob sie in ihrer Wohnung möglicher Weise ermordet worden war. Diese Vorstellung, die John freimütig in dieser heißen, indischen Nacht heraufbeschwor, war zu entsetzlich. Solche Verbrechen fanden auf dem Bildschirm statt.

Dennoch nahm ich mir in Jaipur vor, mich nach meiner Rückkehr intensiver mit Nachforschungen zu beschäftigen, zumindest was die Finanzen von ZDF und ARD betraf.

Dance Of The Lemons – Tanz der Zitronen:

Film-Metapher für miese Lehrer, die man auf
Grund ihrer unkündbaren Verträge nie wieder
loswerden kann, obwohl Schüler unter ihnen
leiden.

Waiting For Superman
US-Dokumentarfilm, 2010 von Davis Guggenheim

Lemons übersetzt man in diesem Fall mit *Nieten*.
Der Tanz steht in meinem Buch für die unlösba-
re Verflechtung der kreativen, freien Filmemacher mit der inhaltlichen Bevormundung durch
unsere öffentlich-rechtlichen Sender.

Eine Million Euro für eine Hundehütte ohne Dach

Weltweit werden wir von Filmemachern um ZDF und ARD beneidet. In den USA bin ich mit früheren Kollegen in Kontakt, die begeistert von den Milliarden sind, die wir bereitwillig zahlen. Sie halten unsere öffentlich-rechtlichen Sender für einen wertvollen Teil unserer lebendigen Demokratie. Es ist peinlich zu erklären, dass die Wirklichkeit anders aussieht. Wir Filmemacher, allen voran die Autoren, werden inhaltlich bevormundet.

In Deutschland bezahlen wir eine Zwangsabgabe für Sender, die zum Teil erkennbar politisch dominiert werden. Gerade von vielen Jüngeren im Land werden ARD und ZDF auch deswegen kaum, oder sogar gar nicht mehr gesehen. Unsere Inhalte, die erzählerische Bandbreite, die ARD und ZDF zulassen, ist ein Armutszeugnis. Es fehlt an Mut, aber auch an gezielter finanzieller Investition in das Geschichten-Erzählen. Wir kupfern meistens ab. Unter den Jungen wird das fiktionale Programm auch zunehmend offener als politisch gefärbte Volksverdummung wahrgenommen, vor allem beim ZDF.

Gerade jüngere Menschen würden lieber einen kleineren Pflichtbeitrag bezahlen, ungefähr fünf Euro im Monat, wie ich kürzlich erfuhr. Viele sitzen am Computer und beziehen Inhalte über das Internet.

Unsere Privatsender sind zudem vielen Menschen in Deutschland genauso fern oder nah wie ARD und ZDF, bei den Kindern sind sie beliebter. Die lange Zeit lästige Werbung bei den Privatsendern kann man inzwischen raus schneiden. Warum also fast achtzehn Euro im Monat bezahlen und vor allem wofür? So die Stimme vieler junger Leute. Vom erzählerischen Standpunkt her, also der

Qualität der meisten TV-Drehbücher, die heutzutage von den Redaktionen zur Verfilmung freigegeben werden, darf man von einer Hundehütte ohne Dach für eine Million Euro sprechen. Die Kritiker sehen das ganz richtig.

Mein Mann und ich sind um die fünfzig, eigentlich eine perfekte Fernsehgeneration für ARD und ZDF. Zu den Babyboomern gehörend und von viel Konkurrenz geprägt, haben mein Mann und ich immer viel gearbeitet. Es gab bis jetzt keine Zeit in meinem Leben, in der ich viel vor dem Fernseher hätte sitzen können.

Über Jahrzehnte daran gewöhnt, für ein System zu bezahlen, das wir noch nie regelmäßig nutzten, empfanden wir es als überteuerte Solidaritätsabgabe. Doch dann kamen unsere Kinder und ab dem Kindergartenalter setzte ich sie gerne ab und zu vor *KIKA*. Der von uns finanzierte Sender schien zunächst mehr Niveau zu haben als Super RTL. Das fanden unsere Söhne jedoch nicht. Schon als sie eingeschult wurden, fanden sie besser erzählte Geschichten bei Super RTL, nur die Werbung sei blöd.

In der Tat gibt es sehr gut erzählte Kindergeschichten auf Super RTL, vor allem aus Japan. Man könnte als Drehbuchautorin direkt neidisch auf die mutige epische Endlos-Erzählform werden. *KIKA* hingegen sieht heute oft aus, wie auf Sparflamme produziert, vor allem die Drehbücher wirken hausbacken.

Die Teenagerzeit über suchten wir als Familie vergeblich bei ARD und ZDF nach geeigneten Programmen für uns als Familie. Leider sind wir alle vier keine Krimifans, und hinter uns liegt ein Jahrzehnt des Mordens, und der Mordaufklärung, sowohl bei ARD als auch bei ZDF. In endlosen Varianten wurden Krimserien produziert. Von der erzählerischen Struktur her ist der Krimi relativ einfach. Der grundsätzliche Erzählbogen liegt fest: Mord, Ermittlung, Aufklärung und am Ende wird der Täter gefasst. Doch kann diese relativ anspruchslose Erzähl-Struktur nicht der einzige Grund für die Sender-Entscheidung von Kriminalgeschichten sein, nicht eine ganze Dekade lang. Diese Monothematik hat auch eine beruhigende Wirkung, vor allem in einer immer unüberschaubarer werdenden Welt, in der Ängste besänftigt werden müssen. Bei Gerichtssendungen, aber auch Aufklärungsformaten kann sich der Zuschauer der Illusion hingeben, dass am Ende alles gut wird. Es setzt ein politisches Signal, welches das Vertrauen in die staatlichen Kräfte stärken soll, so wurde es uns Autoren bei der ZDF-Serie *Die Rettungsflieger* erzählt, an der ich über Jahre mitschrieb. Diese Serie gehört zwar eher zu den Arztserien, mischte aber geschickt einige freundliche Bundeswehr-Elemente mit ein, zum Beispiel die hübsche junge Bundeswehrärztin Marlene, wodurch das Vertrauen in unsere Streitkräfte gestärkt werden sollte. Beim ZDF wird, so meine Erfahrung als Autorin, nichts dem Zufall überlassen.

Insgesamt erlebten wir als Familie bei ARD und ZDF nur selten gemeinsame Sternstunden als Familie. Man konnte sie in einem Jahr an einer Hand abzählen, unsere Enttäuschungen waren sehr viel zahlreicher.

In den letzten Jahren versuchten wir es kaum noch, da unsere Jungs individuelle Sehgewohnheiten entwickelt hatten, aber vor allem auch viele Spiele spielten, darunter die bei männlichen Jugendlichen überaus populären Kampf- und Militärspiele.

Sehen wir heute gemeinsam Filme oder DVDs, so sind es meistens Produktionen aus dem Ausland. Manchmal gehen wir noch zusammen ins Kino, doch auch dort ist es nicht leicht intelligent erzählte Filme zu finden, die frei von Gewalt sind. Zieht man junge Männer groß, weiß man, wie wichtig es wäre, Inhalte bei ARD und ZDF zu entwickeln, die bei den jungen Erwachsenen Männer und Frauen gemeinsam ansprechen.

Die erfolgreiche Anwaltsserie *Danni Lowinski* ist das einzige gelungene Beispiel, das ich persönlich nennen kann. Die wöchentliche Serie wird von Sat 1 entwickelt, einem inspirierenden Privatsender, dem es auch ohne unsere Gebührengelder gelingt, die erzählerischen Zeichen der Zeit für ein Serienformat zu erkennen und über mehrere Jahre umzusetzen.

Bei ARD und ZDF bleibt für meinen Mann und mich die gelegentliche Tagesschau, wenn wir keine Zeitung gelesen haben, doch meistens informieren wir uns über das Internet. Unsere anfängliche Vorliebe für Dokumentarfilme gestaltete sich zunehmend schwieriger. Unter der Woche beginnt unser Tag, wegen der schulpflichtigen Kinder, spätestens um sechs Uhr dreißig. Manchmal zeichnen wir Filme auf, da wir das späte Programm so gut wie nie schaffen.

Mit ihren Freunden schauen die Jungs ab und zu Fußball, mit ihren fast achtzehn Jahren bevorzugen sie dieses Erlebnis in einer Kneipe. Kindheit und Jugend vergingen fast ohne ARD und ZDF. Wie schade!

Gelegentlich sehen mein Mann und ich also aufgezeichnete Dokumentarfilme und Beiträge zu aktuellen Themen, doch öfter als einmal die Woche nutzen wir das öffentlich-rechtliche Angebot in unserer Familie bereits seit zehn Jahren nicht mehr. Gelegentliche Radiosendungen im Auto oder im Internet ergänzen den Bedarf, vor allem für intelligenten Hörfunk bezahlen wir gerne. Fünf bis sieben Euro wären in unserem Ermessen ein fairer monatlicher Preis, auch als Zwangsabgabe.

Das war die private Seite, doch nun zu meinem langjährigen Arbeitsumfeld als Autorin: Nein, unsere *Öffis*
gehören nicht zu uns, nicht in meinem beruflichen Selbstverständnis, nach mehr als zwanzig Jahren. So lange habe
ich meinen Lebensunterhalt bei ARD und ZDF verdient.
Trotzdem blieben mir die Sender fremd. Das geht vielen
meiner Kollegen ähnlich. Die Praxis der inhaltlichen Hoheit ist meist auch eine politische Hoheit, und die scheinbar versteckte politische Manipulation vieler *Redaktionen*
ist oft offensichtlich.

Um eine Kontaktaufnahme in Augenhöhe, auch über
die sozialen Medien, habe ich mich über Jahre bemüht.
Zwei Mal im Jahr ein inhaltliches Treffen mit uns Autoren
wäre ein Minimum, zumindest wäre es ein Feigenblatt
für die angebliche Staatsferne von ARD und ZDF.

Bis jetzt bestand an einen Austausch mit freien Autoren nur wenig Interesse. In den zwanzig Jahren ARD und
ZDF wurde ich nicht ein einziges Mal zu einer inhaltlich
relevanten Veranstaltung eingeladen, dafür aber von vielen mäßig begabten Redakteuren herablassend behandelt.
Auch das kann ich nach zwanzig Jahren Erfahrung sagen.

Der Grund für die redaktionelle Hybris leuchtete
mir persönlich nie ein, jedoch könnte es das simple Sün-
denbockprinzip sein. Ein befreundeter Produzent, ich
nenne ihn Karl, sprach gerne von den freien Autoren als
Bauernopfer, wenn Filme oder Serien missglückt waren.
Mit den Redaktionen musste man als Produzent wieder
arbeiten, die meisten Readakteure sind unkündbar, also
opferte man seine Autoren. In den letzten Jahren nahm
das auf Seiten der Produzenten bizarre Formen an.

Die *Produzentenallianz*, mächtigste Verhandlungsgrup-
pe gegenüber unserer Sender, distanzierte sich sogar
angeblich einvernehmlich von uns Autoren. Als es beim

ZDF Verhandlungen über die neuen Tarife für Autoren gab, rückten die Produzenten ab, angeblich wollten sie mehr Urheberrechte. Da mein Vater ein erfahrener Kinofilmproduzent ist, und ich aus einem Künstler-Haushalt komme, wusste ich sofort, wohin das führen würde. Trennten sich die Produzenten noch weiter von uns Kreativen, so würde die inhaltliche Qualität noch weiter absinken, da Autoren beim Fernsehen nicht für sich alleine stehen können, zumindest nicht mit den derzeitig üblichen Verträgen. Wir sind auf den Schutz von Produzenten angewiesen, aber auch auf ihre berufliche Integrität. Verkommen die Produzenten zu reinen Sender-Huren, so haben auch wir Autoren inhaltlich gar keinen Stand mehr. Wir werden austauschbar, Inhalte können von Sendern diktiert werden, auch politische Manipulation wird zum leichten Spiel. Es ist eine bedenkliche Situation, die ich mit meinem Autoren-Gewissen nicht vereinbaren kann.

Zu Quantität und Qualität der Fiktion bei ARD und ZDF aus meiner fachlicher Sicht:

Im Hauptabend-Serienbereich nehmen sowohl die Quantität als auch die inhaltliche Qualität der fiktionalen Produktionen kontinuierlich ab. In den letzten fünf Jahren kann man von einer regelrechten Krise sprechen, so dass man fragen muss, ob zum Beispiel die traditionelle Fernsehserie weiterhin eine fiktionale Kernkompetenz von ARD und ZDF ist.

Seit den frühen 90er Jahren arbeitete ich als Drehbuchautorin stetig in verschiedenen fiktionalen Formaten: Immer wieder Seifenoper, öfter Staffel-Folgen von Serien für das Hauptabendprogramm, und nur gelegentlich ein Fernsehfilm. In den letzten Jahren wurde vor allem zu wenig Serie für unseren Hauptabend entwickelt. Als Grund wurden von den Produzenten uns Autoren gegenüber die Sparmaßnahmen der Sender angegeben. Das ZDF investierte mit freien Produzenten sogar gar nicht mehr in neue Geschichten, die von außerhalb kamen. Es gab bezahlte Entwicklungen in den inhaltlich und finanziell abhängigen Tochterfirmen. Dort waren die Inhalte jedoch oft so stark politisch gefärbt, womit ich eine inhaltliche Verflachung bis hin zur Verdummung meine, dass die politische Sender-Absicht dahinter offensichtlich war. Ein schönes Beispiel dafür war die nachmittägliche Arzt-Serie *Herzflimmern*, die im Jahr 2012 von der Bavaria, als eine ZDF-abhängige Produktionsfirma, für viel Geld im Auftrag des ZDF produziert wurde. Zum Glück wurde *Herzflimmern* wegen mangelnder Zuschauerakzeptanz eingestellt.

Solche Entwicklungen werden nach wie vor indirekt vom Sender bezahlt – an inhaltlich und finanziell abhängige Firmen. Man kann das als Wettbewerbsverzerrung gegenüber den freien Produzenten sehen, doch möchte ich als Autor zu bedenken geben, dass man damit ein Grundproblem negiert: Von uns Gebührengelder für fiktionale Programme zu verlangen, die eine verdummende Wirkung haben, halte ich grundsätzlich für fragwürdig. Auch in Deutschland darf die TV-Verdummung ruhig umsonst sein, im Seichten sind wir bei deutschen Produktionen mit unseren RTL-Bertelsmann-Privatsendern gut bedient.

Aus professionellem Interesse sah ich mir über Jahre gerne Arbeiten von Kollegen an und gab Feedback. Ab und zu gab es Perlen, vor allem bei den Krimiformaten, vor allem bei unserem bisweilen gut erzählten *Tatort*, oder auch dem einen oder anderen *Polizeiruf*. Auch einige Dramen waren bemerkenswert. Insgesamt fehlte jedoch ein gesundes, zuverlässiges Mittelfeld, sprich die hochwertigeren Serien. Das wurde auch von vielen Kollegen bemängelt.

Über die zwanzig Jahre bewertete ich meine eigenen verfilmten Drehbücher mit Prozenten, um die Qualität zu beziffern. Anfangs waren viele sorgfältig produzierte Arbeiten dabei, doch in den letzten Jahren war ich fast nie zufrieden mit der Umsetzung meiner Drehbücher. Bis auf meine Folgen in der ZDF-Serie *Die Rettungsflieger,* die auch gerne wiederholt werden, war es oft keine professionelle Entwicklungs- oder Drehbucharbeit. Einige *Redakteure* waren nicht gut ausgebildet, nannten sich aber trotzdem Dramaturgen. Viele lasen nicht einmal gründlich, fast allen mangelte es an Vorstellungsvermögen, da sie keinerlei künstlerische Ausbildung genossen hatten.

Mein letzter Fernsehfilm in der ARD war ein Auftrag für den Freitagabend-Sendetermin der *Degeto.* Den Titel *Das Glück am Horizont* hatte sich die *Redakteurin* ausgedacht, die Quote, die mich weniger interessiert hatte, war angeblich in Ordnung für den Sendeplatz.

Der Film erreichte jedoch nur knapp 50 Prozent meines Qualitätsstandards. So wenig Punkte hatte ich noch nie für eine Verfilmung vergeben. Wäre mein Drehbuch noch schlechter umgesetzt gewesen, hätte ich aus Selbstschutz meinen Namen zurückziehen müssen.

Mit der *Redakteurin* sprach ich darüber und erntete Unverständnis. Mehr Qualität sei bei der wenigen, ihr pro Fernsehfilm zur Verfügung stehenden Zeit, gar nicht zu erwarten. Ich sollte zufrieden und dankbar sein, dass ich überhaupt einen Drehbuchauftrag bekommen hätte. Ihr Schreibtisch sei voll…

Es ist keine Seltenheit, dass auf diese Weise mit Autoren geredet wird. Die Schreibtische in den Redaktionen sind tatsächlich oft voll.

Nur darf man als Zuschauer mehr verlangen. Es gibt erschreckend wenig Qualität für das viele Geld, vor allem in der leichteren Unterhaltung.

Die Redaktion sucht aus und gestaltet. In meinem Fall war es schlicht und ergreifend Schlamperei. Meine Benotung bei Fernsehfilmen ist nicht wirklich streng, und *Das Glück am Horizont* war auch kein wirklich schlechter Film für einen Freitagabend in der ARD. Ich hatte auf diesem *Degeto-Sendeplatz* schon schlechtere, und vor allem noch seichtere Frauenfilme von Kolleginnen und Kollegen gesehen.

Nur hätte mein Film besser sein können, wäre er ohne Redaktion entstanden, davon bin ich überzeugt. Die Schlamperei begann bereits im Drehbuch, da ich meine letzte Fassung nicht selber schreiben durfte. Von der überforderten *Redakteurin* wurde die *Regisseurin* in letzter Minute ausgetauscht. Angeblich spielte Zeitnot eine Rolle, wie so oft in den Redaktionen. Für einen besseren Film hätte ich sogar notfalls meinen Familienurlaub abgebrochen, doch das wollte die neue *Regisseurin* nicht. Sie wollte selber schreiben, das Resultat war ein sehr viel schlechteres Drehbuch. Das verlorene dramatische Potential der Geschichte konnte durch ihre Umsetzung nicht aufgefangen werden, denn es fehlten Teile der Geschichte. *Dialoge* waren stark verändert worden, dann gab es eine Umbesetzung der weiblichen Hauptrolle, wobei die neue Besetzung vom Typ her nicht zu der von mir geschriebenen weiblichen Hauptrolle paßte. Ein weiteres Minus, doch immerhin gaben beide Hauptdarsteller ihr Bestes. Sie wirkten als Paar halbwegs glaubwürdig. Das Umfeld einer kleinen Segelflugzeugfabrik in der hessischen Rhön war ungewöhnlich und charmant, daher vergab ich 50 Prozent.

Doch reichen unseren anspruchsvolleren Zuschauern in Zukunft schlechte bis mittelmäßige Drehbücher, an denen auch gerne die *Regisseure* herum schreiben dürfen, um ARD und ZDF überhaupt noch einzuschalten? Auch ein Freitagabend-Film der *Degeto* kostet mindestens eine Million Euro unserer Gebührengelder.

Wir Filmschaffenden sind mit minderer Qualität nie zufrieden, denn wir sehen eine enorme Verschwendung darin, auch jenseits der finanziellen Verantwortungslosigkeit von ARD und ZDF. Damit mein Drehbuch überhaupt verfilmt werden konnte, investierten sehr viele talentierte Filmschaffende, und in diesem Fall auch ein freier Produzent, sehr viel Leidenschaft. Ist ein Film erfolgreich, braucht er immer ein gutes Drehbuch, es ist das absolute Minimum, das man als Redaktion leisten sollte, auch wenn man Zeitdruck hat.

Leider kommen wir Filmschaffenden in Deutschland an der inhaltlichen und finanziellen Hoheit der Fernsehredaktionen so gut wie nicht vorbei. Kann jedoch in einer überlasteten Redaktion nur mit einem Minimum an Einsatz, oder auch Können, gearbeitet werden, so wird jeder Film unter Garantie sehr viel schlechter als nötig.

Über diese unnötige Verschwendung – nicht nur an Gebührengeldern, sondern auch an Talenten, müsste man heutzutage reden, wie ich finde, und zwar gemeinsam mit *Redakteuren*, freien Filmschaffenden und den Zuschauern, die letztendlich für alles bezahlen.

Was den politischen Einfluß über die erzählten Inhalte betrifft, ist es schwerer. Könnten die Redaktionen bei ZDF und ARD unter anderen Bedingungen Teil unserer lebendigen Demokratie werden?

Ich halte es für möglich, zumindest in der ARD. Das ZDF ist, meiner Meinung nach, bereits viel zu stark von der Politik gesteuert. Es fehlen im Haus Gegenkräfte, fiktionalen Inhalten fehlt es an politischer Ausgewogenheit, und insgesamt scheint wenig Bewußtsein über unsere spannende politische Zeit vorhanden.

Liest man in der Presse über die inhaltlichen Zukunftspläne des ZDF, fühlt man sich in ein vergangenes Amerika zurückversetzt. Die klugen Einflüsse von außen scheinen zu fehlen.

Im Moment agieren ZDF und ARD innerhalb unserer freien Filmwirtschaft wenig demokratisch, und es fehlt an lebendigem Austausch mit den Kreativen. Man verhandelt lieber mit der *Produzentenallianz*, zu ihr gehören vor allem auch die Produzenten der Sender-Töchter. Auf politischer Ebene ist das hierarchisch geordnete inhaltliche Hoheits-System primär den Rundfunkräten zugewandt, die Zusammensetzung ist politisch eindeutig.

Betrachtet man die fast schon hermetische Abschottung der *Redakteure* hinter den Rundfunk- und Verwaltungsräten, die ihrerseits kaum eigene Kontakte zu den Zuschauern, oder aber den freien Filmschaffenden zu pflegen scheinen, wirkt es wie ein in sich geschlossenes System. Zusätzlich fehlt, von außen betrachtet, eine vernünftige Finanzkontrolle, die eine selbst-regulierende wirtschaftliche Wirkung auf gesendete Inhalte haben könnte. Zu gut Deutsch: Ein schlechter Film kostet die Verantwortlichen nichts.

In der Filmbranche spricht man trotzdem gerne in Personalien, wenn es um die Verantwortung für eine scheinbare Geldverschwendung geht. Schiebt der Bayerische Rundfunk, trotz eines mittelmäßigen Drehbuches, für den überteuerten *Ludwig II* über sechs Millionen in Richtung Bavaria, fallen schnell entsprechende Namen: *Bettina Reitz* vom BR und *Dr. Matthias Esche* von der Bavaria müssten ihre Köpfe für diesen peinlichen wirtschaftlichen Misserfolg hinhalten.

Das ist natürlich absurd! Keiner der beiden trägt auch nur das geringste finanzielle Risiko, genauso wenig wie die entsprechende Film-Förderanstalt, die Steuergelder vergibt. Gezahlt hat der Zuschauer, beziehungsweise die Steuerzahler.

ARD und ZDF fühlen sich den Filmschaffenden in Deutschland daher auch qualitativ nicht besonders verpflichtet, so mein Eindruck, der sich über viele Jahre bestätigt hat. Mißerfolge werden nicht gemeinsam besprochen, die Selbstkritik bleibt aus, das geflügelte Wort lautet, so mein erfolgreicher Produzenten-Freund Karl: Es versendet sich!

Wehe, man äußerte inhaltliche Kritik, oder erinnerte bestimmte *Redakteure* von ARD und ZDF daran, dass sie mit öffentlichen Geldern arbeiteten, und daher ihre inhaltliche Hoheit auch eine inhaltliche Verantwortung sei. Schnell bekam man keine Aufträge mehr, denn als freier Filmschaffender hatte man es für die Sender passend zu machen und nicht umgekehrt.

Auch die erbärmlichste inhaltliche Qualität hat für einen Fernsehredakteur so gut wie keine Folgen, das Wort hoheitlich ist Programm.

Kreative Prozesse mit Redaktionen sind zudem oft sehr mühselig. Sie ziehen sich meist über Jahre, da auch intern bei ARD und ZDF um die Millionen-Budgets gekämpft wird. Die oft schleppende Arbeitsweise führt im Endergebnis oft zu minderwertiger Qualität. Mit dem Ergebnis gelingt, als freier Filmemacher, der erhoffte Sprung ins Ausland nur sehr selten, daher akzeptiert man irgendwann, dass sich alles versendet, obwohl das natürlich in der heutigen Zeit Unsinn ist.

Mit Redaktionen zu arbeiten kann sogar richtig kontraproduktiv sein, will ein Kreativer neue Wege gehen. Um Deutschland verstärkt auf dem Weltmarkt zu positionieren, müsste man Themen-Vielfalt wagen können, auch das geht im Moment besser ohne ARD und ZDF.

Doch wie findet man Partner im Ausland? Auch das ist schwer, denn leider repräsentieren auf internationalen Festivals oft *Redakteure* von ARD und ZDF unsere deutsche Filmwirtschaft. Oft sind es fest angestellte Männer mittleren Alters, gerne wortkarg und schwierig, und nur selten fähig eine Fremdsprache halbwegs gut zu meistern.

Wir Autoren hatten eine Zeit lang in den Produzenten treue Verbündete, denn bisweilen waren Treffen mit Redakteuren entwürdigend. Seit die Produzenten sich zunehmend von den Autoren distanzieren, um ihre Aufträge nicht zu gefährden, ist auch das vorbei. Werden jetzt Drehbücher oder *Treatments* nicht bis zu Ende gelesen, lächeln Produzenten lieber verständnisvoll. Dieser ehemals angesehene Berufsstand der Filmbranche verkommt, im Angesicht der Acht-Milliarden-Marktmacht von ARD und ZDF, zu einem Rudel feiger Hunde.

Obwohl viele Redakteure von ZDF und ARD inhaltlich kaum je so gut waren wie ihre Bezahlung, durfte ich in den zwei Jahrzehnten auch mit einigen guten Redakteuren arbeiten. Zum Glück konnte ich ein paar positive Erfahrungen machen, doch nach meinen ersten drei Jahren als Produzentin und Romanautorin, beides gänzlich eigenverantwortliche Tätigkeiten, bin ich mir sicher, dass wir einen großen Fehler machen. Die freien Kreativen, vor allem aber unsere Drehbuchautoren, dulden bei ARD und ZDF viel zu viel redaktionelle Bevormundung.

Die meisten der langatmigen und oft frustrierenden Drehbuchbesprechungen, die ich in meinem Berufsleben durchstehen musste, waren gänzlich unnötig. Manche Nichtskönner waren sogar so unverschämt, dass ich den Raum verließ. Dabei lautete die Faustregel: Je schlechter ausgebildet, desto größer das Machtstreben eines Redakteurs einem Autor gegenüber.

Hinter der Hohen-Ross-Redakteurs-Krankheit steckten natürlich oft auch Minderwertigkeitsgefühle. Viele Sender-Angestellte sind zu feige, um den Sprung in die freie Filmwirtschaft zu wagen. Dieses Wissen um die eigene Feigheit macht unsicher, daher die Profilierungsbestrebungen, die inhaltliche Willkür, aber leider auch die zunehmend schlechtere inhaltliche Qualität.

Dieser Tage kommen die ARD- und ZDF- Rösser eher wie lahme Gäule aus ihren Redaktionen geritten. Irgendwie ist die Puste raus, und keiner weiß so recht weiter. Beim ZDF plant man eine deutsche Variante von *Breaking Bad*, gab der Programmdirektor *Norbert Himmler* im Juli 2013 in einer Presseerklärung bekannt. Sicherlich werden sich auch dafür hungrige Autoren finden.

Stupid German Money ist auch unter den freien Filmschaffenden inzwischen ein fester Begriff für einen Großteil der Programmplanung von ARD und ZDF. Man muss nicht nach den Regeln der freien Marktwirtschaft denken, also wagt man es auch nicht. Der kleinste gemeinsame Nenner genügt.

Warum übernehmen ARD und ZDF keinerlei Verantwortung für die erzählerische TV-Misere in unserem Land? Drehbuchautoren werden vom ZDF seit Jahren mit unwürdigen Tarifverhandlungen geärgert, mit ein Grund, warum viele Autoren inzwischen lieber produzieren, oder aber für Print-Verlage schreiben. Und auch das Gehalt eines ZDF-Justiziars wie *Peter Weber* bezahlt letztendlich der dumme Zuschauer.

Wäre Annika am Leben geblieben, vielleicht sogar persönlich als ZDF-Zeugin gegen mich bei dem Berliner Gericht erschienen, so wäre diese Reise wahrscheinlich auch vom ZDF, und damit von unseren Gebührengeldern, bezahlt worden.

Stupid German Money ist der kleine Unterschied, weshalb sich ARD und ZDF viele Sympathien bei den freien Autoren auch längerfristig verscherzt haben. Eine inhaltliche Sender-Hoheit, finanziert mit Zwangsgebühren ist schlimm genug, doch wird daraus langsam aber sicher eine verschwenderische und politisch unangenehme Sender-Diktatur. Warum sollen wir dafür noch bezahlen?

Ein halbwegs faires Miteinander mit uns freien Filmschaffenden wäre ein Etappenziel. Doch vielleicht sollten sich die freien Filmschaffenden und die festangestellten Fernsehredakteure im fiktionalen Bereich auch für eine Weile trennen, zumindest so lange, bis die Staatsferne von ARD und ZDF erneut gewährleistet ist.

Viele freie Kulturschaffende in diesem Land suchen schon länger nach neuen finanziellen Wegen, um auch international in der Film- und Fernsehwelt mithalten zu können. Bei dieser Suche waren ZDF und ARD bis dato nur in seltenen Fällen hilfreich, es fehlte vielleicht ein definierbares politisches Ziel.

In einer gemeinsamen Suche nach zukünftigen Lösungen, die unsere Kreativ-Wirtschaft für den internationalen Wettbewerb stärken, könnten ARD und ZDF sich in Zukunft profilieren. Bei den Öffentlich-Rechtlichen wakkeln inzwischen viele Stühle, da die allgemeine gesellschaftliche Akzeptanz sinkt. In den letzten fünf Jahren entstand Widerwille in vielen deutschen Haushalten. Die Qualität der fiktionalen Inhalte hatte nachgelassen, und sowohl ZDF als auch die regionalen ARD-Sender verloren durch Skandale öffentliche Sympathien.

In der Branche schütteln viele den Kopf. Nicht zuletzt sind es auch unnötige Gerichtsverfahren wie das meine, die auf Befremden stoßen.

ARD und ZDF mit *ARTE* und *KIKA* waren einmal ein wertvoller Grundgedanke, das empfanden viele von uns. Vor allem in Hinblick auf unsere sich wandelnde und wachsende Kultur bräuchten wir Inhalte, die uns mit ihren Geschichten begleiten, aber auch inspirieren. Visionen sind gefragt.

Doch was bedeutet das heute? Wieviel darf es jeden Haushalt kosten? Die Worte öffentlich und rechtlich müssten mehr als Worthülsen sein, damit eine neue und vor allem lebendige Verbindung zu den Jüngeren entsteht.

In nur wenigen Jahren könnten unsere bald volljährigen Kinder ARD und ZDF unterstützen, wenn sie es für sinnvoll halten. Wenn aber die Eltern schon nicht mehr zu begeistern waren, wie soll es dann die Generation der Kinder sein? Vielleicht wird es unsere *Öffis* in dieser Form in der nächsten Generation nicht mehr geben, da die fiktionale Bindung bei den Jüngeren stark vernachlässigt wurde.

Jedes Volk braucht eigene Geschichten. Unsere eigenen Fernsehserien und Filme, gespielt von unseren Schauspielern, waren über lange Zeit ein fester Bestandteil unserer kulturellen Identität. Doch statt neue Geschichten zu entwickeln, wird von ARD und ZDF gerne auf die gesamte Drehbuchbranche eingeschlagen, angeblich weil die Quoten sinken. Dieses blinde Draufschlagen von ARD und ZDF gilt übrigens auch für den Dokumentarfilm. Das ist noch absurder, da Dokumentarfilme, reale Geschichten aus dem Leben, durch die Augen unserer Kultur gesehen, auch ein Bedürfnis nach vertieftem Wissen und Bildung abdecken. Für dieses Grundbedürfnis zahlen viele Zuschauer gerne Gebühren.

Durch unsere Filmemacher verwurzeln wir unsere Kinder in unserer eigenen Erzähl-Kultur. Diese Arbeit sollten wir verstärkt im Dialog mit Europa leisen. *ARTE* war ursprünglich auch dafür gedacht. Das können keine ausländischen Formate, oder noch so viele, in den USA abgekupferte Serien-Ideen, leisten. Es wäre eigene Kreativität und der Mut zu neuen Visionen gefragt, in fast allen Redaktionsstuben von ARD und ZDF.

Es scheint schwer auf uns Freie zuzugehen, besonders nachdem die kontinuierliche Mißwirtschaft der Sender viele Filmschaffende in Deutschland, so auch viele Autoren, in den letzten Jahren an den Rand des Existenzminimums gedrückt hat.

Bei den öffentlich-rechtlichen Sendern sitzt man meist mit gutem Salär, fest angestellt und mit stabiler Altersvorsorge, bis zur Rente fest im Sattel. Es ist dabei ganz egal, was man leistet.

Freie leben von der Hand in den Mund, und die Autoren, aber vor allem auch die Dokumentarfilmer, sind trotzdem nicht immer gehorsam, sondern bringen ihren eigenen, mutigen Kreativ-Kopf mit. Oft ist das nicht gerade bequem, alleine dafür könnte man die Künstler lieben.

Diejenigen Filmschaffenden, die anpassungsfähig und zahm waren, und über die Jahre regelmäßig von öffentlich-rechtlichen Aufträgen gefüttert wurden, sind dafür oft qualitativ nicht besonders gut. Auch das ist bekannt. Wäre es anders, würden wir alle über die grandiose Qualität jubeln.

Immer hat es Gründe, wenn Sender-Gelder über Jahre in bestimmte Taschen wandern. Denkt man, zusätzlich zu dem finanziellen Amigo-Vorteil, über die Menge an inhaltlichem Schrott nach, der nur deshalb über den Bildschirm zu flimmern scheint, weil bestimmte Taschen permanent gefüllt werden müssen, muss man verzweifeln. Wir werden doppelt gestraft!

Persönlich wäre es mir lieber, ARD und ZDF schenkten ihren *Amigos* das Geld, und sie würden nicht auch noch schlechtes Programm senden.

Merken die öffentlich-rechtlichen Sender nicht, wie viele in der Branche den zunehmenden Narzissmus von ARD und ZDF mit Befremden beobachten? Den Dauer-Sparkurs bei gleichzeitig steigenden Einnahmen muss man mit Argwohn verfolgen!

Talkshows, Kochshows und billig produzierte Krimis, die angeblich mehr kosten, als das hochwertige Programm, das noch vor zehn Jahren sowohl von ARD, als auch vom ZDF produziert werden konnte?

Wir Drehbuchautoren verdienen zum Großteil weniger als vor einem Jahrzehnt. Das soll ebenfalls mit einem nicht nachvollziehbaren finanziellen Engpaß zu tun haben. Gleichzeitig steigen bestimmte Schauspieler-Gehälter schamlos. Die immer gleichen ZDF- und ARD- Gesichter, die oft schauspielerisch wenig Begabung zeigen, doch einen hohen Amigo-Faktor haben, flimmern bisweilen gleichzeitig über parallele Kanäle. Es ist grauenerregend!

Hingegen wurden für unsere interessanteren Schauspieler sogar viele Nebenrollen gestrichen. Auch hervorragende Schauspieler bekommen immer weniger zu tun und verarmen.

Spricht man im Sommer 2013 mit unseren Kostümbildnern, Maskenbildnern, Ausstattern, altgedienten Beleuchtern und selbst mit Kameraleuten, so müssen sie zunehmend härtere Verhandlungen führen, um ohnehin knapp bemessene TV-Gagen überhaupt noch zu bekommen. Gleichzeitig werden immer mehr Stunden verlangt.

Was also passiert mit unserem vielen Geld?

Natürlich weiß man ungefähr, wie hoch die Gehälter der Intendanten sind. Man findet auch Jahresgehälter von über einer Viertelmillion im Internet. Auch wird uns gemeldet, dass die Pensionen von Redakteuren ständig steigen. Bisweilen residieren sie auf unsere Kosten über längere Zeit im Ausland. Doch was tun diese Menschen eigentlich für das viele Geld, das wir ihnen bezahlen?

Versucht man die Hochbezahlten zu erreichen, oder mit ihnen über ein Projekt zu sprechen, so ist das in vielen Fällen ein Ding der Unmöglichkeit. Bei einigen Redakteuren hatte ich den Verdacht, es seien Papier-Existenzen.

Einer Papier-Existenz ist das Verschwinden der acht Millionen bei *KIKA* zu verdanken. Man erfand Kindersendungen, die es nur auf dem Papier gab, angeblich bemerkten ARD und ZDF es über Jahre nicht.

Vielleicht sind unsere traditionellen Sender-Strukturen nicht mehr zeitgemäß? Unter Umständen beobachten wir letzte Zuckungen eines sterbenden Dinosauriers?

Doch wieso ist dieser Dinosaurier so arm? Bereichert sich ein Firmengeflecht an Töchtern und Enkeln schamlos an unseren Gebührengeldern?

Von den eingesammelten 8,4 Milliarden für das Jahr 2011, das fand ich im Juni 2013 heraus, floß ein beachtlicher Anteil, laut vorläufigen Prognosen eines engagierten *Rundfunkrats*, in mit Sendern verbundene Töchter und Enkel. Von Laien sind sie nicht als ARD und ZDF zu erkennen. Der engagierte *Rundfunkrat* sprach von 1,6 Milliarden Euro im Jahr. Einige Tage später nannte *Dr. Matthias Esche*, der Geschäftsführer der Bavaria, zur *Produzentenallianz*

47

gehörend, die Zahl 800 Millionen Euro. Angeblich würde man derzeit an belegbaren Zahlen, aber auch einer transparenten Einsicht in die Leistungen aller Töchter und Enkel, arbeiten. Insgesamt sind es weit über hundert Firmen, die wir mit unseren Gebührengeldern finanzieren, ohne viel Mitspracherecht zu haben.

Meine Fragen, bezüglich des Verfalls der fiktionalen Inhalte, wurden mit Quotendruck, und der Konkurrenz zu Privatsendern und Internet beantwortet. Das stimmte nur zum Teil. In Wirklichkeit fehlt inzwischen in vielen Redaktionen das nötige Knowhow für hochwertigere Filme und Serien, außerdem fehlt es seit Jahren an Entwicklungs-Geldern für neue Geschichten, wie ich aus eigener Erfahrung weiß. Bereits in den Jahren 2008 / 2009 bezahlte das ZDF mich erst im Nachhinein für die Entwicklung meines Vierteilers. Ein Jahr lang schrieb ich ohne Bezahlung und musste als freiberufliche Autorin an meine Reserven gehen. Die Begründung: Das ZDF hätte kein Geld.

Beim BR gab es einmal kein Geld für neue Geschichten, da ein wichtiger BR-Redakteur mit seiner Familie drei Jahre in Los Angelos untergebracht wurde, angeblich um Programmeinkäufe zu tätigen. Auch diese Gelder fehlten in Folge bei der Entwicklung.

Heute sind das größte Problem von ARD und ZDF die über ein Jahrzehnt vernachlässigten jüngeren Zuschauer. Doch auch die Dauer-Zielgruppe der Älteren vermisst zeitgemäße Serien und ein Familienprogramm, das die Generationen vor dem Bildschirm vereinen könnte. Meine privaten Nachforschungen ergaben, dass nur Zuschauer über achtzig, die ich befragte, sehr zufrieden mit ARD und ZDF waren. Einige wußten dabei nicht genau, ob eine

Lieblingsserie von ARD, ZDF oder RTL gesendet wurde, doch hatten sie ausreichend Futter gegen Langeweile.

Meine nächste Frage galt den großen TV-Filmen: Bei einigen stiegen in den letzten Jahren die von den öffentlich-rechtlichen Sendern zur Verfügung gestellten Budgets gewaltig. Beträge in zweistelliger Millionenhöhe für Mehrteiler waren dabei, und im Vergleich dazu war mein geplanter Vierteiler *Herzblutlinde* ein regelrechtes ZDF-Schnäppchen.

Sah man einige der Mehr-Millionen-Filme über den Bildschirm flimmern, war die inhaltliche Qualität oft bescheiden, ganz besonders im Verhältnis zum Budget. Floß das Geld vielleicht großzügig in die Produktion?

Zweimal habe ich am Set teurer Filme einige der freien Filmschaffenden gefragt, ob sie anständig bezahlt würden. Wie stand es mit angemessener Entlohnung für Überstunden? Bekamen sie gute Verköstigung?

Das Ergebnis meiner Fragen war nicht berauschend. Es wurde erschreckend knapp kalkuliert, die Gagen waren zum Teil niedriger als vor fünf Jahren. Einmal mußte sogar das Mittagessen am Set aus eigener Tasche bezahlt werden, dann wieder gab es ein einziges Klo für mehr als zwanzig Menschen bei einem Außen-Dreh.

Wofür geben ARD und ZDF heutzutage unsere Gebührengelder aus? Und warum macht jeder ein Geheimnis daraus? Ist es nicht unser gutes Recht als Zwangs-Zahler, zumindest Einsicht zu bekommen?

«Zähmen, das ist eine in Vergessenheit geratene Sache», sagte der Fuchs. «Es bedeutet, sich vertraut machen».

Antoine de Saint-Exupery, Der Kleine Prinz

ARD & ZDF in der Tanztherapie / Start

Eintrag des Therapeuten über die erste gemeinsame Therapiestunde für ARD & ZDF:

Drei Therapiestunden wurden für die Anfangsphase in Auftrag gegeben. Anschließend ist eine gemeinsame Evaluierung mit dem Expertengremium geplant, um den längerfristigen Therapiefahrplan zu erstellen.
Die Notwendigkeit therapeutischer Maßnahmen wurde einstimmig beschlossen. Die Dringlichkeitsstufe ist hoch, das Ministerium besorgt. Noch ist man nicht sicher, ob eine Kunst-, Tanz-, oder aber die klassische Verhaltenstherapie angebracht ist.
Stillschweigen ist vereinbart. Die Öffentlichkeit ist nicht eingeweiht, man will die Gebührenzahler nicht weiter verunsichern.

Beschreibung der ersten Versuchsanordnung, um die Möglichkeit der Tanztherapie auszuloten:
Da es in der Vergangenheit intimere Berührungspunkte zwischen ARD und ZDF gab, und auf diese Weise sogar gemeinsame Kinder entstanden, besteht zumindest die Hoffnung auf Harmonie und Kooperation. In der Entspannungsphase werden ARD und ZDF im gemeinsamen Therapiezimmer auf getrenntem Mobiliar – liegend – untergebracht. Klassische Musik kommt aus dem Lautsprecher. Die Goldbergvariationen von J.S. Bach als Auftakt. Die erste Stunde ist der Annäherung gewidmet. ARD hatte sich am Tag vor dem ersten Termin telefonisch gemeldet und wollte absagen. Der Termindruck sei zu hoch. Als ich mitteilte, dass eine Absage beim Kultusministerium direkt gemeldet werden musste gab es einen

kurzen Moment der Irritation. Dann bestand ARD darauf, im Vorfeld den Ablauf der ersten Therapiestunde minutiös durchzusprechen, es wurde ein längeres Telefonat. ARD fühle sich angeschlagen, sei unter Druck, würde aber erscheinen.

ZDF hatte sich im Vorfeld nicht persönlich gemeldet. Durch das Sekretariat wurde ausgerichtet, die Stunde müsste wegen eines wichtigen Anschlusstermins fünf Minuten früher enden, weiterhin wurde gefragt, ob Sportkleidung notwendig sei – wegen der therapeutischen Tänze.

Anmerkung:
Vom Ministerium kam ein geheimes Dossier über ARD ohne Unterschrift. Chronologisch geordnet waren Verfehlungen protokolliert. Das Verhältnis zwischen ARD und ZDF sei seit Jahren angespannt. Konkurrenzdenken und der Quotenwahn hätten gemeinsames Arbeiten erschwert, selbst wenn es um das Wohl von ARTE und KIKA ging. Von gravierender Vernachlässigung war die Rede. KIKA wäre nach den verschwundenen acht Millionen vorübergehend verstummt, zudem sei die neue Kinderfrau auffällig geworden, da sie Transparenz befürworte. Auch ARTE sei geschwächt. Von dem Ausbreiten kreativer Flügel, um gemeinsam mit der Nachbarstochter die Welt zu erobern, sei wenig übrig. Es gäbe Streit um Geld und Kompetenzen. Bei beiden Kindern fehle eine klare Linie.

Anmerkung (Verschlusssache):
Unter dem Siegel der therapeutischen Verschwiegenheit hatte mir ARD bei dem Telefonat anvertraut, dass DEGETO, alleinige Tochter der ARD, Kummer in Höhe

von 26 Millionen bereitet hätte. Man sei beschämt, wolle
damit jedoch fertig werden. ARD bat um eine extra The-
rapiestunde, von der ZDF nichts wissen durfte.

Vielleicht würde am Ende der ersten Stunde ein gemeinsamer Tanz möglich sein, unter Umständen ein langsamer
Walzer, um an Zeiten der Zärtlichkeit der Zuversicht zu
erinnern. Die gemeinsamen Kinder waren aus einer Hoffnung heraus entstanden, an die man anknüpfen konnte.

Sollte die Anspannung, vor allem eine Panik vor dem
Untergang vorherrschen, könnte es der Tango werden:
Große Angst, auch pubertäre Gefühle wie: Nur-Einer-
Von-Uns-Beiden-Wird-Überleben ließen sich in Leiden-
schaft transformieren. Gehalten-Werden bei Rückbeugen
könnte Vertrauen schaffen.

Vielleicht würden ARD und ZDF auch ein Ventil benötigen, das ein Messen der Kräfte beinhaltete. Man würde
sehen. Es konnten heikle Themen zur Sprache kommen
– zum Beispiel über den genauen Verbleib der Gebührengelder. Zu einem Großteil schienen sie in den Ritzen und
Spalten der seit langem nicht aufgeräumten jeweiligen
Behausungen zu versickern.

Die heiklen Themen der inhaltlichen Qualität, den gestörten Umgang zur freien Kreativbranche, und vor allem
auch die harte Kritik der Presse, sollte erst in der zweiten
Stunde Platz finden. ZDF und ARD waren, ob der vielen
Kritik in letzter Zeit, vor allem in namhaften Feuilletons,
empfindlich geworden.

Anmerkung:
Prozedere der Protokollierung nach Anweisungen des
Ministeriums: Handnotizen parallel zum Feldversuch.
Elektronische Gesprächsaufzeichnungen mit versteckten

Aufnahmegeräten. ARD und ZDF durften über die Gesprächsaufzeichnungen nicht informiert werden.

Handnotiz:
ZDF kommt fast zehn Minuten zu früh. Er ist leicht angespannt, sein Lächeln routiniert, der Händedruck fest. Die Stimme ist geübt und flößt sofortiges Vertrauen ein. ZDF sieht mir gerade in die Augen. Die Pupillen sind leicht erweitert, ich erkenne Kontaktlinsen. Rote Äderchen um die Iris herum könnten auf zu wenig Schlaf hinweisen, oder auch den Gebrauch von Medikamenten. Der für ZDF verantwortliche Arzt hatte nicht zurückgerufen. Der Gesamteindruck: Männlich, beeindruckend, verschlossen und dynamisch.
ZDF entschuldigt sich für die verfrühte Ankunft, sieht kurz in alle Zimmer, selbst in Bad, Toilette und Küche (ich praktiziere in meiner Wohnung). Nach seinem Inspektionsrundgang stellt er seine Sporttasche ab. Vorsichtshalber, der Tänze wegen, hätte er geeignete Kleidung mitgebracht. Seine Sporttasche ist mit einem Sponsorenlogo versehen.
Er bittet um das Öffnen eines Fensters, sein Morgensport hätte ihn erhitzt, und ich nehme unter dem teuren, männlichen Aftershave eine Ausdünstung wahr: Ammoniak.

Anmerkung an das Ministerium:
In meiner langjährigen Praxiserfahrung hat sich Ammoniak als Angstgeruch herauskristallisiert. Das würde auch zu den Augen von ZDF passen, die viel umherschweifen, so als wolle er sich versichern, dass keine Gefahr drohte. Leichte Ammoniak-Ausdünstungen sind

normal bei Männern in diesem Alter, oft beruflich stark
unter Druck, zum Ausgleich brauchen sie viel Sport.

Ich bitte ZDF in der Wartezeit auf einem Stuhl Platz zu nehmen. Das therapeutische Liegemobiliar erfordert Abstimmung mit ARD. Es geht hier nicht um Schneller-Sein, eine ehrliche Auseinandersetzung über Präferenz ist erwünscht. Zur Auswahl steht eine *Le Courboisier* Couch als Dreisitzer. In der dunkleren Ecke des Raumes positioniert, den Rücken gegen die Wand, lockt sie mit klassischer Eleganz, und dem besseren Überblick. Am Fenster gegenüber steht das Biedermeiersofa meiner Großmutter. Erst kürzlich hat es einen neuen Blumenüberzug bekommen, die vorherrschende Farbe ist ein leuchtendes Dunkelrot. Die Rückenlehne ist geschwungen, die breiten Löwenfüße haben Humor. Hier sitzt die Kreativität, es ist ein exponierter Platz im Sonnenlicht.

Auf beiden Liegemöglichkeiten habe ich zdf-orange Kissen und ard-blaue Decken verteilt, um ein Gefühl von Heimat zu erwecken. Ein Stofftier-Dinosaurier sitzt auf einem Tisch zwischen den beiden Liegemöbeln, daneben mein Stuhl, auf ihm mein Notizblock. Auf dem Tisch steht eine gläserne Karaffe mir drei Gläsern, sowie eine mit weißen Rosen gefüllten Vase. Als alleinstehender älterer Herr will ich mit meinem Therapieraum auch die femininen Seiten meiner Patienten ansprechen.

Da ARD sich verspätet, wie ZDF nach irritiertem Blick auf seine Uhr bemerkt, unterhalten wir uns über Sport. Fußball, Boxkampf und Tennis langweilen mich, daher stockt unser Gespräch trotz beidseitiger Bemühungen. ZDF scheint erleichtert, als es endlich klingelt.

ARD überrascht mich. Sie sieht anders aus als ich dachte. Eine Frau, die einst vielleicht schön war, doch jetzt, in ihren Sechzigern als stilistisches Gesamtkunstwerk betrachtet werden möchte. Nichts passt zusammen, weder ihre übergroße Handtasche zu den Schuhen, noch der knöchellange, schwarze Mantel, dessen Taschen mit Krimskrams gefüllt scheinen, zu ihrem meeresgrünen Kleid. ARD ist nicht allein gekommen, hinter ihr kommt das dümmlich in ihr Smartphone plappernde Luxusweib DEGETO die Treppe hoch. Danach *ARTE*, cool und mürrisch in existentialistischer Protestkleidung, an der Hand, sichtlich verunsichert, das kleine *KIKA* mit Dauerschluckauf. Damit hatte ich nicht gerechnet.

ZDF will sofort gehen, die unerwartete Konfrontation mit den gestörten Kindern ist unangenehm, es erfordert erstes therapeutisches Geschick, ZDF um weitere fünf Minuten Geduld zu bitten.

Die Dauerschwätzerin und die Kinder parke ich in meinem Wohnzimmer für die knappe Stunde vor dem Fernseher. Zum Glück lieben alle drei eine bestimmte japanische Serie auf *SuperRTL*.

Im Behandlungszimmer versuche ich die beiden Eltern auf ihre jeweilige Couch zu befördern. ARD besteht auf *Le Courboisier* und ist nicht kompromissbereit. ZDF muss sich notgedrungen auf das Biedermeiersofa ans Fenster legen, tut es jedoch nur zähneknirschend.

Zu meiner Überraschung hat ZDF in seiner rechten Socke ein großes Loch. Ich sah es, als er seine Schuhe neben die hölzernen Löwenfüße stellt, um anschließend seine Augen gegen das einfallende Sonnenlicht mit einer coolen Pilotensonnenbrille zu schützen. Er erinnert mich an *Walt*, den Hauptprotagonisten von *Breaking Bad*.

ARD seufzt theatralisch, sieht jedoch, auf dem schwarzen Leder in ihrem meeresgrünen Kleid, und den extra Kissen unter den Kniekehlen, halbwegs entspannt aus.

Mir fallen ihre erstaunlichen Fingernägel auf. Sie sind mit verschiedenen Farben und Symbol verziert, darunter ein Peace – Zeichen, die türkische Flagge und gleich drei Nägel mit Symbolen für Weiblichkeit.

An dieser Stelle möchte ich ihren jugendlich-eleganten Blumenduft erwähnen, der Exklusivität, aber auch Verspieltheit verrät: Italienische Rose, kombiniert mit frischem Zitronengras, eindeutig angenehmer als das Aftershave, das zunehmend gegen Ammoniak verlor.

Als ich das Fenster öffne, um ein Gefühl von Medienfrühling zu evozieren, sprudelt es aus ARD heraus.

Aufnahmegerät:
ARD: «*KIKA* ist nicht nur meine Verantwortung. Wie soll ich gleichzeitig alles im Blick haben…? Es gibt so gut wie keine Kommunikationsebene mehr. Ich fühle mich von ZDF allein gelassen…»

Anmerkung an das Ministerium:
Das Ansprechen in der dritten Person, in Anwesenheit derjenigen Person, zeigt aus therapeutischer Sicht eine Kommunikationsstörung.

ARD: «… er hat nur noch seine eigenen Pläne im Kopf, ein primitives Streben nach Popularität bei den Massen, mit banalen Inhalten! Er kauft sich Quote mit Fußball! Und… er fraternisiert! Nicht auszuhalten, wie er sich inhaltlich anbiedert! Das Knacken von Nüssen mit dem Popo? Was kommt als nächstes? ZDF-Dschungelcamp auf dem *Lerchenberg*? Seit Jahren ruiniert er unseren Ruf…»

Handnotiz: ZDF schweigt. Seine Lippen werden schmäler. Er hat jetzt nicht nur die Arme in Abwehrhaltung vor der Brust verschränkt, sondern schlägt zusätzlich seine Beine übereinander. Durch das Loch in der Socke erkenne ich, dass sein großer Zeh ungewöhnlich lang und behaart ist. Unter dem Nagel sieht man Dreck - ein Anblick, der mich alarmiert: Unbekannte Einflüsse? Satanische Bruderschaften? Eine gespaltene Persönlichkeit?

Anmerkung an das Ministerium:
Es ist in meiner langjährigen therapeutischen Praxis das erste Mal, dass ich einen Mann in gehobener Stellung vor mir habe, dessen Fuß dem eines Trolls ähnelt.

Das demonstrative Schweigen von ZDF irritiert ARD, sie richtet sich echauffiert auf, den Blick anklagend auf mich gerichtet:

ARD: «Er denkt wirklich, er kann das aussitzen! So war ZDF schon immer! Die ganzen Probleme, der Vertrauensverlust bei der Öffentlichkeit, undurchsichtige Schlamperei mit Milliarden, die vernachlässigten Kinder... Er denkt doch tatsächlich, er kann hier einfach liegen und an die Decke starren!»
ZDF: «Hör auf zu zetern! Damit machst du es nicht besser. Außerdem habe ich wirklich ganz andere Sorgen! Die Finanzen...»
ARD: «Geld?!? Zu viele Millionen verschoben?»
ZDF: «Lass den Quatsch... Wem ich mein Geld gebe, geht niemanden etwas an. Nein, man will mich vom Sockel stoßen!»

Handnotiz: ARD seufzt demonstrativ, ihr Blick geht in meine Richtung.

ARD: «Damit will er von seinen schrägen Geldgeschäften ablenken… Er tut so, als würden seine jüngeren Halbbrüder: *RTL* und *RTL II*, aber auch der kleine *SuperRTL* dem ZDF Probleme bereiten. Doch das sind nur Scheingefechte. Seit Jahren machen ZDF und RTL hinter den Kulissen gemeinsame Sache. Warum sonst sollte ZDF der Mutter der *RTL*-Brut Millionen in den Rachen werfen? Warum so viele Geschäfte mit den erfolgreichen *Wolf Bauer*, einem ehemaligen ZDF-Mann, jetzt der Star bei *UFA*?»

Handnotiz:
Bei dem Wort *UFA* zischt ARD wütend beim Sprechen. Ich spüre feine Speicheltropfen auf meiner Wange.

Anmerkung an das Ministerium:
Ich erahne einen Fremdkonflikt, der die Beziehung von ARD zu ZDF erschwert. Da ich nicht sicher bin, inwiefern der mächtige internationale Medienkonzern Bertelsmann, der durch seine Firmen viele Millionen im Jahr an öffentlich-rechtlichen Geldern aufsaugt, an dieser Maßnahme des Ministeriums beteiligt ist, werde ich auf die heftigen Gefühle von ARD nicht weiter eingehen.

ARD muss einen wunden Punkt getroffen haben, denn jetzt schnellt ZDF nach oben. Er setzt sich auf, nimmt die dunkle Brille ab, seine Stimme ist hörbar gereizt:

ZDF: «Du bist wahnsinnig! Was für eine infame Lüge! Dafür bringe ich dich vor Gericht. Das ist Rufschädigung und das weißt du…»
ARD: «Pah! Die Spatzen pfeifen es längst von allen Dächern. Du willst dich von uns abkoppeln, dich unabhän-

gig machen, und uns im Stich lassen. Mit deinen Halbbrü-
dern willst du groß punkten, bei der Politik willst du auf
dem Schoß sitzen! Du gierst nach dem großen Geld. Und
ja, du wirst uns im Stich lassen…»
ZDF: «Du gehörst in die Klapsmühle!»
ARD: «Inhaltlich geht es um Gewalt, Krieg und ein pathe-
tisch aufgeblasenes Deutschland! Wagner mit Iris Berben
als Cosima! Pah! »
ZDF: «He, he, he… immerhin hatten wir zwei Glanzstük-
ke mit guter Quote! Bist Du vielleicht neidisch? Du bist es,
ich sehe es Dir an!»

Handnotiz:
ARD und ZDF sehen sich direkt in die Augen,
zwischen sich ungefähr zwei Meter Abstand. Beide
sind angespannt, beide sind zur direkten Anrede
übergegangen. Ein erster Erfolg!

ARD: «Mieser Verräter! Immer schön in Richtung Son-
nenuntergang reiten mit deinen *Amigos*, die mit unserem
Geld fett gefüttert wurden… »
ZDF: «Als ob es noch um Inhalte geht. Ich kämpfe um
wirtschaftliches Überleben. Alles wird teurer… Deutschland ist bald pleite. Wer redet da noch von Kultur, vom
Geschichtenerzählen? Wir haben bald ganz andere Sorgen…»

Handnotiz:
Der Moment für das Glas Wasser war gekommen.
Beide tranken, ARD schien nachdenklich, ihre Ge-
sichtszüge wurden weicher.

ARD: «Das ist es also… Du hast Angst! Wovor?»

ZDF: «Na gut, ich habe Angst! Ich weiß, es klingt bescheuert… und gar nicht männlich. Lass das nicht die Kinder hören!»

ARD: «Warum sprachen wir nicht schon vor Jahren darüber, damals, als *ARTE* und *KIKA* klein waren… ? Dir muss wichtig sein, was wir gemeinsam aufgebaut haben? Unser gemeinsames Europa?»

ZDF: «Es ist Zeit für den großen Ausverkauf, meine Schöne… Wenn wir uns jetzt nicht wehren, nicht positionieren und mit dem großen Geld verbünden…?

ARD: «Du hattest jahrelang das große Geld! Und was hast du damit gemacht?»

ZDF: «Jetzt fang nicht wieder mit der angeblichen Verschwendung an… Ich habe *KIKA* nicht bestohlen!»

ARD: «Beschützt hat du unser Kind aber auch nicht!»

Handnotiz:
Kurzes Schweigen. ZDF sieht auf die Uhr, auf sein Smartphone, er räusperte sich erneut.

ZDF: «Das Vertrauen der Öffentlichkeit ist das Problem… Unser Image! Diese verdammte Quote müssen wir in den Griff bekommen.... vielleicht gemeinsam?»

ARD: «Nimmst du diese Zahlen wirklich ernst? Wie kann ich mich an Zahlen orientieren, die nicht repräsentativ sind! Kein Mensch weiß, ob das Zeug wirklich gesehen, oder ob nur ein Gerät eingeschaltet wird?»

ZDF: «Dumm glotzt mehr, das war schon immer so. Und die Altersheime, wir sind ganz weit vorne bei den Goldenen… sie sind unsere größten Fans.»

ARD: «Inhaltliche Qualität entscheiden unsere Feuilletons, die Kritiker und einige wenige Journalisten, nach denen sie sich alle richten. Wenn du nicht den Fehler gemacht hättest zu behaupten, ausgerechnet die Printmedien seien neidisch auf unsere Milliarden! Das war einfach nur dumm...»

Handnotiz:
Die Zeit war fast um. Ich stelle die Musik ein wenig lauter, doch ARD und ZDF zanken sich munter weiter.

ZDF: «Also ob du glaubwürdig bist, mit deinem Pseudo-Qualitätsanspruch! Dokumentarfilmplätze gegen Mitternacht?! Die *ARTE*-Millionen sollten in Produktionen fließen, die international für Anerkennung sorgen. Das war dumm!»
ARD: «Du hast gut reden in deinem Königreich! Macho-Schuppen wie den NDR oder den WDR überredet man nicht zur Klugheit. Coole Medienhengste, vor allem wenn sie ein gewisses Alter erreicht haben, sehen nur aus als könnten sie vor Hormon-Potenz nicht laufen... männliche Wechseljahre!»
ZDF: «Du meist männliche Wechseljahre?»
ARD:« Sagte ich doch! Es wäre eine Erklärung für sinnentleertes Machtgehabe in Kombination mit dem Nachlassen der kommunikativen Fähigkeiten...»
ZDF: «Hm?»
ARD: «Genau! Es trifft den Nagel auf den Kopf. Dazu diese ungute Karriere-Drängelei mit gleichaltrigen Frauen, das Schielen nach Porsche und jungem Popo...»
ZDF: «Hm?»
ARD: «Genau!»
ZDF: «Genau ist wohl dein neues Lieblingswort?»
ARD: «Ist von *KIKA*... Du fehlst da übrigens... und *ARTE* könnte dich auch gebrauchen!»

Handnotiz:
Die Zeit ist um. Es klingelt an der Wohnungstür: Der Chauffeur von ZDF.

KIKA und *ARTE* kommen ohne anzuklopfen ins Zimmer, erwartungsvoll sehen sie zu, wie ZDF aus seiner Sporttasche zwei billig aussehende Sportriegel mit Sponsorenlogo nimmt und sie ihnen reicht. Einige salbungsvolle Worte, ein Tätscheln auf die Köpfe der Kinder, dann ist er verschwunden. ARD hat er zum Abschied noch nicht einmal die Hand gegeben.

Anmerkung:
Erste therapeutische Tanzschritte müssen wir auf das nächste Mal verschieben. Das Ministerium, so wie eventuell finanzierende, mächtige internationale Medienkonzerne mögen es mir verzeihen.

Informatives aus dem Internet, zitiert aus CICERO, dem Online-Magazin für politische Kultur, im Sommer 2012:

Ufa-Chef Wolf Bauer erklärt, warum das deutsche Fernsehen Weltklasse hat.

Das Gespräch mit Wolf Bauer führte Til Knipper

Herr Bauer, wie muss ich mir einen regulären Fernsehabend bei Ihnen zu Hause vorstellen? Haben Sie vorher im Fernsehprogramm herausgesucht, was Sie gucken wollen?

Wolf Bauer: Ich bin schon aus beruflichen Gründen ein Fernsehfan. Da ich abends oft nicht dazu komme, sehe ich meist zeitversetzt fern. Das habe ich mir dann vorher digital aufgezeichnet, oder finde es in den Mediatheken der Sender. Die Programmvielfalt über Kabel, Pay-TV und das Internet ist inzwischen fast unüberschaubar. Ins Wochenende gehe ich häufig mit einem großen Packen DVDs. Teil meiner Aufgabe ist eben, dass ich alle Programme kennen muss. Das ist zeitaufwendig, aber ich schaue immer noch mit großem Vergnügen, auch die Angebote von neuen Programm-Aggregatoren wie Youtube, Netflix oder Hulu...

Vier anonyme Kommentare aus dem Internet:

1. Deutsches Fernsehen hat Weltklasse?

Man kann in Deutschland nicht erwarten, daß ein wirtschaftlich vom öffentlich-rechtlichen System abhängiger Manager irgend etwas kritisches zur Qualität des deutschen Fernsehens sagt. Mittelmaß verträgt eben keine Kritik und würde sich massiv revanchieren.

2. Keine Ahnung!

Nach vielen Jahren in London kann ich deutsches Fernsehen höchstens noch für Nachrichten einschalten. Es liegen Welten zwischen den Programmen der BBC und dem, was hier angeboten wird. Kein Vergleich. Der Mann hat keine Ahnung, was gutes Fernsehen ist...

3. Medium des 20. Jahrhunderts?

Ich kenne in meinem Bekanntenkreis eigentlich niemanden, der sich noch regelmäßig vor den Fernseher setzt. Und was Information betrifft, hat das Fernsehen gegen Internet sowieso keine Chance: Oberflächlich, ungenau und einfach zu langsam...

4. Glaubt der das wirklich???

.... es kann ja nicht das Ziel sein der Einäugige unter den Blinden zu sein. Wenn ich mich doch mal aufraffe den Fernseher einzuschalten, werde ich nicht nur von dümmlichen Showsendungen (die ultimative Chartshow), Billigproduktionen, die Vorurteile schüren und somit zu Rassismus und Sexismus beitragen (z.B. Mitten im Leben), und Formaten, die an oberflächlicher Dummheit und Promiwahnsinn nicht mehr zu überbieten sind (taff, exclusiv), sondern auch von tendentiöser Berichterstattung und journalistischer Unredlichkeit, auch auf den öffentlich-rechtlichen Sendern, geradezu angewidert.

Ich weiß, er (Wolf Bauer) kann sich nicht hinstellen und so etwas sagen, aber wenn er ernsthaft meint, das Fernsehen wäre gut, müßte man an seinem Geisteszustand zweifeln...

«Man sieht nur mit dem Herzen gut. Das Wesentliche ist für die Augen unsichtbar.»

Antoine de Saint-Exupéry, Der Kleine Prinz

Tod einer Redakteurin – Freund Ben

An einem Wintermorgen im Jahr 2011 warteten neun Worte in einem Email in meinem Büro auf mich: «Annika ist unerwartet im Alter von vierundfünfzig Jahren verstorben.»

Die Nachricht kam aus dem ZDF. Ich kannte den Namen des Absenders gut. Der inzwischen ehemalige Redakteur Ben gehörte einst zu meinen besten Freunden. Annika und Ben hatten einige Jahre Tür an Tür im ZDF gearbeitet, waren befreundete Kollegen, und durch Ben hatte ich über Jahre viele kleine Geschichten aus dem ZDF gehört, auch immer wieder über Kollegin Annika: Intrigen, Erfolgsmeldungen, Schwierigkeiten und kleine Skandale.

Im Jahr vor Annikas Tod war es zum Bruch zwischen Ben und mir gekommen. Sein Verhalten, nachdem man mich verklagte und seine Kolleginnen beim ZDF als Zeuginnen gegen mich benannt wurden, war für mich eine herbe Enttäuschung. Wir waren sehr gute Freunde und kannten uns seit mehr als zwei Jahrzehnten. Über eine gemeinsame Freundin hatten wir uns 1991 in Indien kennengelernt, lange bevor Ben als Redakteur zum ZDF ging. Damals war er freier Dokumentarfilmer für die ARD und beeindruckte mich mit seinem Kunstverständnis.

Für eine feste Anstellung beim ZDF hatte Ben sich entschieden, da er seinen beiden Kindern ein Auslandsstudium ermöglichen wollte und gleichzeitig sein Alter absichern musste. Die finanzielle Sicherheit hatte ihn überzeugt, aber nicht das ZDF-Programm, das ihm anfangs zu konservativ-verstaubt war.

Als er wegen seiner Anstellung beim ZDF von Berlin nach Mainz ziehen musste, fühlte er sich in der ersten Zeit einsam und wir telefonierten besonders viel. Vor allem in meinen Jahren als allein erziehende Mutter stand er mir als treuer Freund zur Seite. Er war selber geschieden, hatte über die Jahre diverse neue Lebenspartnerinnen, doch keine seiner Lieben dauerten länger als ein Jahr. Trotzdem war Ben durch seine netten Kinder ein relativ glücklicher Single.

Anfangs war er unzufrieden mit seinen Aufgaben beim ZDF, doch wurde es mit der Zeit erträglicher. Da ich für ARD und ZDF als Drehbuchautorin arbeitete, hatten wir bisweilen vergnügliche berufliche Schnittmengen. Nur einmal arbeite ich kurzzeitig auch für Ben als Autorin, meistens beriet ich ihn, oder er mich, es waren reine Freundschaftsdienste. Wir ergänzten uns gut, da es Ben an filmischem Grundwissen fehlte. Im Gegensatz zu ihm war ich auf einer guten Filmhochschule in den USA ausgebildet worden, und hatte in New York über Jahre für die *National Geographic Society* als Cutterin gearbeitet. Ich wusste besonders viel über Schnitt, und wenn Ben einen Rat brauchte, sah ich mir gerne von ihm betreute, meist halbfertige ZDF-Filme an. Er mochte meine kleinen Verbesserungs-Tipps und ich besprach auch gerne neue Drehbuch-Ideen mit ihm. Ben gehörte meiner Meinung nach zu den besseren Fernseh-Dramaturgen. Er war phantasievoll, fleißig und sehr genau, somit ein echter Gewinn für das ZDF.

Zu Anfang litt er darunter, dass er politisch aneckte. Mit der Zeit wurde er jedoch anpassungsfähiger. Ben genoß wachsenden Einfluß innerhalb des ZDF. Zum einen durch die Zusammenarbeit mit den ZDF-Tochterfirmen, aber auch durch die illustre Filmproduktionsfirma *Teamworx*, die zum international mächtigen und erfolgreichen Medienkonzern *Bertelsmann* gehört, so wie auch die *RTL-*

Gruppe und natürlich die erfolgreiche UFA, geführt von *Wolf Bauer.*

Über Bens neue Chefin beim ZDF, *Heike Hempel*, bestand eine engere Bindung zu der kompetenten und durch *Bertelsmann* finanziell gut abgedeckten Produktionsfirma *Teamworx*, wie Ben mir offen erklärte. Die Millionenaufträge folgten in beachtlicher Zahl, viele der Fernsehfilme, die Ben redaktionell betreute, waren gutes Programm, wenn auch nicht außergewöhnlich.

Ben hatte durch *Teamworx* eine beruflich spannende, und auch scheinbar sehr befriedigende Zeit beim ZDF. Öfter sprach er von Kollegen, die ihm gegenüber loyal seien und zu ihm stehen würden.

Dann wurde ich verklagt und unsere Freundschaft wurde schwieriger. Nachdem das ZDF mich auf die *Schwarze Liste* gesetzt hatte, zog Ben sich weiter zurück. Einmal sagte er, es sei nur eine Frage der Zeit, er wolle sich früher pensionieren lassen. Durch ein weiteres Eintreten für mich bei seiner Vorgesetzten wolle er kein Mißfallen erregen. Das Thema *Schwarze Liste* anzusprechen, so wichtig es für unsere Freundschaft wäre, könne ihm persönlich in seiner Karriere schaden. Unter Umständen würde es seine Pensionszahlungen gefährden.

Durch die Beziehungen zu unseren Kindern ergaben sich sporadische Kontakte, doch nach unserem Bruch waren selbst organisatorische Emails überhitzt. Die Verletzung durch seinen Verrat saß tief. Niemals hätte ich mit Annika einen Vierteiler begonnen, hätte Ben sich nicht persönlich für ihre Integrität verbürgt.

Zeit verging. Ich war seit der Klage im Jahr 2010 mit neuen Herausforderungen konfrontiert, musste Rechnungen begleichen, und mir eine neue Existenz aufbauen. Ein oder zweimal versuchte ich meinen Schaden bei einem Telefonat mit Ben anzusprechen, doch mein Leben interessierte ihn wenig. Er war ganz und gar mit dem ZDF verschmolzen. Sabine, die zweite ZDF-Redakteurin, die neben Annika als Zeugin gegen mich benannt war, wohnte jetzt angeblich teilweise sogar mit Ben zusammen. Das erfuhr ich durch Dritte.

Ben war nicht mehr der Mensch, den ich einst kannte. Deshalb rechnete ich es ihm auch hoch an, dass er mir im Winter 2011 die wichtige Nachricht von Arnikas Tod übermittelte. Es hätte einer seiner letzten Tage als ZDF-Redakteur gewesen sein können.

Nach meinem ersten Schreck fragte ich mich, was Ben wohl über Annikas Tod wusste. Er hatte mir gegenüber bei unserem letzten schwierigen Telefonat angedeutet, dass er früher in Pension gehen würde, um für eine Weile zu seiner Tochter nach Peru zu ziehen. Beim ZDF gäbe es Schwierigkeiten...

Wie ein tumbes Tier starrte ich auf den Computerbildschirm. Was war nur mit mir los? Nur neun Worte. Woran Annika gestorben war, konnte ich aus dem Email nicht erkennen, und ich fand auch im Internet nichts.

Meinen Mann machte ich beim Mittagessen wahnsinnig.

«Annika hatte in ihrem letzten Jahr im ZDF in einem Klima der permanenten Konkurrenz gelebt. Ich weiß das. Ben hatte es mir erzählt ...»

«Das heißt nichts. Viele Leute leben so... und von Ben will ich nichts mehr hören!»

«Frauen sterben nicht mit vierundfünfzig...»

«Einige sterben früh. Ganz gesund war Annika nicht...»

Mein Mann hatte Recht. Ganz gesund war Annika nicht gewesen, das wusste ich seit längerer Zeit von Ben.

«Willst du Ben vielleicht doch anrufen?» Seine Frage riss mich aus meinen Gedanken. Sein Vorschlag war ein Zugeständnis, eigentlich war er sauer auf Ben. Er hielt ihn für feige, weil er sich zurückgezogen hatte, um seine Pensionsansprüche zu sichern, statt beim ZDF für mich einzustehen.

«Was könnte Ben jetzt noch für mich tun?»

«Das Karussell in deinem Kopf anhalten, indem er deine Fragen beantwortet…?»

Am selben Abend kamen weitere Emails von Ben. Meinen Korruptionsverdacht fand er schon damals nachvollziehbar, als ich Annika beim ZDF gemeldet hatte. Natürlich hoffte ich auf weitere Informationen, doch weder über die Korruptions-Untersuchung, sollte es je eine gegeben haben, noch über die Todesursache schrieb er kein Wort.

Ben hatte mir über die Jahre viel von seiner ZDF-Abteilung erzählt, über die sonstigen Abläufe wusste ich nur wenig. Einmal hatte er gesagt, große Budgets würden ganz oben bewilligt, weitere Abläufe gewöhnlich ein bis zwei Etagen tiefer eingetütet.

Gerne sprach Ben von treuen Seelen, die für ihre Chefs alles regelten. War Annika so eine treue Seele? Von Ben hatte ich gehört, dass es zwischen Annika und ihrer neuen Chefin Spannungen gegeben hätte, und einmal hatte sie mir selber bei einem Telefonat gesagt, dass sie um ihren Platz kämpfen müsste:

«Ich muss das jetzt aushalten, denn das ZDF zu verlassen wäre für mich keine Option. Egal wie schwierig es wird, ich bin mit dem ZDF fest verwachsen…»

Das war im Jahr 2009. Ich war auf einer Wanderung im Chiemgau, sie hatte mich wegen des großen Vertragsabschlusses angerufen, um mich zu beruhigen. Ich war damals unsicher, sie hatte Ärger gehabt, ich weiß noch, dass es um einen Etat ging, den man ihr kurzfristig gestrichen hatte. Obwohl sie wütend war, hatte sie zuversichtlich geklungen, oder sich zumindest um Zuversicht bemüht.

Damals war ich von ihr beeindruckt. Es war bestimmt nicht immer einfach, die Verantwortung für große Produktionen zu übernehmen, auch in meinem Fall ging es um einen Vier-Millionen-Produktionsetat.

An diesem tristen Wintertag, als ich von ihrem Tod erfuhr, dachte ich einen Moment lang daran, einen Privatdetektiv zu beauftragen, einfach nur, um Gewißheit zu haben.

Von Ben wusste ich, dass Annika vor fünf Jahren mit einer Beförderung gerechnet hatte. Sie war die rechte Hand des letzten Hauptredaktionsleiters gewesen, und hatte über viele Jahre gute Arbeit geleistet.

Das erste Mal begegnete ich Annika im Sommer 2004. Wir trafen uns zu viert im Georgenhof in München, zu einer Exposé-Besprechung, denn ich sollte einen Drehbuchauftrag bekommen. Ich war mit meiner Produzentin da, Annika saß an der Seite ihres damaligen Chefs.

Es war ein warmer Sommertag, Annika sah aus wie eine Heldin aus einem ihrer ZDF-Sonntagabend-Filme: Sommerteint, ein weißes, frisches Kostüm mit knielangem Rock und einer Bluse, die perfekt zu ihrer Augenfarbe passte. Ihre schlanken Fesseln steckten in Sandalen mit erstaunlich hohen Absätzen, die Art von Schuhen, die Männern suggerierten, man sei bei Bedarf zu erstaunlicher Körperverrenkung bereit.

Ich weiß noch, wie wir drei Frauen über Absatzhöhen scherzten, denn auch meine damalige Produzentin und ich hatten uns für das alljährliche Münchner Filmfest in

Schale geworfen. Wir trugen alle traumhaft schöne Sandalen.

Bei dieser Besprechung lachte Annika viel, vielleicht auch, um zu überspielen, dass ihr Chef mein Exposé noch nicht einmal überflogen hatte. Meine Laune rutsche in den Keller. Fast eine Stunde wurde über Schauspieler gesprochen, deren Namen ich noch nie gehört hatte. Danach sahen wir uns Hochglanzfotos von Drehorten im bayrischen Bergland an.

Am Ende der Besprechung sprach Annikas damaliger Chef mit mir über Religion. In meinem Drehbuch sollte ein Pfarrer vorkommen. Ich wurde gefragt, ob ich ihm beipflichtete, dass Glaubensfragen rein philosophischer Natur seien. Es sollte eine rhetorische Frage sein. Der Mann interessierte sich weder für meine Meinung, noch für mein Drehbuch.

Die ganze Besprechung über hatte Annika mich beeindruckt. Sie spürte meinen Unmut darüber, dass ihr Chef meine Arbeit nicht gelesen hatte, und fütterte ihm in kleinen Häppchen meine Geschichte.

Bei unserem Abschied, unter den alten Kastanien auf der Terrasse, bedankte ich mich bei ihr. Ihren Chef fand ich nicht sympathisch. Von Ben hatte ich gehört, dass dieser hochbezahlte Redakteur, unter dem Namen seiner Ehefrau, ZDF-Serien schrieb, in denen Tiere peinliche Kunststücke zeigten. Das Geld steckte er in ein Ferienhaus in Bayern. Es war eine der vielen *Amigo*-Geschichten aus dem ZDF. Annikas Chef hatte keinen besonders guten Ruf in der Branche, doch wurde sein Riecher im Bezug auf Quote bewundert, auch hatte er einen der größten Etats.

Einer meiner Produzenten, ein gestandener Familienvater, wollte damals einen Auftrag von Annikas Chef. Daher fragte er sie, wie er das bewerkstelligen sollte. Auf ihren Rat hin ließ er eine Wagenladung lebendiger Fische ankarren und lud Annikas Chef zum Fischen ein. Es wurde erfolgreich geangelt. Der neue Auftrag folgte kurz darauf.

Dieser leitende Redakteur war angeblich empfänglich für positive Zuwendung, so die Gerüchte von verschiedenen Seiten. In der einen Stunde, die ich im Münchner Georgenhof mit ihm verbrachte, schien er vor allem sichtlich froh, eine kompetente *Redakteurin* wie Annika an seiner Seite zu haben. Das war mein Eindruck bei unserem ersten und einzigen Arbeitstreffen.

Hätte man mich damals gefragt, ob Annika die Nachfolge ihres Chefs antreten sollte, hätte ich nichts dagegen gehabt. Sie hatte mein Exposé zumindest gelesen, vor allem aber war sie auf wunderbare Weise einfühlsam.

Nach der Pensionierung ihres Chefs wurde Annika eine jüngere *Redakteurin,* aus einer anderen Abteilung, vor die Nase gesetzt. *Heike Hempels* Qualitäten wären besser geeignet, hieß es.

Von Ben wusste ich, dass der Programmdirektor sich eine Verjüngung des Publikums erhoffte, denn der ZDF-Sonntagabend galt als verstaubt.

Das Pfarrer-Format für den Sonntagabend, das ich hätte schreiben sollen, schrieb ein *Regisseur* fertig, der sich sehr viel zutraute, doch das filmische Ergebnis war bescheiden, zwanzig Prozent waren nett von mir bewertet.

Um beruflichen Schaden abzuwenden, zog ich meinen Namen als Autorin diesmal ganz zurück.

Der ZDF-Hauptredakteur war davon nicht begeistert, doch konnte er meine Haltung verstehen. Ich hätte unter Umständen mit so einem Film nie wieder einen vernünftigen Drehbuch-Auftrag von der ARD bekommen. So viel Schaden wollte er dann doch nicht anrichten.

Wurde ein Sonntagabend-Film zu schlecht, konnte Ben sich auf bewundernswerte Weise von seinen Kollegen distanzieren. Schloß er seine Bürotür auf dem *Lerchenberg* hinter sich, verfolgte er nur noch seine eigenen Ziele, das hatte er sich bei anderen Sendern angewöhnt.

Beim ZDF, streng hierarchisch geordnet, gingen die Millionenaufträge eigene Wege, oft wusste noch nicht einmal der Kollege im Büro nebenan wie hoch ein Budget war, doch mit der neuen Chefin kamen viele positive Veränderungen. In der Abteilung wurde mehr Transparenz eingeführt, ein entscheidender Fortschritt, zumindest sah Ben es so.

Ob Annika auch so gut mit Transparenz umgehen konnte, weiß ich nicht. Ist alles für jeden sichtbar, bekommen auch die Fehler eine schärfere Kontur.

Diese Sender-Macht-Strukturen, an die Ben sich über Jahre klug anpaßte, sowohl bei ARD als auch beim ZDF, waren für eine Autorin wie mich schwer zu verstehen. Als Kreative waren mir vor allem Inhalte wichtig. Es war eine enorme Herausforderung die Essenz einer Geschichte, möglichst unbeschadet, durch die oft groben und verstopften Siebe einer Redaktionsmühle zu retten. Immer drohte der erzählerische Einheitsbrei, jeder Redakteur, mit dem ich je gearbeitet hatte, hielt sich für einen begnadeten Erzähler.

Arbeit an einem Drehbuch erfordert einen konzentrierten innerlichen Raum. In den Sendern gab es Machtspiele, Konkurrenzdenken, oder sonstige Boxhandschuhe. Vieles, was Ben mir aus seinem Redaktionsalltag beschrieb, hatte in meiner Kreativ-Welt nichts verloren. Trotzdem versuchte ich von Ben zu lernen, wie ich besser mit Redaktionen zusammenarbeiten konnte. Ben verurteilte anfangs einige seiner Kollegen beim ZDF als Nichtskönner.

Doch eines Tages bemerkte ich, wie sich sein Humor, den ich an ihm so schätzte, auch in seinem Berufsleben ausbreiten konnte. Gerne verwendete er Metaphern aus dem Sport, wenn er mir von den Karriere-Rangeleien seiner Kollegen erzählte.

In meiner Vorstellung wurden die Senderflure des ZDF zum Übungsfeld für eine Art Rugby-Spiel um die erfolgreichsten Fernsehformate.

Laut Ben vergifteten Neid und Konkurrenzdenken, gerne von oben angestachelt, das Betriebsklima. Der Neid hatte oft mit dem Auftragsvolumen, oder der Höhe eines Millionenetats zu tun, vor allem aber mit dem Quoten-Erfolg. Nicht alles war golden. Verantwortete Ben einen schlechten Film, oder hatte er Ärger mit der Abteilungsleitung, wurde an der Kaffeemaschine getuschelt. Eine Zeit lang wurde er sogar gemoppt, so hatte Ben es mir erzählt, und es gab vielerlei Gründe, warum bei ARD und ZDF jeder auf dem Redaktionsflur am liebsten sein eigenes Süppchen kochte.

Ben war der einzige unter den Redakteuren, den ich als wahren Freund bezeichnen würde, da wir uns vor seiner Zeit bei ARD und ZDF kennenlernen durften. Ich schätzte seine menschlichen Qualitäten, doch heute würden wir uns nicht mehr befreunden, so viel ist sicher.

In seiner kurzen Zeit beim ZDF hatte Ben sich menschlich in eine bestimmte Richtung weiterentwickelt, um seine Karriere dem *Lerchenberg* anzupassen. Dabei hatte er viel Authentizität verloren, und vor allem seine Integrität, zumindest in meinen Augen.

Bei ARD und ZDF spielte die jeweilige politische Strömung eine unterschiedlich starke Rolle. Für Ben, den ich politisch früher eher links eingeordnet hatte, war es eine größere Herausforderung, sich für das ZDF auch politisch zu verbiegen. Unsere Gespräche hatten bisweilen eine gewisse Komik. Eines Tages war Ben zu einem vollständigen ZDF- Sonntagabend-Mann mutiert, und eversuchte mich zu überzeugen:

«Es gibt eben auch Krankenschwestern, die sich von ihrem Gehalt ein BMW-Cabriolet und eine Penthouse-Wohnung leisten können…»

«Nicht bei uns in München!»

«In München würden viele ZDF-Zuschauerinnen aber gerne wohnen… Das kann man aus Umfragen ableiten! Mögen unsere Zuschauerinnen einen Ort, dann steigt die Quote, das müssen auch unsere Autoren verstehen...»

Ich konnte nicht gewinnen. Das ZDF hatte es über die Jahre wirklich bis in Bens kleinste Gehirnwendung geschafft.

Daher zögerte ich auch, als Ben mir eines Tages dazu riet, ich solle meine Familiengeschichte am Chiemsee über Tanja, eine aufstrebende freie Produzentin aus dem Rheinland, an Annika weitergeben.

«Ausgerechnet an Annika? Du meintest doch, dass sie ihre erzählerischen Inhalte politisch kritiklos dem ZDF anpassen würde?»

«Nein, das hat sich geändert. Deine *Herzblutlinde* würde gut in unsere Ausschreibung für die neuen ZDF-Mehrteiler passen, das sind modernere Formate, nicht mehr so konservativ. Annika sucht noch, das weiß ich. Warum versucht ihr das nicht, Tanja und du?»

«Ich weiß nicht, ob ich Annika vertraue. Du hast mir so viel von ihr erzählt…»

«Das war alles unter unserem früheren Chef. Jetzt ist es anders, alles ist anders, wir arbeiten viel freier. Spannende neue Geschichte, der Sendeplatz wird verjüngt... Du kannst es wagen, glaube mir.»

Im Nachhinein glaube ich, dass Ben damals schon längst wie ein loyaler ZDF-Mitarbeiter gedacht und gehandelt hat.

Eines Tages, so haben wir es bei unserem Abschied abgemacht, wenn Ben aus Peru zurück in Deutschland ist, werden wir gemeinsam darüber lachen. Sollte ich durch Gerichtskosten und langjährigem Sitzplatz auf der *Schwarzen Liste* meinen Cappuccino nicht mehr bezahlen könne, wird Ben seine großzügige ZDF-Pension zum Einsatz bringen.

Wozu sind Freunde da?

Die *Redakteure* und *Redakteurinnen* von ARD und ZDF, die ich über zwanzig Berufsjahre näher kennenlernen durfte, verteidigten meistens die Politik ihrer Sender: Geldverschwendung, schlechtes Programm, Imageverlust in den Medien, immer war es die böse Presse, so auch bei Ben.

Das ZDF stand im Jahr 2010 unter massiver Kritik. Der vom ZDF entlassene Chefredakteur *Nikolaus Brender* galt nicht mehr als politkonform. Das warf Fragen zur Rundfunkgebühr auf, in den ZDF-Gremien hatte die Union die Mehrheit. Die Entmachtung eines angesehenen Chefredakteurs, durch einen hessischen Ministerpräsidenten, der große Reden schwang, bewies einmal mehr, wie ungeniert eine machthabende Partei einen TV-Sender für eigene Zwecke mißbrauchen konnte.

Auch Ben war wütend über die parteiliche Einmischung, doch hatte sein Unmut vor allem mit ihm selbst zu tun.

«Jetzt stürzt sich die Presse wieder auf uns! So, als hätte jeder, der beim ZDF arbeitet, persönlich etwas mit Brenders Entlassung zu tun!»

«Uns? Wieso sagst du auf einmal uns?»

«Na wir, das ZDF und ich, oder ich und das ZDF ... eine königliche Kombination.»

Ben grinste, doch ich war mir nicht sicher, ob er sich über mich lustig machte, und bohrte tiefer.

«Was ist mit der Regel der verfassungsrechtlich vorgeschriebenen Staatsferne des Rundfunks? Ich meine, wir alle bezahlen für den öffentlich-rechtlichen Rundfunk unter der Voraussetzung, dass die Regierung sich nicht einmischt.»

«Mit Politik hat Brenders Entlassung nichts viel zu tun. Es ist eine Ego-Männernummer. Ein wütender Politiker, und hier gebe ich einer persönlichen Kränkung den Vorrang, benützt das ZDF als persönlichen Selbstbedienungsladen. Na und? Die Presse schreit gleich Zeter und Mordio... Dabei sind wir gerade mitten in der Umstrukturierung. Wir bauen unseren Programmdirektor zum neuen Intendanten auf.»

«Ach ja? Wählt der zukünftige rechts oder links?»

Ben grinste wieder. Er wusste, wann es besser war das Thema zu wechseln. Wir bestellten und gingen zur Tagesordnung über, was in diesem Fall bedeutete, dass wir über die bedrohlichen Anwaltsbriefe redeten, die aus Berlin kamen.

«Das ZDF will ganz bestimmt nicht, dass du persönlich Schaden erleidest. Mit Annika habe ich bereits geredet. Das ist einzig und allein die Produktionsfirma. Annika wollte das gar nicht...»

«Moment! Ich habe herausgefunden, dass Annika es bereits mit anderen Autoren so gemacht hat wie mit mir. Angeblich ist es für das ZDF lukrativer, wenn sie die Erst-Autoren rauswerfen, da sie bei den neuen Verträgen weniger bezahlen müssen. Neuer Vertrag, neue Verhandlungsbasis?»

«Vorsicht! Sag jetzt nichts gegen Annika. Es wäre kriminell, wenn sie das mit Absicht machen würde...»

«Und potentiell lukrativ für sie, wenn sie es geschickt anstellen würde?»

«Nein, du irrst dich. Annika ist nicht mehr so, sie hat sich verändert...»

«Hat sie das? Ich weiß nur, dass du dich verändert hast. Ich nenne dich von jetzt an mein Mister ZDF, meine Geheimwaffe, meinen Maulwurf...»

«Lass das! Annika geht es nicht gut. Sie ist... sie ist in Schwierigkeiten. Mehr kann ich dir nicht sagen.»

«Hat es mit mir zu tun?»

«Neues Thema, okay?»

Ben trank von seinem Wein. Den Rest des Abends war er ungewöhnlich still.

Auch an dieses Gespräch mit Ben erinnerte ich mich und hatte ein flaues Gefühl in der Magengrube. War ich irgendwie mitverantwortlich an Annikas Tod?

Über die genauen Abläufe in korrupten Systemen wusste ich wenig, doch hatten uns die verbrecherischer Machenschaften in den Banken sensibilisiert. Wie genau würde Korruption im ZDF ablaufen? Die großen Budgets wurden oft oben bewilligt, danach gab es ein sogenanntes Sechs-Augen-Auswahlverfahren, das meistens drei *Redakteure* aus einer Abteilung verantworteten. Was waren Proporz-Produktionen überhaupt? In meinem Fall stand die Muttergesellschaft der Berliner Produktionsfirma, auf die das ZDF bestanden hatte, bereits einmal wegen vermeidlichen Betrugs an Autoren, im Zusammenhang mit dem ZDF, vor Gericht.

Nach Annikas Tod hätte ich viel darum gegeben, mich noch einmal mit Ben so intensiv wie früher über das ZDF zu unterhalten.

Aus dem Internet: Zensur

Definition laut Duden:
Von zuständiger, besonders staatlicher Stelle vorgenommene Kontrolle, Überprüfung von Briefen, Druckwerken, Filmen o. Ä., besonders auf politische, gesetzliche, sittliche oder religiöse Konformität.

Definition laut Wikipedia:
Zensur (lateinisch censura) ist ein restriktives Verfahren von in der Regel staatlichen Stellen, um durch Massenmedien oder im persönlichen Briefverkehr (etwa per Briefpost) vermittelte Inhalte zu kontrollieren, unerwünschte, beziehungsweise Gesetzen zuwider laufende Inhalte zu unterdrücken, und auf diese Weise dafür zu sorgen, dass nur erwünschte Inhalte veröffentlicht oder ausgetauscht werden. Oftmals wenden insbesondere Totalitäre Staaten Zensur an.

«Es ist die Höchststrafe, nicht beachtet zu werden.»

Doktor Thomas Bellut, Intendant des ZDF
DIE ZEIT, 23. Mai 2013
Interview von Alina Fichte & Giovanni die Lorenzo

Auf der Schwarzen Liste

Nach einigen Jahren auf der *Schwarzen Liste* des ZDF, und nach mehreren Bittbriefen an den damaligen Programmdirektor, den heutigen ZDF-Intendanten Thomas Bellut, begann ich mich mit meiner neuen Position als Kritikerin der öffentlich-rechtlichen Sender abzufinden. Natürlich verdiente man bei ARD und ZDF als Drehbuchautorin gut. Ich bekomme immer noch gelegentlich Tantiemen vom ZDF für die Nutzung meiner Urheberechte überwiesen, wenn ein von mir geschriebenes Drehbuch als Serienepisode wiederholt wird. Dafür war und bin ich dankbar.

Doch genügt Dankbarkeit und der Fokus auf den eigenen finanziellen Vorteil, wenn man heutzutage als Künstlerin arbeitet? Ein Acht-Milliarden-Vertrauen bedeutet auch Verantwortung. Jede Geschichte, die man als Fernsehautorin Millionen von Menschen erzählt, oder eben aus politischen Gründen nicht mehr erzählen darf, sagt etwas über einen selber aus. Zensur sollte man nicht akzeptieren!

Aufgewachsen in einer demokratischen Zeit in Deutschland, gehörte es zum guten Ton, sich über politische Sichtweisen offen auszutauschen. Daher finde ich das Verhalten vom ZDF befremdend. Die Nichtbeachtung, die sich sogar der Intendant, ein Mann aus meiner Generation, als ein Instrument der Höchststrafe auf die ZDF-Fahne schreibt, kann nur ein Ausdruck tiefer Hilflosigkeit sein.

Gerne zieht man die Wagenburg-Mentalität aus dem Hut, wenn einem etwas unangenehm ist, oder aber man eine Rufschädigung befürchtet. Dabei sehe ich in einem Korruptionsverdacht heutzutage eine gewisse Normalität. Wie sonst sollen bei ARD und ZDF Milliarden vergeben werden? Weltweit regieren die Lobbyisten, wieso sollen sich nicht auch bei ARD und ZDF einige kluge Schoßhündchen eingerichtet haben?

Eine Strafe musste also sein, wenn eine Drehbuchautorin keinen Gehorsam zeigte, so wie in meinem Fall. Das war eine traditionelle deutsche Lehrerhaltung, die ich respektieren konnte. Zwar zeigte sie weder Esprit, noch visionäre Schönheit, noch zeugte sie von der Gabe des vorausschauenden Denkens, doch dafür wurde ein ZDF-Programmdirektor auch nicht explizit bezahlt.

Inzwischen wurde aus dem Programmdirektor der neue Intendant des ZDF. Ich lese, dass Dr. Thomas Bellut und ich mit *Homeland* eine gemeinsame US-Lieblingsserie haben, und glaube die ZDF-Straf-Starre mir gegenüber ein wenig besser zu verstehen.

An dieser Stelle muss ich zeitlich ein paar Jahre zurück rudern. Man hatte mich vor den Konsequenzen gewarnt. Gegen den Rat der Verbandskollegen im Drehbuchverband VDD hatte ich mich dem Willen des ZDF nicht gebeugt. Ich konnte es nicht, meine Geschichte war mir zu wichtig, außerdem hatte ich zusätzlich einen Roman verhandelt.

Im Moment muss ich warten, bis meine Rechte wieder frei sind, doch das ist schon bald der Fall. Allerdings bedeutet so eine brach liegende Geschichte immer auch einen finanziellen Verlust für das ZDF.

Wie bekam eine Firma, die keine ZDF-Tochterfirma war, aber vor allem ein junger Produzent, der noch keine große Produktionserfahrung hatte, überhaupt so einen großen Auftrag vom ZDF?

Mein anhängiger Drehbuchvertrag war der potentiell lukrativste, den ich je verhandelt hatte. Ich sollte über hunderttausend Euro in insgesamt zwei Jahren Arbeit verdienen. Dazu kamen eventuelle Wiederholungshonorare. Gelang der Vierteiler, und verkaufte sich vielleicht sogar als DVD, oder international, konnte das ZDF damit ein kleines zusätzliches Vermögen erwirtschaften. Davon bekäme auch ich als Autorin etwas ab, war es mir gelungen, den entsprechend angemessenen Vertrag abzuschließen.

Natürlich wollte das ZDF das nicht unbedingt. Es gibt die *Buy Out* Verträge, die einem Autor einmal eine höhere Summe zugestehen, danach bekommt man aber nie wieder etwas, außer es handelt sich um einen sogenannten Bestseller. Das wäre dem ZDF lieber gewesen, so mein Anwalt während der Vertragsverhandlungen.

Trotz anfänglich großen Zweifeln, zunächst nur an der Integrität der Filmproduktionsfirma, hatte ich mich von Annikas Emails überzeugen lassen. Sie schrieb, sie sei ganz sicher, dass der junge Produzent Paul *bella figura* machen würde, schließlich wollte er diesen Vier-Millionen-Auftrag unbedingt.

Also verdrängte ich meine unguten Gefühle, obwohl ich es hätte besser wissen müssen. Mein Anwalt, bis kurz davor Justiziar des Drehbuchverbands, arbeite gründlich an dem Vertragsentwurf. Wir hatten es immerhin mit einer ZDF-favorisierten Berliner Firmengruppe zu tun, die drei Jahre zuvor vor Gericht gestanden hatte. Einige der damals Geschädigten waren Drehbuchautoren aus unserem Verband.

Das ZDF und die Firma hatten dabei nachweislich gemeinsame Sache gemacht.

Seit dem Jahr 2006 war im Internet, für alle Drehbuchautoren sichtbar, eine Warnung des Medien-Journalisten *Tilmann P. Gangloff* über die Methoden des ZDF zu lesen:

Unter Wert bezahlt

TV-Autoren wehren sich gegen „Knebelverträge" mit Produzenten

Die Autoren sind empört, sprechen von „Knebelverträgen" und wittern „organisierte Kriminalität". Aber nur hinter vorgehaltener Hand: Man hat Angst, auf einer schwarzen Liste zu landen. Stein des Anstoßes ist die zunehmende Praxis von TV-Produzenten, „Stufenverträge" abzuschließen.

Im Gegensatz zum Autor hat der Produzent nach jeder abgeschlossenen Stufe das Recht den Vertrag einseitig zu beenden. Von dieser Möglichkeit wird offenbar immer öfter Gebrauch gemacht. Weil die entwickelten Stoffe in solchen Fällen keineswegs ad acta gelegt werden, fühlen sich die Autoren nicht nur um ihre Idee betrogen, sondern auch unter Wert bezahlt. In einem „Bilder-Treatment", also der konzentrierten, dialogfreien Fassung eines Drehbuches auf circa zwanzig Seiten, steckt nicht selten schon ein Großteil der Arbeit: Recherche, Ideenentwicklung, Dramatisierung. Der Rest ist für einen versierten Schreiber Routine. Trotzdem zahlen Produzenten für ein Treatment meist bloß ein Viertel des Gesamthonorars.

… Dem Verband Deutscher Drehbuchautoren liegen weitere, ganz ähnliche Beschwerden vor. Eine Firma hat der VDD konkret im Visier: Die Opal Filmproduktion GmbH mit Sitz in Berlin produziert für das ZDF die Serie „Küstenwache". … Opal Film schließt mit den Autoren grundsätzlich Stufenverträge ab. Dabei, so der Berliner VDD-Anwalt Henner Merle, sei es anscheinend „nicht unüblich, dass die einzelnen Werkstufen aus verschiedenen, möglicherweise vorgeschobenen Gründen nicht abgenommen werden". In den Genuss des Wiederholungshonorars, ergänzt ein betroffener Autor, komme man laut Vertrag zudem „nur dann, wenn auch die dritte Drehbuchentwicklungsstufe abgenommen wird. Dies passierte selbstverständlich nicht". Mit der Begründung, man habe das Gespür für die Figuren vermisst, sei die Zusammenarbeit – „wie bei unzähligen anderen Autoren vor uns" – beendet worden. Die weiteren Werkstufen werden laut Merle „von den Producerinnen der Firma unter einem Pseudonym weiter geschrieben". Diese erhielten dann nicht nur die Vergütungen für die Abnahme der letzten Drehbuchfassung, sondern „kassieren auch noch das vollständige Wiederholungshonorar".

Angst vor Auftragsverlust

Eines dieser Pseudonyme ist dem VDD bekannt: Hinter der viel beschäftigten „Küstenwache"-Autorin vermutet man die Opal-Film-Producerin Michaela von Unger. Die wiederum reagiert mit Empörung auf die VDD-Vorwürfe: Das sei „absoluter Quatsch". Die Existenz der Stufenverträge räumt sie zwar vorbehaltlos ein, doch Drehbücher „werden nicht intern fertiggestellt". Natürlich komme es vor, dass ein Autor mit der Entwicklung eines Projekts nicht vorankomme, schließlich sei „Küstenwache" ein schwieriges Format. Selbst erfahrenen Schreibern könne es passieren, „dass sie den Kontakt zu ihrer eigenen Geschichte verlieren". In solchen Fällen biete man Hilfestellung und dramaturgische Tipps; wenn alles nicht helfe, übernehme ein anderer Autor. Michaela von Unger gibt zu, dass sie dies unter dem Pseudonym „Silke Holtheide", ihrem Mädchennamen, gelegentlich auch selbst tue, „aber nicht, um mich zu bereichern". Der Name „Holtheide", versichert sie, tauche bloß dann auf, wenn eine Drehbuchidee von ihr stamme. Nur dann bekomme sie auch ein Honorar. Ob die Autoren Opal Film tatsächlich verklagen wollen, ist noch offen. Sie haben Angst, selbst bei gewonnenem Prozess auch von anderen Firmen keine Aufträge mehr zu bekommen.

Tilmann P. Gangloff (Medienjournalist, epd)

Wie konnte ich als Autorin mit einer derartig rücksichts-losen Firmengruppe, vor der sogar im Internet gewarnt wurde, überhaupt einen Vertrag abschließen?

Zu meiner Verteidigung muss ich sagen, dass ich von anderen Autoren wusste, die auch positive Erfahrungen mit der Firmengruppe gemacht hatten. Außerdem habe ich damals noch meinem Freund Ben vertraut. Ben hatte seinerseits Annika vertraut, zu Unrecht, wie sich später herausstellen sollte.

Zu guter Letzt war auch mein Drehbuchverband in-volviert. Der junge Proporz-Produzent Paul hatte einen Fürsprecher aus dem Vorstand. Hätte ich trotzdem nicht unterschrieben, bei diesem Sicherheitsnetz mit scheinbar doppeltem Boden, wäre eine goldene Gelegenheit mein Können als Serien- und auch Fernsehfilm-Autorin unter Beweise zu stellen, einfach verpufft.

So hoffte auch Ben, der im Hintergrund mit mir fie-berte, als es endlich so weit war, und wir im September 2009 den Vertrag unterschrieben, das die *Herzblutlinde* unter einem guten Stern stand. Die Produktionsfirma in Berlin, und ich in München, unterschrieben und machten uns an die Arbeit.

Wenige Wochen nach Vertragsunterzeichnung waren wir bereits am Ende der Entwicklung eines ergänzen-den Krimistranges. Ich hatte gerade alle vier Teile der Geschichte fertig, da zog sich Annika plötzlich aus der Entwicklung zurück. Es kam eine neue ZDF-Redakteurin namens Sabine dazu, die Produktionsfirma wollte auf einmal lieber ein ZDF-Ermittlerformat.

Als ich argumentierte, mein Vierteiler würde sich nicht eignen, hieß es, ich hätte mich zu fügen, oder aber andere Autoren würden meine Geschichte weiterschreiben …

Es war genau wie in dem Zeitungsartikel!

Die Lage war ernst. Würde ich mich weigern nach Anweisung zu schreiben, und waren diese neuen ZDF-Ideen auch noch so abwegig, man würde meine Geschichte einem anderen Autor geben. Es war schon öfter geschehen. Fernsehfilme aus dieser ZDF-Redaktion hatten bisweilen mehrere Autoren, das wusste ich von Ben, und ich schlug Alarm. Mein Vertrag konnte mich nicht wirklich schützen. Je länger ich an meiner Geschichte festhielt, desto mehr würden sie mich quälen. Sie waren zu viert und wollten mich raus haben, das war eindeutig.

Drehbuchautoren, die an Büchern von gefeuerten Autoren-Kollegen weiterschreiben, werden in der Branche *Geier* genannt. Warum geschieht so etwas zunehmend häufiger, vor allem beim ZDF?

Fragt man die *Geier* selber, ob sie die Drehbücher, die sie übernommen haben, qualitativ schlecht finden, verneinen sie oft. Es ist also nicht notwendiger Weise die schlechte Qualität. Wie sieht es mit einem finanziellen Vorteil aus? Für das ZDF wären eingesparte Wiederholungs-Honorare von finanziellem Vorteil, man könnte sie auch an Amigos weitergeben, denn mit einem *Geier*, der ein Drehbuch übernimmt, oft weil er unbedingt Geld braucht, kann man einen neuen, für Produzent und Sender günstigeren, Vertrag verhandeln.

Auch ich habe in meiner Karriere anfangs als *Geier* gearbeitet. Es war in den frühen 90ern die schnellste Möglichkeit aus der ARD-Seifenoper *Marienhof* auszusteigen, und als *Geier* meinen ersten TV-Film für den WDR zu schreiben. Natürlich arbeitete ich für weniger Geld als etablierte Kollegen. Ich war nicht im Drehbuchverband, und dankbar für die Chance überhaupt ein langes Drehbuch schreiben zu dürfen. Zu spät wurde mir bewusst, wie viel Schaden ich damit bei einer Kollegin angerichtet hatte. Natürlich hatte ich damals nachgefragt, was der Grund für den Autorenwechsel war. Der namhafte Produzent schob es auf die Redaktion. Vielleicht war es aber auch damals schon von finanziellem Vorteil, für Redaktion und Produktion, einen etablierten Autor durch einen willigen und billigen *Geier* abzulösen, ich weiß es nicht.

Geier beugen sich stets dem Willen von Produktion und Redaktion, egal wie schlecht die Vorschläge oder wie politkonform der gewünschte Inhalt. Wollte der erste *Geier* es nicht tun, so wartete bereits der nächste.

Im Moment sind *Geier* nicht nur maßgeblich verantwortlich für die inhaltliche Verflachung und die mindere Qualität vieler Drehbücher, sondern leider auch für ein vergiftetes Klima unter den Drehbuchautoren. Solidarität war über lange Zeit so gut wie nicht mehr vorhanden, wir waren alle Konkurrenten.

Meinen ZDF-Vierteiler wollte ich nicht kampflos einem *Geier* überlassen. Ben riet mir im Jahr 2009 dazu sofort die Berliner Produktionsfirma zu verklagen. Davor schreckte ich damals zurück.

Heute weiß ich, dass ich Bens Rat hätte folgen sollen. Er erkannte als einziger, was mit Annika los war. Doch das artikulierte er mir gegenüber nicht, dazu fehlte ihm wahrscheinlich der Mut. Da Ben sonst ein überaus friedlicher Mensch war, konnte ich mir damals keinen Reim daraus machen, warum er so hartnäckig auf eine Klage bestand. Er wurde richtig penetrant.

«Du musst sofort klagen! Der neue Autor darf nicht einmal eine Chance haben, an deiner Geschichte zu schreiben, das musst du verhindern! Du musst es jetzt tun! Das sind Verbrecher…»

Selten habe ich Ben so zornig gesehen. Leider rieten mir sowohl mein Drehbuchverband in Berlin, als auch mein Mann und mein Anwalt zu Kompromißbereitschaft. Die *Schwarze Liste* beim ZDF war bekannt. Sie konnte das Ende meiner beruflichen Laufbahn als Drehbuchautorin bedeuten.

Seitdem ich in den Drehbuchverband eingetreten war, ging es dort häufig um die tariflichen Vertragsverhandlungen mit dem ZDF. Diese Verhandlungen zogen sich über Jahre, sie sorgten für viel Frustration, aber auch für wichtige Gespräche. Erfolg mit Geld gleichzusetzen war die Norm. Es saßen dort Kollegen, die noch nicht einmal wahrhaben wollen, dass als *Geier* arbeitende Autoren uns allen schadeten, da sie uns menschlich in Verruf brachten. Außerdem ging es *Geiern* meistens nicht primär um inhaltliche Qualität. Sie übernahmen die Drehbücher von rausgeworfenen Kollegen, oft auch über ihre geschickten Agenten, der Senderwunsch galt als entscheidend.

Über die finanziellen Vorteile von Sender und Produktion, bei einer *Geier*-Übernahme, wurde nicht gesprochen, über die künstlerische Verantwortung eines *Geiers* in diesem Zusammenhang noch nicht einmal nachgedacht.

Es ging die Angst um, man könne sich bei den Sendern so unbeliebt machen, dass Verbandsautoren gar keine Aufträge mehr bekommen würden. Daher wurde allerlei Missbrauch geduldet, wenn auch zuweilen mit erheblichem Zähneknirschen.

Viele Kollegen rieten mir zum Nachgeben, sie meinten es gut, denn man duelliert sich nicht mit einem Sender-Riesen.

Wird ein *Geier* an ein Drehbuch gesetzt, lässt man sich finanziell abfinden, dann leckt man seine Wunden für eine Weile. Künstlerwunden hat man jedoch nur, wenn einem ein Drehbuch wichtig war, was nicht immer der Fall sein muss. Danach steigt man wieder in den Sattel und schreibt weiter, vielleicht zunächst bei einem anderen Sender.

Manche Verbandskollegen sind in der Drehbucharbeit wunderbar routiniert. Sie lassen sich vielleicht sogar mit einem netten Lächeln abfinden und signalisieren beim nächsten Projekt mehr Kooperation, damit schneller ein Folgeauftrag kommt.

Momentan sitzen in unserem Verband nicht mehr viele Kämpfer, die letzten Jahre waren schwer. Das ZDF davon zu überzeugen, dass man mit Kreativen anständig umgehen muss, hat in den letzten vier Jahren viel Energie gekostet und erschreckend wenig bewirkt.

Im Februar 2013 hat eine Gruppe Drehbuchautoren erstmalig hinterfragt, wie die freiwillige Erniedrigung vor fast schon kriminellen Sendermethoden auf Dauer zielführend sein könnte. Ich musste ihnen beipflichten, konnte aber auch den Drehbuchverband verstehen, denn hat man sich nur halb aus dem Fenster gelehnt, so fehlt es am Ende an Unterstützung aus den eigenen Reihen.

Auch Produzenten, die an einem Drehbuch selber weiter schreiben wollen, können *Geier* sein, das vergaß ich zu erwähnen. Die Frau von meinem Proporz-Produzenten Paul hatte ebenfalls schon Drehbücher von anderen Autoren übernommen, so erzählte er mir freimütig bei einem unserer ersten Treffen.

«Wenig Arbeit für viel Geld, das wollen wir doch alle, oder?»

«In Sizilien sind die Frauen gefährlicher als Schießeisen»

Der Pate, 1972

Mein Brieffreund beim ZDF

Was die Strafe der Nichtbeachtung angeht, kann das ZDF konsequent sein, wenn man sich widersetzt.

In meiner Not habe ich an den heutigen Intendanten, den damaligen Programmdirektor, Doktor Thomas Bellut seit Sommer 2010 insgesamt fünf Briefe geschrieben, die genausogut offene Briefe hätten sein können.

Ich bekam zwei Antworten vom *Lerchenberg*, die mein Problem nicht lösten. Beim Lesen begreift man schnell, warum es noch nicht einmal Lösungsversuch war.

Auf Anraten meines juristischen Lektors schwärzte ich die Teile der Briefe, die Namen enthielten.

Mein Briefwechsel mit Herrn Bellut war ein Akt zunehmender Verzweiflung, da weder Annika noch ihre direkte Vorgesetzte in der ZDF-Abteilung hilfreich sein konnten oder wollten. Ich suchte bei Herrn Bellut durch meine fünf Briefe nach einem Ausweg, der mir unter Umständen meine Geschichte zurückbringen würde. Auch empfand ich meinen Namen auf einer *Schwarzen Liste* als eine nicht gerechtfertigte Strafmaßnahme.

Heute glaube ich mehr Verständnis für das ZDF zu haben: Thomas Bellut scheint *old school* zu sein, was Strafen betrifft. Er mag die US-Serie *Homeland*, das ZDF möchte einen Quoten-Hit gerne mit einer deutschen Version von *Breaking Bad* erreichen, so liest man in der Presse. Wenn man das bündelt, wundern mich seine sparsamen Antworten von damals nicht.

Vielleicht versucht Dr. Thomas Bellut einen amerikanischen Sender in Deutschland aufzuziehen, Folter und Abhörmethoden inklusive, und natürlich auf unsere Kosten.

Meine Leser bitte ich zu verzeihen, dass dies zu einem kleinen Ratespiel mit Schwarzbalken geworden ist.

Brief Eins aus München, 22.06.2010

Sehr geehrter Herr Bellut,

gerne würde ich zeitnah mit Ihnen Auge in Auge sprechen und bitte um einen Termin. Es gibt wohl ZDF-intern Bedenken wegen der Rechte für meinen Vierteiler „Herzblutlinde"? Die Produktion steht bei euch angeblich im Moment still...? So steht es in einer ausführlichen Klageschrift der Firma ▮▮▮▮▮, die am Samstag in meiner Post war. Als Zeuginnen sind Frau ▮▮▮▮▮ und Frau ▮▮▮▮▮ genannt. Mich wundert das Verhalten des ZDF, denn ich bin selber Produzentin und würde nur in äußerster Not einen Produktionsvorgang stoppen! Was ist denn da los?

Ich hatte Herrn ▮▮▮▮▮ in der Tat darauf aufmerksam gemacht, dass die Rechte immer noch nicht geklärt sind, vor allem in Hinblick auf meinen Roman, geplant beim Piper-Verlag in München. Seit über sechs Monaten warte ich bereits auf ein Angebot zur Klärung und finanziellen Abfindung, wie es mir bei dem „Autorenwechsel" von Frau ▮▮▮▮▮ im November 2009 angekündigt wurde. Von meiner Seite aus liegt seit Ostern ein Angebot bei der Firma, aber die Firma hat jetzt wohl kein Geld mehr, wie sie schreibt...? Vielleicht erspähen Sie ja von ihrem höher gelegenen ZDF-Horst mit Adlerblick eine ZDF-interne Lösung für dieses Dilemma...?

Mein Vorschlag: Wir haben seit 2008 in München unsere kleine Produktionsfirma *Cindigo*, auf Stoffentwicklung spezialisiert, und bringen sowohl Kino als auch TV-Stoffe auf den Weg, auch in Zusammenarbeit mit verschiedenen Verlagen. Erste Erfolge zeichnen sich ab. Unseren ersten Kinofilm (BR und *FFF*) entwickeln wir gerade parallel bei Piper als Roman. Mit möglichen Co-Produzenten verhandeln wir je nach Projekt. Vielleicht ist dieses Geschäftsmodell auch für das ZDF interessant? Neue Aufträge wären für mich zumindest eine elegante Teillösung. Ich bitte Sie hiermit um Ihren Rat oder vielleicht sogar um unkomplizierte Hilfe?

Gerne komme ich auf den *Lerchenberg*, wenn Sie das gut fänden. Ich bin ein netter Mensch, glücklich verheiratete Mutter von zwei Jungs und so gar nicht beratungsresistent. Sie finden meine berufliche Vita bei Wikipedia und / oder dem Deutschen Drehbuchverband Berlin (VDD) unter meinem Mädchennamen Nicole Houwer.

Herzlichen Gruß aus München,
Nicole Joens (geb. Houwer)

Brief Eins vom Lerchenberg, 02.07.2010

Sehr geehrte Frau Joens,

vielen Dank für Ihr Schreiben vom 22.06.2010.

Nach Rücksprache mit unserer Abteilung Rechtemanagement und der zuständigen Redaktion geht es bei Ihren Belangen derzeitig um eine zivilrechtliche Angelegenheit auf der Grundlage des zwischen Ihnen und der Produktionsfirma geschlossenen Drehbuchvertrages, die zu einer zügigen Rechteklärung des Stoffes Herzblutlinde führen soll. Somit bin ich zuversichtlich, dass in Ihrem wie auch in unserem Sinne eine schnelle Lösung der Rechtesituation zustande kommt, so dass Sie mit der Romanisierung Ihres Stoffes vorankommen und auch die Produktionsvorbereitungen auf Seiten des ZDF weiter voranschreiten.

Ich weiß jedoch, dass Sie bei Frau ████████ sowie den korrespondierenden Stellen des Rechtemanagements in guten Händen sind und dass es nach einer beiderseits zufriedenstellenden Klärung der Angelegenheit für Sie sicherlich die Möglichkeit gibt, uns das eine oder andere interessante Projekt vorzustellen.

Ich wünsche Ihnen vier Erfolg und verbleibe
Mit freundlichen Grüßen,
Dr. Thomas Bellut

Brief Zwei aus München, 11.08.2010

Sehr geehrter Herr Dr. Bellut,

danke für Ihr Schreiben vom 07. Juli 2010.

Hoffentlich wurden Sie zwischenzeitlich von Ihren Abteilungen darüber in Kenntnis gesetzt, dass es gar kein zivilrechtliches Verfahren der Firma ███████ gegen mich als Autorin gab oder gibt?

███████████ hatte bereits im Juni ihren Irrtum eingesehen. Mit Hilfe des ZDF wird jetzt an der einvernehmlichen Lösung bzgl. meines Romans und meiner Stoffrechte gearbeitet. Darum hatte ich bereits im November 2009 gebeten und es war wohl in Vergessenheit geraten. Leider fällt durch den Verzug mein Vertragsabschluss beim Piperverlag für die Herzblutlinde in diesem Jahr unter den Tisch, sodass wir die Romanisierung um ein Jahr verschieben müssen. Es sind zu viele rechtliche Fragen offen. Ich hoffe aber, dass gegen mich als Autorin und Produzentin vom ZDF aus keine Sperrfrist mehr vorliegt. Ich kann nichts für den Verzug der Einigung, wie Ihnen Frau ███████ sicherlich bestätigen wird. Es fehlt nur der unterzeichnungsfähige Konsens von *ZDF Enterprises* bzgl. Roman, Titel, etc.. Darauf warte ich seit November 2009.

Eine Münchner Produzentin möchte mit einem neuen Stoff von mir zum ZDF. Ich bitte Sie in diesem Sinne brieflich um ein kurzes Signal von Rot auf Grün, da das ZDF keinerlei Zopf mit mir haben sollte. Warum auch? Ich arbeite sehr gerne und gut für euch und das seit fünfzehn Jahren. Diese Treue sollte doch eher honoriert werden, oder?

Herzlichen Gruß aus München,
Nicole Joens (geb. Houwer)

Brief Drei aus München, 24.08.2010

Sehr geehrter Herr Bellut,

vor meinem Jahresurlaub mit der Familie bis zum 10. September noch schnell ein paar Zeilen zum Sorgenkind „Herzblutlinde": Inzwischen kam doch die Klage der Firma ████. Das Gericht in Berlin kann sie allerdings so nicht bearbeiten. In dieser „negativen Feststellungsklage" geht es um die Frage, ob aus meinem originären Werk „Herzblutlinde" ein TV-Vierteiler unter Mitwirkung anderer Autoren gemacht werden darf, wenn es KEINE Einigung mit mir als Urheberin gibt. Das kann man aber so nicht einklagen. Als Urheberin könnte ich auf „Feststellung" klagen, wie das Gericht sagt. Das ist aber nicht meine Absicht, da ich gerne weiterhin mit dem ZDF arbeiten möchte. Deswegen bitte ich ja seit November 2009 um eine friedliche und faire Einigung.

Im Jahr 2005 war die vertragliche Einigung nach „verkürzter" Zusammenarbeit mit ████ einfach. Der *Regisseur* wollte schreiben, was letztendlich auf eine angemessene Entschädigung für mich als Autorin hinauslief. Der Film wurde schlecht. Ich zog meinen Namen zurück. Basta. Fall erledigt. Der Ruf eines häufigen Autorenwechsels eilt Frau ████ ja schon voraus, weswegen der Fall hier noch einfacher ist. In meinem Vertrag wurde festgelegt zu welcher Bedingung ich ausgetauscht werden kann (Garantiesumme). Dieser Betrag ist für ████ durchaus überschaubar. Den Roman würde ich – mit allen Rechten – einfach zurückziehen. Das ist für das ZDF am billigsten und ich habe ohnehin schon meinen Verlag. Im Gesamtbild können Sie den momentanen Stand besser überblicken als ich. Aber sollte es für das ZDF vorteilhaft sein – den vorzeitigen Rückkauf meines Werkes habe ich bereits vor Monaten angeboten.

████ will den ersten Teil meiner bayerischen Heimatgeschichten im Winter 2011 / 2012 jetzt in

Co-Produktion ███████████████████ drehen. Mein
Roman dazu: „Maria sucht Josef" erscheint im November
beim Piperverlag. Das Drehbuch, ebenfalls von mir, wurde
von der *FFF* als Kinofilm gefördert. Daher sehe ich bei der
ARD vielleicht eine Chance für meine „Herzblutlinde" – als
Teil Zwei meiner Heimatgeschichten im Chiemgau. Bei
„Maria sucht Josef" spielt ebenfalls ein jüdisches Kriegs-
schicksal eine Rolle, allerdings in ganz anderer Figuren-
konstellation. „Maria sucht Josef" durfte in der dramaturgischen Ausarbeitung viel tiefer und gefühlvoller werden,
weswegen ich mit der „Herzblutlinde" inzwischen lieber
mit einem Co-Produzenten meiner Wahl zur ARD gehen
würde. Das können Sie nach meiner schwierigen Erfahrung
mit Frau ███████ sicherlich verstehen.

Aber diese Not-Option zunächst nur für Ihren Hinter-
kopf... das ZDF entscheidet!

Gruß aus München,
Nicole Joens (geb. Houwer)

Brief Zwei vom Lerchenberg, 26.08.2010

Liebe Frau Joens,

vielen Dank für Ihre Schreiben vom 11.08.2010 und vom
25.08.2010

Ich möchte in dieser Angelegenheit auf mein Antwort-
schreiben vom 02.07.2010 an Sie verweisen. Nach Rücksprache mit meinen Kollegen der Hauptredaktion Wort und des
Rechtemanagements ist nach wie vor eine einvernehmliche
Lösung in Arbeit.

Darüber hinaus können Sie gerne mit Frau ███████ bezüglich Ihrer geäußerten Wünsche in Kontakt treten.

Mit freundlichen Grüßen,
Dr. Thomas Bellut

Brief Vier aus München,15.01.2011

Betr.: Gerichtsverhandlung „Herzblutlinde"

Sehr geehrter Herr Bellut,

nun habe ich die erste Gerichtsverhandlung meines Lebens – mit dem damit verbundenen Stress, und den Kosten – hinter mir. Es wurde so entschieden, wie wir das der Rechtsabteilung des ZDF, den Redakteurinnen, sowie der Firma ████ bereits vorgeschlagen hatten:

████████ werden bestimmte Rechte eingeräumt, wenn im Gegenzug mein Vertrag erfüllt wird – also ich den vertraglichen Vereinbarungen entsprechend bezahlt werde. Jetzt bekomme ich nach 14 Monaten endlich mein Geld und werde bei der Verfilmung durchs ZDF anteilig an den Wiederholungshonoraren vergütet.

Das Gericht fand, dass ich mir nichts vorzuwerfen hatte. Es ist die inhaltliche Willkür der beteiligten *Redakteurinnen* (████████████████████) sowie mangelnde Sachkenntnis über das Urheberrecht, die – über die Hand der vom ZDF verlangten Produktionsfirma – Schaden verursacht haben. Aber wozu das Gericht? Eure Rechtsabteilung kennt das Urheberrecht. Ich habe mich dagegen gewehrt mit der vom ZDF verlangten Produktionsfirma meinen Vertrag abzuschließen, denn es gibt genug gute und integre Produktionsfirmen in Bayern für einen bayrischen Stoff. Und gerade, wenn eine Firma in der Vergangenheit bereits auffällig wurde, weil sie Autorenrechte nicht gewahrt hat, warum muss das ZDF dann ausdrücklich auf so eine Firma bestehen?

Wir freien Autoren, Herr Bellut, arbeiten ohne Beamtengehalt, ohne große Sicherheit im Leben und schreiben oft aus Leidenschaft. Autoren vor Gericht zu zerren – das passt meiner Meinung nach nicht zum Image des ZDF. Persönlich wünsche ich mir für die Zukunft wieder eine vertrauensvolle Zusammenarbeit mit dem ZDF, von mehr Kompetenz, aber vor allem auch von mehr Fairness gegenüber uns Urhebern geprägt. Nur wenige Drehbuchautoren in Deutschland entwickeln noch freie Geschichten. Der Rest schreibt Seifenopern, oder in festen Krimiformaten und das ist etwas völlig anderes. Wir wenigen „Kreativen" sind sozusagen eine „endangered species" und sollten explizit unter Senderschutz stehen, so meine Meinung.

Jetzt, da in den USA nicht mehr alles golden glänzt, ist die Zeit gekommen, in der wir unsere eigene kulturelle Identität mit positiveren Geschichten pflegen sollten. Ein intelligentes Deutschland mit Herz und Mut – das weibliche Publikum würde Ihnen diese Art von modernem Heimatfilm am Sonntagabend sicherlich danken – Krimis haben wir ohnehin genug.

mit freundlichem Gruß,
Nicole Joens (Houwer)

Brief Vier aus München, 14.09.2012

Betr.: „Herzblutlinde" / Grüne Liste ZDF

Sehr geehrter Doktor Bellut,

Frau ████ hatte ich in diesem Jahr erneut geschrieben, dass ich gerne meine Geschichte vom ZDF zurück hätte, da ich einen Roman daraus machen möchte (wie ursprünglich geplant).

Die Herzblutlinde – ein Vierteiler für den Sonntagabend, betreut von Frau ████, die zwischenzeitlich verstorben ist, landete vor Gericht.

Die Produktionsfirma sagte mir im Mai vor dem OLG Berlin das Projekt werde rückabgewickelt. Ich sollte das ZDF kontaktieren? Die ZDF-Rechtsabteilung antwortete im Juli wieder, ich könnte keinen Roman daraus machen. Begründung: Ungeklärte Rechte!

Aber meine Sehnsucht nach meiner Romanumsetzung bleibt. Eine Verfilmung mit dem ZDF sehe ich von meiner Seite immer noch in Frage gestellt. Das liegt immer noch an der nicht sehr qualifizierten dramaturgischen Betreuung auf Sender-Seite.

Ich habe mir ███████████████ angesehen. Das Drehbuch war wieder gar nicht gut, ██████████ ist aber meiner Meinung nach ein guter Autor! Eine qualifizierte *Dramaturgie*, das war auch das Problem bei meinem Stoff im ZDF. Alle nennen sich zwar so, aber – ich wurde in den USA ausgebildet und mein dramaturgischer Standard liegt woanders. Auch hatte ich Ihnen geschrieben, unsere neue Produktionsfirma würde gerne in Zukunft mit dem ZDF direkt zusammenarbeiten. Vor allem im Bereich Kino-Dokumentarfilm. Dort feierten wir mit dem WDR diese Woche gerade unseren ersten Erfolg mit „Woodstock in Timbuktu".

Meinen Brief hatten Sie dahingehend beantwortet, dass zunächst das Gerichtsverfahren beendet sein müsste. Solange würde eine Zusammenarbeit mit dem ZDF nicht möglich sein. Daran habe ich mich gehalten. Ich bin sozusagen auf der schwarzen Liste beim ZDF – ohne anderen Geschäftspartnern so recht erklären zu können warum. Gestern rief die ██████████ an. ██████████ würde gerne mit einem Romanstoff von mir – gefördert von der *FFF* als Drehbuch – zum ZDF gehen. Das geht aber nicht, muss ich dann erklären...

Ich könnte auch Ihnen jetzt ewig erklären, warum es so weit kam. Aber die Zeit haben Sie genauso wenig wie ich. In Kürze: Ich hatte einen Korruptionsverdacht beim ZDF geäußert – aus gutem Grund – wie ich damals meinte. Aber ich habe nie geklagt, sondern mich deswegen direkt an den ZDF-*Ombudsmann* ██████████ gewandt. Mein Verdacht konnte nicht entkräftet werden, obwohl ich mich in der Sache auch an Sie persönlich gewandt hatte. Die betroffene Produktionsfirma arbeitet schon längst wieder fürs ZDF – ich bin seither auf der schwarzen Liste.

Mein Fall wird im Oktober dem BGH vorgelegt. Bisher habe ich in einer Instanz gewonnen, in der anderen verloren. Aber da geht es um Vergütung und meine Urheberrechte.

Über meinen Korruptionsverdacht – der ja nur ein Verdacht war und ist – da Unregelmäßigkeiten in der Auftragsvergabe an die Produktionsfirma vorkamen – habe ich mit Fachleuten gesprochen, allerdings vorsichtig.

Ich mochte nicht, wie mit Herrn ████████████ umgegangen wurde. Auch finde ich persönlich Gerichtsverfahren überflüssig. Man regelt diese Dinge unter Menschen. Jedoch hat die Produktionsfirma mich verklagt, warum auch immer. Es ist eine menschliche Eigenart, die ich nicht ganz verstehe. Wir haben doch alle ein Gewissen oder? Wir wissen, wann wir Unrecht tun. Warum also nicht miteinander sprechen? Manchmal kommt dann die Klarheit – und damit eine Lösung.

Zu Ihrer damaligen Haltung einer Aufklärung gegenüber: Sie wollten das nicht. Aber wenn man beim ZDF einen Korruptionsverdacht äußert – warum der Sache nicht mit kühlem Kopf nachgehen? Hätten die oberen Ränge bei *KIKA* früher auf warnende Stimmen gehört – nie wären über acht Millionen Euro verschwunden. Vielleicht nur eine oder zwei…? Da hätten viele schöne Kinderfilme entstehen können, ganze Serien sogar…

In diesem Sinne: Wie wäre es zunächst mit grünem Licht für mich und für unsere kleine Firma, Herr Bellut? Mein Herz hing und hängt am ZDF. In schweren Jahren als Alleinerziehende wurde ich mit meinen Kindern von ZDF-Aufträgen getragen. Ich empfinde Dankbarkeit und gerne würde ich das ZDF wieder mögen.

Dann könnte ich auch Geschäftspartnern sagen: *Also in dieser Hinsicht finde ich das ZDF wirklich fair…*Viele Menschen halten es für sinnvoll, wenn man Vorteilsgewährung – und / oder Korruptionsverdacht mit Offenheit und einer gewissen Vernunft angeht.

Herzlichen Gruß aus München,
Nicole Joens

Lese ich die sieben Briefe nacheinander und sehe die schwarzen Balken, unter denen sich meistens Annikas echter Name verbirgt, dann bekomme ich ein mulmiges Gefühl. Ich hoffe, dass mein Fall von dem Bundesgerichtshof in Karlsruhe wieder eröffnet wird, auch für Annika hoffe ich es.

«Alles was wir sehen, ist ein Schlagschatten von dem, was wir nicht sehen.»

Martin Luther King

Wie man Amigo wird

Wie besteche ich und vor allem wen? Bestimmt bin ich nicht der einzige Mensch in Deutschland, den diese Fragen im Jahr 2013 beschäftigen. Seit eine bestimmte Form von Kriminalität stetig zuzunehmen scheint, gehört man in manchen Kreisen bereits zu den Idioten, wenn man sich im Acht-Milliarden-Selbstbedienungsladen nicht in den Bestechungs-Reigen einreiht. *Nice girls finish last...*

In meinem zwanzigjährigen Berufsleben als Drehbuchautorin bei der ARD und dem ZDF brauchte ich immer mal wieder dringend einen neuen Auftrag, um mein Konto aufzufüllen. Existenziell bedrohlich beschäftigte mich diese Frage ab dem Jahr 2000. Da ich mich als Mutter von zwei kleinen Kindern von meinem damaligen Ehemann getrennt hatte und ohne seine finanzielle Hilfe überleben musste, brauchte ich mehr Drehbuchaufträge als viele meiner Autoren-Kollegen, die Singles waren, oder aber in Familien mit zwei Einkommen ihre Kinder großzogen.

Natürlich hatte ich auch weniger Zeit als andere Autoren, da ich nach der Trennung viel für meine Kinder da sein wollte, aber auch Geld verdienen musste. Mutter zu sein war und ist ein Geschenk, aber auch eine Herausforderung, wenn man als freiberufliche Künstlerin überleben will. Mann muss sich immer wieder etwas Neues einfallen lassen. Irgendwie gelang es mir die ersten drei Jahre gut, doch im Jahr 2003 war meine finanzielle Situation schwierig. Ich konnte mir entweder meine Wohnung in München leisten, oder aber die kostenpflichtige Schule der Kinder, die mir durch kompetente Betreuung das nachmittägliche Arbeiten ermöglichte. Bayern war nicht mit Hortplätzen gesegnet, also kündigte ich meine

Schwabinger Wohnung und zog aufs Land. Ich behielt mein Auto, um die Kinder zu ihrer Schule fahren zu können und hatte das Gefühl gut zu arbeiten. Nur wurde es zunehmend schwieriger an neue Aufträge heran zu kommen. Qualität war immer weniger ein Kriterium, sondern ein besonders gutes Verhältnis zu Produktionsfirmen, und vor allem zu den wichtigen Redaktionen.

Im Jahr 2004 begriff ich die Sache mit der Bestechung im Kleinen durch Karl. Als erfolgreicher Produzent war Karl bewandert in der Kunst der bayerischen *Amigo*-Schmiede, obwohl er kein gebürtiges Bayer war.

«Warum nicht einer attraktiven Drehbuchautorin den Vorzug gewähren, die auch noch halbwegs anständig blasen kann?»

Karl hatte einen guten Humor, wir spielten uns gerne die Bälle zu, ich wusste, er schätzte meine Arbeit und wollte mir helfen. Wäre er nicht glücklich verheiratet gewesen, so hätte ich mich vielleicht in ihn verlieben können. So wurden wir nur für eine Weile gute Freunde mit einem harmlosen Flirt-Spiel. Ich konterte.

«Will ich neue Aufträge, schließt das sexuelle Berührungen, oder Dienste mit ein? Soll ich das als Arbeit an der Frauenquote verstehen?»

«Kannst du, musst du aber nicht… Es gilt übrigens auch für Männer. Bei den vielen frustrierten Redakteurinnen… *sex sells!*»

Karl schmunzelte. «Warum auch nicht? Warum sollte eine besonders attraktive Drehbuchautorin keinen ganz besonders lukrativen Auftrag bekommen?»

«Was willst du mir damit sagen?»

«Es ist Usus, meine Liebe. Ist der gewünschte zukünftige Geschäftspartner bei ARD und ZDF heterosexuell, und fühlt sich zu dir hingezogen, kannst du als attraktive

Frau durch die entsprechende sexuelle Gegenleistung deine Auftragslage effizient verbessern.»

Karl hatte natürlich jede Menge spannende Beispiele aus dem Branchen-Alltag. Er ratterte einige mir bekannte Namen runter, sowohl Männer als auch Frauen. Diese Vorteile galten natürlich auch in der gleichgeschlechtlichen Liebe. Ich lernte an diesem Nachmittag von Karl, dass die Besetzungscouch allgegenwärtig war.

Mittlerweile ist es in Redaktionen, und auch Filmproduktionen, Usus eine gewisse sexuelle Bereitschaft zu signalisieren. Das weiß ich von Kollegen.

Daher ist es nicht besonders gut, wenn man verheiratet ist, zumindest nicht, wenn man etwas von der guten alten Treue hält.

In den Jahren danach hörte ich auch von männlichen Kollegen, die sich über übergriffige Redakteurinnen beschwerten, oft Singlefrauen mit wenig Zeit für ein Privatleben. Anscheinend kamen manche von ihnen ebenfalls auf den Geschmack.

Erwartungen an die männlichen Kollegen beinhalteten Besprechungen am Abend und am Wochenende, aber auch romantische Ideen. Bei den *Redakteurinnen* kam erschwerend hinzu, dass sie hofiert werden wollten, wie ich erfuhr. Die Illusion eines möglichen Verliebt-Seins musste sogar einmal eine ganze Drehbuch-Entwicklung über aufrechterhalten werden. Seit wartende *Geier* in froher Erwartung ihr Gefieder in der zweiten Reihe aufplusterten, gab es keine Schonzeit mehr.

Männer tun sich mit sexueller Erpressung schwerer. Ihr Stolz steht ihnen im Weg. Es kann aber natürlich auch sein, dass meine männlichen Kollegen noch nicht die richtige Technik drauf haben. Wenn entrüstet berichtet wurde, riet ich stets dazu das Küssen zu üben, wenn die

Jungs weiter Drehbücher für *Redakteurinnen* schreiben wollten.

Korruptionspraktiken sind vielfältig. Durch meinen Vater, freier Kinofilmproduzent seit den 60er Jahren, wusste ich früh im Leben, was Korruption war. Damals war es wichtig für die jungen rebellischen Filmemacher, zu denen auch mein Vater gehörte, nicht nur der finanziellen Korruption etwas entgegen zu setzen.

Das *Oberhausener Manifest* aus den 60ern, dessen fünfzigstes Jubiläum im Jahr 2012 gefeiert wurde, war eine Initiative freier Filmemacher. Sie wollten unabhängig von jeglicher Kontrolle des Fernsehens arbeiten und lehnten sich gegen die allzu rechte Alt-Filmwelt auf.

Das *Oberhausener Manifest* verlangte nicht nur nach neuen Inhalten, sondern auch nach eigenen finanziellen Möglichkeiten für freie Filmemacher. Es sollten wieder mehr unabhängige Filmwerke entstehen. Was aus dieser Bewegung entstand, wurde inhaltlich zu einem wichtigen Teil unserer heutigen Filmkultur.

Das *Oberhausener Manifest* zeigt, was möglich wäre, wenn auch heute wieder die unabhängigen Filmemacher, die es nach wie vor in großer Zahl in Deutschland gibt, zurück zu einem gesunden Selbstverständnis, und einer Solidarität untereinander finden würden. Doch müssten dazu viele von uns umdenken.

Der Weg zurück zu einer künstlerischen Gemeinschaft ist nicht einfach. Diejenigen von uns, die einen gewissen Anspruch haben, und künstlerisch unabhängiger von den Sendern arbeiten wollen, sind nicht unbedingt erwünscht. Jetzt schon wollen einige Sendern zukünftig weniger Geld, aber vor allem auch keine Sendeplätze mehr, für freie Produktionen zur Verfügung stellen. Es wird als Teil einer Sparmaßnahme verkündet, obwohl es vergleichsweise um minimale Beträge geht. Im Jahr 2011 wurden beim BR weniger als fünf Prozent für Auftragsproduktionen ausgegeben, so eine vorläufige Zahl. Von der einen Milliarde waren es knapp 49 Millionen. In der Zukunft soll auch dieses Geld wegfallen.

Im Frühling 2013 gab es diesbezüglich eine Stellungnahme aus dem Bayerischen Rundfunk, von der *Fernsehdirektorin Bettina Reitz*. Sie steht auf der Homepage der *Allianz Deutscher Produzenten zur freien Verfügung:*

München, 07.03.2013
Bettina Reitz: Kinokoproduktionen nicht Teil der Grundversorgung

Spielfilmproduzenten müssten sich auf Einschnitte einstellen, meldet Filmfachzeitschrift *Blickpunkt:Film*. Nach den kommerziellen Sendern strichen nun auch die öffentlich-rechtlichen Anstalten ihre Budgets für Kinokoproduktionen zusammen.

BR-*Fernsehdirektorin Bettina Reitz* habe beim *Blickpunkt:Film*-Interview gesagt: „Es werden definitiv nicht mehr Kinoprojekte, eher weniger – vielleicht sogar spürbar weniger."

In der aktuellen Rundfunkgebührendebatte sehe Reitz durchaus „Optimierungsbedarf" bei ARD, ZDF und Deutschlandradio, aber: „Die Öffentlich-Rechtlichen haben eine Menge zu bieten. Sollten wir uns aufgrund von Kritik oder mangelndem Geld von bestimmten Aufgaben trennen, dann geht es doch als Erstes an Auftragsproduktionen und Kinokoproduktionen."

Weniger Sendeplätze und Kürzungen bei unserer Kino-Kultur, eigentlich ein Auftrag der öffentlich-rechtlichen Rundfunkanstalten. Gleichzeitig eine geplante Erhöhung der Sender-Einnahmen auf über acht Milliarden. Das ist logisch nicht nachvollziehbar.

Es gibt bei unserem Bayerischen Rundfunk wenige Redaktionen, die für freie Produktionen zuständig sind. Anfangs versuchte ich mich durch die verschiedenen Redaktionen durch zu telefonieren, doch vielfach hieß es: Niemand zuständig, keine Budgets, keine Sendeplätze.

Auch *Bettina Reitz* selber hatte ich zwei Mal angeschrieben, wegen externer Produktionen, die unsere Firma gerne mit dem BR ko-produzieren wollte. Wir beanspruchten dabei keine redaktionelle Betreuung, das war ohnehin schwierig beim BR, wie ich nach langjähriger Erfahrung wusste.

Eine Schwäche in der *Dramaturgie* war in vielen Redaktionen offensichtlich, man merkte es meistens bei der ersten Besprechung. *Dramaturgie* ist kein einfaches Fachgebiet und gute Dramaturgen sind ihr Geld wert. Ich kenne unter den langjährigen BR-Redakteurinnen nur eine hervorragende Dramaturgin, denn meistens sind gute Dramaturgen freiberuflich tätig. Bisweilen schreiben sie auch selber.

Beim ZDF, und vor allem auch beim BR, wollen in den Redaktionen auch dramaturgisch weniger Talentierte gerne maßgeblich gestalten. Dann kommt es sehr auf die Produktionsfirma an. Kann sie sich durchsetzen, und damit vielleicht auch riskieren eine Redaktion zu verärgern? Meistens geht das nicht. Alle in der Branche sind vom nächsten Auftrag eines Senders abhängig.

In meinem Drehbuchautorinnen-Alltag zwangen Redaktionen den Autoren oft ihre Ideen auf. Sie bestanden drauf, dass sogar ganze Dialogsätze bis ins Kleinste zu Papier gebracht wurden. Um Qualität ging es dabei selten. Man darf nicht den Fehler machen, das Durchsetzen inhaltlicher Macht mit inhaltlicher Verantwortung gleichzusetzen.

Vereint einen Autor und einen *Redakteur* ein Streben nach inhaltlicher Qualität, so bestehen große Unterschiede. Ein Festangestellter und ein Freier können nicht wirklich auf Augenhöhe arbeiten. Im Zweifelsfall riskiert ein Autor alles, ein *Redakteur* hingegen sitzt auch einen wirklich schlechten Film einfach aus.

Bisweilen arbeiten zwei oder mehr *Redakteure* und *Redakteurinnen* gleichzeitig mit einem Autor an einem Drehbuch, wobei das Wort Arbeit hier unter Vorbehalt zu verwenden ist. Arbeit sollte zumindest den Anspruch haben produktiv und effektiv zu sein. So ist es aber oft nicht. Besorgt um die Pfründe im eigenen Reich, werden während einer Drehbuchentwicklung gerne redaktionelle Machtkämpfe ausgefochten, die wenig mit der Arbeit selber zu tun haben.

Zwar ist auch den jeweiligen Abteilungsleitern der Redaktionen, und selbst Programmdirektoren und Intendanten die Weisheit der vielen Köche bekannt, die jeden Brei verderben, doch leider ist es auf Senderseite bei ARD und ZDF nie persönliches Geld, das auf dem Spiel steht.

Auf diese Weise entstehen viele peinliche Filme. Kennt man dazu das Preisschild an der einen oder anderen Produktion, ist es beschämend.

Nicht ein einziges Mal habe ich im öffentlich-rechtlichen Fernsehen eine ehrliche und selbstkritische Aufarbeitung einer dieser Millionen-Katastrophen gesehen. Auf dem Münchner Filmfest 2013 versuchte ich es erneut bei einer BR-Redakteurin, die ich persönlich für eine großartige Dramaturgin halte:

«Warum genau wurde die Bavaria-Produktion *Ludwig II* von *Peter Sehr* mit insgesamt sechzehn Millionen Euro, davon allein sechseinhalb Millionen Euro vom BR, produziert? Hatten wir nicht vor ein paar Jahren darüber gesprochen, dass das Drehbuch nicht besonders interessant war?»

Sie erinnerte sich vage, unser Gespräch war eine Weile her, es hatte in Schwabing vor dem ARRI-Kino stattgefunden, nachdem ich von dem Filmprojekt erstmalig erfahren. Ihr hatte es ebenfalls nicht gefallen, dass so viel Geld in ein filmisches Thema gesteckt werden sollte, das viele Menschen nur mäßig interessierte. Sie nickte.

«Ja, das stimmt. Wir hatten darüber gesprochen und so war es auch. Das Drehbuch war nicht besonders spannend, der Film musste aber trotzdem gemacht werden.»

«?»

«!»

Gerne tut man bei ARD und ZDF so, als sei es schicksalshaft, wenn ein filmisches Werk keinen wirtschaftlichen Erfolg hat. Man vergisst die Millionen, sogar bei zweistelligen Investitionen. Wir Drehbuchautoren unterschreiben bisweilen Verträge mit Geheimhaltungsklauseln. Das verlangen auch die Sender von den Produzenten. Man will unter sich bleiben, wenn die Millionen verteilt werden.

Warum aber überlassen die Verantwortlichen der Öffentlich-Rechtlichen die analytische Arbeit eines Millionen-Scheiterns den Kritikern in den Feuilletons? Gerne lese ich Filmkritiken, stelle aber dabei oft fest, dass man als Filmkritiker oft nur schwer beurteilen kann, woran es wirklich lag. Buch? Regie? Schauspieler? Oft ist es das schwache Drehbuch, das den erfolgreichen Film verhindert.

Eine ehrliche Aufarbeitung einer mißlungenen Dramaturgie würde Wunder wirken, vor allem, wenn ein Film für alle sichtbar an einem schlechten Drehbuch gescheitert ist. Auch ein Kinodrehbuch kostet wenig, misst man es an den enormen Kosten für einen aufwendigen, da historischen, Kostümfilm.

Fragt man die Kreativen am Set, dabei muss ich vor allem an eine von mir bewunderte, großartige Kostümbildnerin denken, so sehen Mitwirkende oft schon am Zustand eines Drehbuches, ob ein Film halbwegs erfolgreich werden könnte.

Im Fall des teuren *Ludwig II* waren sich alle einig. Das erarbeitete Drehbuch brauchte man eigentlich nicht unbedingt zu verfilmen, zumindest nicht für ein derartiges hohes Budget. Der Film hatte einfach nichts Neues zu erzählen, es fehlte an thematischer Tiefe.

Zum ersten Mal in der Geschichte des Deutschen Films, so wie ich ihn seit Kindertagen kenne, sitzen Produzenten und Autoren nicht mehr auf einer gemeinsamen Seite, um über die heutigen Missstände zu reden. Das ist seltsam, vor allem, da ich seit einigen Jahren sowohl Autorin, als auch Produzentin bin. Wir gehören zusammen.

Mein Vater hatte mir in meiner Jugend einige Geschichten von der Bestechlichkeit von Redakteuren bei ZDF und ARD erzählt, er hielt nie viel von Angestellten, die den Kreativen sagen durften, wie sie Filme machen sollten. Immer spielte dabei eine politische Dimension eine Rolle.

Ende der Sechziger Jahre, aber vor allem auch in den Siebzigern, wurden auch in München viele Künstler und Kreative bespitzelt. Schnell geriet man in den Verdacht zu den Sympathisanten der RAF zu gehören, so auch mein Vater, und sogar meine ältere Schwester, kaum war sie volljährig. Man war sich nicht sicher, wie man als junger Mensch reagieren sollte, es war eine dunkle Zeit in meiner Erinnerung.

Münchner Künstler waren meist freiheitlich denkende Menschen, doch gab es in Bayern Ende der Siebziger Jahre, vor allem auch in der Polizei, nationalsozialistische Strömungen, die uns sogar als Schülerinnen Angst machten. In dieser Zeit sang *Konstantin Wecker* sein Lied über seinen erschlagenen Freund Willy im Willi-Graf-Gymnasium, ein damals linkes Mädchengymnasium, das meine ältere Schwester und ich besuchten. Wir alle waren die *Weiße Rose* mit einem lebenslangen Auftrag, denn sogar der freiheitliche Geist unserer Schule litt mit den braunen Strömungen in der Münchner Polizei, und mehr noch beim Verfassungsschutz. Alles war damals suspekt, auch unsere harmlosen Demonstration und unsere Frisuren im Punker-Look.

In unserer, bis auf den letzte Fußbodenplatz gefüllten Schulaula, weinten wir mit *Konstantin Wecker* um seinen Freund Willy. Das Lied stand für Widerstand, auch gegen eine bayerische Regierung, die nicht immer ganz sicher war, wie der Freiheitsbegriff zu definieren war.

Künstler in München zu sein, war damals nicht einfach, und es ist auch heute schwierig, wenn einem Freiheit etwas bedeutet. Das Lied vom Willy ist erneut zeitgemäß.

Als Mutter von zwei Söhnen, die in diesem Jahr volljährig werden, erlebe ich eine politische Schere mit zwei extremen Spitzen, die seit Jahren weiter auseinander driftet, in der Mitte fehlt eine gesunde Basis.

Duckmäuser und Ja-Sager, Feiglinge und Gierschlunde, mittendrin die ganz große Ratlosigkeit und eine europäische Wirtschafts-Katastrophe.

Es ist vielleicht erneut Zeit für Willys Widerstand, doch hoffentlich nicht für eine derartig brutale Eskalation rechter Gewalt, wie ich sie in München in meiner Jugend erleben musste.

Willy
Songtext von Konstantin Wecker

Mei, Willy, jetzt wo i di so doliegn sich, so weit weg hinter
dera Glasscheibn, genau oa Lebn zweit weg, da denk i ma
doch, es hat wohl so kumma müaßn, i glaub oiwei, du hast
as so wolln, Willy.

Ogfanga hat des ja alles 68, woaßt as no: Alle zwoa san ma
mitglaffa für die Freiheit und fürn Friedn, mit große Augn,
und plärrt habn ma: Bürger laßt das Glotzen sein, kommt
herunter, reiht euch ein! Und du warst halt immer oan
Dreh weiter wia mir, immer a bisserl wuider und a bisserl
ehrlicher.

Mia habns eana zoagn wolln, Willy, und du hast ma damals
scho gsagt: Freiheit, Wecker, Freiheit hoaßt koa Angst habn,
vor neamands, aber san ma doch ehrlich, a bisserl a laus
Gfühl habn ma doch damals scho ghabt, wega de ganzen
Glätzen, die einfach mitglaffa san, weils aufgeht, wega de
Sonntagnachmittagrevoluzzer:

D´Freindin fotzen, wenns an andern oschaugt, aber über
de bürgerliche Moral herziagn! Die gleichn, Willy, die jetzt
ganz brav as Mei haltn, weils eana sonst naß nei geht! Und
du hast damals scho gsagt, lang halt des ned, da is zvui
Mode dabei, wenn scho die Schickeria ihrn Porsche gegan
2 CV umtauscht, dann muaß was faul sei an der großen
Revolution, mitlaffa ohne Denken ko hofft ma guat sei, aa
ned für a guate Sach.

Gestern habns an Willy daschlogn,
und heit, und heit, und heit werd a begrobn.

Dann hast plötzlich mim Schlucka ogfanga, und i glaub, a
bisserl aufgebn hast damals scho. I versteh di, des is ja koa
Wunder, wenn man bedenkt, was alles wordn is aus de großen Kämpfer. Heit denkas ja scho mit 17 an ihr Rente, und
de Madln schütteln weise an Kopf, wenn d´Muater iam Mo
as Zeig hischmeißt und sagt, mach doch dein Krampf alloa,
i möcht leben!

Trotzdem, Willy, ma muaß weiterkämpfen, kämpfen bis zum Umfalln, a wenn die ganze Welt an Arsch offen hat, oder grad deswegn.

Und irgendwann hast dann ogfanga, die echten Leit zum suacha, de wo ned dauernd „Ja Herr Lehrer!" sagn, hinten in dene Kneipn am Viktualienmarkt und am Bahnhofseck. Echter san de scho, Willy, aber i hab di gwarnt, aufpassen muaßt bei dene, weil des san Gschlagene, und wer dauernd treten werd, der tritt halt aa amoi zruck.

Aber du hast koa Angst ghabt, i kenn di doch, mia duad koana was, mei, Willy, du dummer Hund du, jetzt sickst as ja, wia da koana was duad.

Gestern habns an Willy daschlogn,
und heit, und heit, und heit werd a begrobn.

Sakrament, Willy! Warst gestern bloß aufm Mond gwesen oder aufm Amazonas in am Einbaum oder ganz alloa aufm Gipfel, drei Schritt vom Himme weg, überall, bloß ned in dera unselign Boazn!

I hab in da Früah no gsagt, fahrn ma raus, as Wetter is so glasig, die Berg san so nah, schwänz ma a paar Tag, wia damals in da Herrnschui, an Schlafsack und die Welt in der Taschn, aber du hast scho wiederamoi oan sitzn ghabt in aller Früah, und am Abnd hast as dann wiedar amoi zoagn müaßn, daßd doch no oana bist.

Am Anfang wars ja no ganz gmüatlich. Und natürlich habn ma den alten Schmarrn wieder aufgwärmt, wieder amoi umanandgstritten, wer jetz eigentlich mim Lehrer Huber seiner Frau poussiert hat am Faschingsball, sentimental san ma gwordn, so richtig schee wars, bis der Depp an unsern Tisch kumma is mit seim Dreikantschlüsselkopf, kloa, schwammig und braun.

Und dann hat a uns gfragt, ob ma beim Bund gwesen san, na ja, des habn ma ja noch ganz lustig gfunden, und daß a so froh wär, daß jetzt wieder Ordnung kummt in die rote Staatssauce, und die Jugend werd ja aa wieder ganz vernünftig, und die Bayern wissens as eh scho lang, wos lang geht politisch.

Willy, i hab gnau gwußt, des haltst du ned lang aus, und dann hat a plötzlich as Singa ogfanga, so was vom Horst Wessel. Hinten an de andern Tisch habns scho leise mitgsummt, und dei Birn is ogschwolln, und plötzlich springst auf und plärrst:

Halts Mei, Faschist!

Stad wars, knistert hats. Die Luft war wiara Wand. Zum Festhalten. Da hätt ma no geh kenna, Willy, aber na, i verstehs ja, du hast bleibn muäßn, und dann is losganga an de andern Tisch: Geh doch in d´Sowjetunion, Kommunist!

Freili, Willy, da muaß ma narrisch werdn, wenns scho wieder soweit is, aber trotzdem, laßn geh, hab i gsagt, der schad doch neamands mehr, der oide Depp, nix, hast gsagt, alle schadens, de oiden und de junga Deppen, und dann hat der am Nebentisch plötzlich sei Glasl daschlogn, ganz ruhig, und is aufgstanden.

Willy, du dumme Sau, i hab di bei da Joppen packt und wollt di rausziagn, obwohl i´s scho nimmer glaubt hab, und du hast di losgrissen:

Freiheit, des hoaßt koa Angst habn vor neamands, und bist auf ean zua und nacha hat a halt auszogn… Willy, Willy, warn ma bloß weggfahrn in da Früah, i hätt di doch no braucht, wir alle brauchen doch solche, wia du oana bist!

Gestern habns an Willy daschlogn,
und heit, und heit, und heit werd a begrobn.

Abdruck des Liedtextes mit freundlicher
Genehmigung von Konstantin Wecker, 2013

Das politische Leben in München verlief immer mal wieder in Extremen. Im Moment kommt es mir wieder so vor, dass gerade unter den Kulturschaffenden offener über einen künstlerischen Widerstand und ein allgemeines Aufwachen geredet wird, vielleicht beginnt ein sanfter Medienfrühling. Anfangs wurde viel über finanzielle Benachteiligungen der Freien gesprochen und geschrieben, sowohl in Österreich als auch in Deutschland.

Immer mehr Künstler kommunizieren via Internet, dort fühlt man sich mit weltweiten Veränderung verbunden, während bei ZDF, ARD und auch beim ÖRF viel Schweigen herrscht.

Was passiert in unserem Medien-Deutschland? Wie schlimm ist die Korruption bei uns? In einer Sommer-Umfrage bei *Transparency International*, kurz TI genannt, einer Nicht-Regierungs-Organisation mit Sitz in Berlin, die sich für die Aufklärung nationaler und internationaler volks- und betriebswirtschaftlichen Korruption engagiert, gibt es frisch veröffentlichten Zahlen:

Auf einer Bewertungs-Skala von Eins bis Fünf wurde in Deutschland die Politik mit 3.8 als sehr korrupt eingeschätzt. Danach kommt die Privatwirtschaft, zum ersten mal direkt gefolgt von der Korruption in den Medien. Sie haben sich massiv verschlechtert und erreichten nur noch eine 3.6.

Diese Zahl alarmierte vor allem den Journalistenverband, doch wundert die steigende Korruption in den Medien uns freie Kulturschaffende nicht wirklich. Seit einigen Jahren tauschen wir uns verstärkt untereinander aus. Die in erschreckendem Maße zunehmende Benachteiligungen von Künstlern ist unübersehbar. Augenwischerei in den Medien ist einer der schwächeren Vorwürfe, vor allem in Bezug auf unsere Verwertungsgesellschaften.

Viele sprechen inzwischen offener von zunehmendem Betrug an uns Künstlern, mit Beteiligung der wissenden Aufsichtsorgane, bis hin zu den höheren Rängen der Politik. Es wird viel prozessiert, immer ist mangelnde Transparenz zu beklagen. Gerne werden langjährige, teure Gerichtsfälle dazu benützt unliebsame Kritiker mundtot zu machen, während man sich auf Verwaltungsseite in Schweigen hüllt.

Die Position des Künstlers in den Medien scheint überflüssig, bisweilen sogar lästig geworden zu sein. Die Beschneidung der künstlerischen Freiheiten von Autoren, durch redaktionelle Vorgaben aus Sendern, könnte eine endgültige gerichtliche Bestätigung bekommen, sollte mein Fall vor dem Bundesgerichtshof in Karlsruhe nicht wieder eröffnet werden.

In meinem zweiten Gerichtsurteil vor dem Oberlandesgericht in Berlin im Mai 2012, befand der Berliner Richter, mein „Werk" wäre nur vollständig und abnahmefähig, wenn es genau so wäre, wie es das ZDF inhaltlich haben wollte.

Als Autorin war ich fassungslos. Offene Zensur hatte ich bis dato noch nicht erlebt. Natürlich fiel das Wort Zensur nicht ein einziges Mal, denn das Gericht wollte gar nicht wissen, wovon meine Geschichte handelte, oder warum ich bestimmte Änderungen nicht, wie vom ZDF verlangt, geschrieben hatte. Man trennte einfach den Inhalt von der Form und verhandelte dann über Zahlungen. Meine Geschichte gab es nicht, auch mein künstlerisches Urheberrecht kam nicht vor, als Autorin war ich zum ersten Mal in meiner langjährigen Laufbahn ohne Rechte, mein Roman hatte keinerlei Bedeutung, meine vierhundert Seiten durfte ich selber nicht mehr verwenden. Ich war sprachlos und auch mutlos. Wie soll man mit einem unwirksamen Urheberrecht einen Vertrag abschießen, einen gemeinsamen Film erschaffen?

Die in den letzten Jahren, nach eigener Aussage vorrangig an Massenbeifall durch gute Quote interessierten öffentlich-rechtlichen Sender hatten ihr Ziel erreicht: Alles war möglich, solange die Quote ARD und ZDF eine gewisse Popularität bestätigte. Doch warum sollten Künstler dann noch mit öffentlich-rechtlichen Sendern arbeiten wollen?

Durch die zunehmende Korruption, doch auch durch verstärkte politische Einflußnahme fließen Gelder ohnehin nur noch in bestimmte Filme und bestimmte inhaltliche Themen. In politisch kritische Filme, oder aber intelligente Filme, die zum Nachdenken anregen, wurde in den letzten Jahre in Deutschland wenig Geld investiert. Dadurch zieht man sich mit den Jahren ein unterfordertes Publikum heran.

In den Redaktionen hieß es gerne, intelligente Geschichten seien zu anstrengend. Kann man seichte Volksverdummung schreiben, bekommt man heutzutage als Autor viele Aufträge.

Mein Vater brachte seine Verachtung über die Macht-Menschen in den öffentlich-rechtlichen Sendern, die Kreative mit Millionenaufträgen manipulierten, deutlich zum Ausdruck. Er sprach von politischen Marionetten und war nie gut im Hofieren von Redaktionen.

Auch andere Produzenten, die sich als inhaltlich frei und kritisch verstanden, zu denen auch *Bernd Eichinger* gehörte, der oft in unserem Schwabinger Garten saß, riskierten lieber ihr Vermögen mit freien Kinofilmen. Den Gang zu den Redaktionen vermied man lieber.

In meiner Jugend gab es aber auch immer wieder positive Überraschungen bezüglich meines Bildes eines *Redakteurs*. Bisweilen stellte mein Vater mir bei den einschlägigen Münchner Filmtreffen, oder auch offiziellen Empfängen, einen *Redakteur* vor, den er gut fand. Allerdings war sein Lob immer auch unter Vorbehalt zu verstehen. Er sah in ZDF und ARD politisch gesteuerte Meinungsmedien, die sich wandeln konnten, wenn die Politik es verlangte.

Als freiheitlicher Holländer vermittelte mir mein Vater ein gesundes Misstrauen gegenüber jeder Staatsmacht. ARD und ZDF bezeichnete er als staatliches Fernsehen, das zwar offiziell kein Staatsfernsehen war und ist, jedoch de Facto massivem politischen Einfluß ausgesetzt ist.

Ich habe mir, so weit es mir beruflich möglich war, für Ben auch deshalb immer viel Zeit genommen. Ich wollte selber erfahren, wie ein einst freiheitlich denkender Mensch mit der Zeit Teil eines politisch durchtränkten Systems wurde, bis hin zur Blindheit aus reinem Selbstschutz. ZDF-Linientreu war Ben, das wusste ich, doch ließ er sich ebenfalls bestechen?

Es wäre schade um ihn, aber vor allem auch um unsere wundervolle Freundschaft.

«In einer Stadt, so schnelllebig, dass die Sonntagszeitung schon am Samstag kam, konnte da irgend jemand sagen, wie viel Zeit uns noch blieb?»

Carrie Bradshaw aus SEX AND THE CITY
Staffel 2, Episode 5

Die Bombe

… die in eine Bar nach Manhattan führte.

Vielleicht wäre ich sogar in München auf die Filmhochschule gegangen, hätten nicht entscheidende Vorfälle in München meine Schritte in eine neue Richtung gelenkt.

In meinem letzten Jahr vor dem Abitur arbeitete ich im Herbst zwei Wochen für einen Schießstand auf dem Oktoberfest. Ich wollte mir meine erste USA-Reise verdienen. Es waren harte Schichten, man begann um zwölf Uhr mittags, weswegen ich zwei Wochen lang nur bis kurz nach elf den mir ohnehin langweiligen Unterricht besuchte.

Die Arbeit im Schießstand fand ich spannend. Gerne probierten schießwütige Junghirsche, oft aus dem bayerischen Hinterland, ihre Fähigkeiten nach einigen Maß Bier aus. Manchmal duckte ich mich in letzter Sekunde, es waren auch Idioten unterwegs. Daher ist auch das Lied vom Willy wichtig. Es waren immer viele stramm-braune Jungs auf dem Oktoberfest. Man erkannte sie schnell, nur das Ausmaß ihrer politischen Gesinnung, oder aber ihrer Aktivitäten, blieb verborgen. Manchmal sah man an den Revers ihrer Trachten Zeichen von Burschenschaften oder Schießvereinen, gerne auch die kleineren Natursymbole bodenständiger Zugehörigkeit, doch niemals offene Hakenkreuze.

Trotzdem wusste ich es immer sofort. Ich hatte eine gute Freundin, die einen älteren Bruder hatte, der eine Zeit lang eine Art neues Germanentum untersuchte, man hatte mit achtzehn Jahren ein gewisses Grundwissen.

Am 26. September 1980 explodierte die Bombe in der Nähe meines Schießstandes. Es war ein einschneidendes Erlebnis, und ich werde auch die anschließende Nacht niemals vergessen.

Wir waren nicht verletzt, wir durften auch nicht helfen, denn es waren schnell professionelle Hilfskräfte vor Ort. Man schickte uns weg, also suchte ich mein Fahrrad, um nach Hause zu fahren. Ich zitterte aber viel zu stark, um zu fahren und musste mein Fahrrad zurück nach Schwabing schieben.

Meine tiefe Erschütterung versuchte ich damals zunächst mit mir selber auszumachen. Ich wollte nicht nachhause, irgendwann besuchte ich meinen Freund, wir hatten uns vor einigen Wochen getrennt, doch in dieser Nacht brauchte ich ihn. Es waren Menschen aus unserem Stadtteil ums Leben gekommen, eine Familie lebte nur wenige Straßen weiter.

Wir alle ahnten schnell, wer verantwortlich war, doch wir wussten auch, dass eventuell aus politischem Kalkül jemand anders verantwortlich gemacht werden würde.

In der rechten Presse ging eine regelrechte Hatz auf angebliche Linke und Sympathisanten los. Es war entsetzlich zu erleben, wie das Oktoberfestattentat instrumentalisiert wurde, um noch mehr staatliche Kontrolle zu installieren.

Grundsätzlich waren wir als Künstlerfamilie suspekt. Mein Vater hatte als Produzent im Jahr 1967 den Film *Tätowierung* mit *Christof Wackernagel* in der Hauptrolle zu verantworten. Im Sommer 1977 wurde *Christof Wackernagel*, wegen Mordversuchs und seiner Mitgliedschaft in der RAF, nach einem Schusswechsel in Amsterdam, und einem Fluchtversuch von der Polizei, endgültig festgenommen. Im Herbst 1980 war seine Verhandlung.

Meine Schwester feierte in ihrer ersten eigenen Wohnung Partys, bei denen angeblich suspekte Elemente zu Gast waren, die Polizei stand mehr als einmal vor der Tür und stellte Fragen.

Zu der öffentlichen Trauerfeier für die Opfer des Attentats, Menschen, die teilweise in unserer Nachbarschaft gelebt hatten, ging unsere ganze Familie damals nicht. Man wusste, der Verfassungsschutz würde dort sein, man wollte nicht als Sympathisant in Verdacht geraten.

Etwas brach in diesen Tagen in mir, obwohl ich mehr als dreißig Jahre später nicht sagen kann, warum meine Hoffnung auf Gerechtigkeit in diesem Tagen schwand. Immer schon waren in München unser kleines Künstler-Schwabing, und einige andere eher linke Stadtteile, kleine Freiheitsinseln, in denen alles möglich schien. Offen durfte man nicht darüber reden, dass in unseren Augen eher das Verbot der Wehrsportgruppe Hoffmann etwas mit dem Oktoberfestattentat zu tun hatte, als linke Terroristen aus dem Umfeld der RAF. Es wäre unklug gewesen. Also schwiegen wir alle. Wir taten als sei nichts geschehen, doch wusste ich, dass es Jahre dauern würde, bis ich wieder auf das Oktoberfest gehen konnte.

Nach meinem Abitur musste ich vor mir selber zugeben, dass meine Idee eines Studentenlebens in München, gelebt in aufrechter Freiheit und Gradlinigkeit, eher eine utopische Wunschvorstellung war. Ich konnte mir nicht wirklich vorstellen in einem Deutschland zu leben, in dem ich mich in meiner Vorstellung verstellen musste, um erfolgreich studieren zu können. Jung wie ich war, malte ich mir alles in dunklen Farben aus: Das sich Anbiedern-Müssen, ein Taktieren mit freundlich lächelnden Lügen, während mir innerlich das Herz brach.

Meine ältere Schwester lebte bereits in New York. Mit ihrem Freund, einem linken Filmemacher aus Österreich, hatte sie immer wieder Ärger mit den Münchner Behörden. Sie hatte ein Jahr vor dem Abitur die Schule beendet, um in New York Kamerafrau zu werden.

Ich schwankte zwischen einer Kunst- oder Filmhochschule, oder aber einer praktischen Ausbildung zur Fotografin. Doch auf alle Fälle, so dachte auch ich, würde es woanders besser als in München sein.

Es waren die wilden Achtziger in New York. Zusammen mit meinem damaligen Freund und seinem besten Freund fanden wir drei Münchner eine günstige Bleibe im Eastvillage. Das Viertel, in dem wir wohnten, *Alphabet City*, war alles anderes als sicher. Selbstbewusste Drogendealer kontrollierten die Avenues von A bis D.

Unsere nette, kleine Wohnung war im zweiten Stock eines rötlichen Hauses aus Ziegelsteinen, an dem die Feuerleitern ein fröhliches Zickzack bildeten. Das Gebäude war an der Ecke von Avenue B, gegenüber einem ausgebrannten Mietshaus, vor dem Drogenkunden auch bei Tag Schlange standen. In der so genannten *shooting gallery* konnte man die gekaufte Ware vor Ort konsumieren, sich seinen nächsten Schuss setzen.

Heroin, damals auch als *White Lady* bekannt, war der gängige Verkaufsschlager in den Achtzigern. Auch ein Manhattan Polizeiwagen hielt bisweilen mit laufendem Motor vor dem bewachten Eingang, ein Beamter verschwand im Inneren, kam eine Viertelstunde später wieder raus, stieg ein und der Wagen fuhr weiter. Es schien ein profitables Miteinander zu sein, das wir drei Deutschen bestimmt nicht in Frage stellen würden. Wir waren froh eine gemütliche Wohnung zu haben, die wir uns als Studenten leisten konnten und hatten andere Sorgen. Vor allem mussten wir ohne Arbeitspapiere irgendwie ein stetiges Einkommen generieren, wollten wir in New York bleiben.

Stefan war mit einem Touristen-Visum eingereist, um dem deutschen Militärdienst zu entfliehen. Kemal, mein damaliger Freund, wollte dem türkischen Militärdienst entkommen. Das war nicht leicht, weswegen er nur ein temporäres Studenten-Visum erhielt und auch sein Pass immer nur für zwei Jahre gültig war. Ich war die einzige, die ein gültiges Studentenvisum für mehrere Jahre hatte, allerdings mit der Auflage, in den USA kein Geld zu verdienen. Offiziell würde mir niemand Arbeit geben, es blieb also nur eine halblegale Tätigkeit.

Unsere Geldreserven aus München gingen zur Neige, als Stefan durch Zufall Dirk aus Hamburg kennenlernte, der eine Vertretung für seine Bar in der Nähe vom St. Marks Place suchte. Die zweistöckige Bar war nur circa fünfzehn Minuten zu Fuß von unserer Wohnung entfernt. Sie wurde viel von Studenten der renommierten *New York University* besucht. Kemal und ich waren sofort begeistert.

Da Dirk die Vertretungszeit immer wieder verlängerte, betrieben wir das *Lucky Strike* insgesamt über fast zwei Jahre. Gleichzeitig begann ich mein vierjähriges Film- und Kunststudium am *Hunter-College*, einem politisch liberalen Manhattan City-College für Kunst und Geisteswissenschaften.

Keiner von uns dreien durfte in Amerika Geld verdienen, daher rechneten wir damit, dass wir früher oder später möglicherweise in Schwierigkeiten geraten würden. Doch zunächst ging alles glatt. Die Bar *Lucky Strike* war cool und verlieh uns eine gewisse Unantastbarkeit, obwohl wir es mehrmals mit der Polizei zu tun hatten. In den heißen Manhattan-Sommernächten mussten wir lüften, um die schwüle Hitze zu ertragen. Durch die offenen Fenster störte die afro-kubanische Musik den Schlaf der Nachbarn, doch wollte von den Polizisten nie einer unsere Aufenthalts- und Arbeitserlaubnis sehen. Trotzdem hatten wir es im *Lucky Strike* mit Bestechung zu tun.

Daniel White war ein offizieller Beamte, der regelmäßig bestochen werden musste, das wussten wir von Dirk. Eines Tages wollte auch ich diese Fähigkeit unter Beweis stellen, vor allem, um meinen Freund Kemal zu beeindrucken, der mir die nötige Coolness nicht zutraute.

Daniel war ein älterer, ungepflegter Mann mit schütterem grauen Haar und einem leichtem Bauch. Er unterstand der staatlichen Alkohol-Behörde und kam meist einmal im Monat, manchmal auch öfter. Irgendwie musste das Geld den Weg in seine Hand finden, ohne dass es auffiel.

Es war einer dieser lästigen Dinge, die nervten, aber in einem regelmäßigen Zyklus erledigt werden mussten, denn Mister White hätte uns jeder Zeit verhaften lassen können, und zwar nicht nur, weil wir keine Schanklizenz für harte Spirituosen hatten. Illegale Arbeit war ein Grund deportiert zu werden.

Er kam nie gleich nach dem Öffnen, sondern stets, wenn bereits die ersten Gäste da waren. Geduldig wartete er, oft mit einer Zeitung, in der er blätterte, bis Kemal, oder Stefan sich ihm widmen würden.

Bis jetzt hatte ich die Aufgabe immer einem der Männer überlassen, da sie souveräner mit Bestechung umgingen als ich. Doch ein Mal, nur ein einziges Mal wollte ich beweisen, dass ich es ebenfalls könnte, wenn ich es unbedingt müsste. Ich wollte cool sein.

Bestechung will gelernt sein, also übte ich vorher mit meinem Freund. Zunächst rollte ich fünf Zwanzig-Dollar-Scheine zusammen. Mit einem Gummiband machte ich eine feste Rolle daraus, ungefähr so groß wie eine Zigarette. Das Röllchen steckte ich in meine Zigarettenschachtel, wir rauchten damals alle, das gehörte zu unserem coolen Image als Barkeeper.

Unauffällig machte ich mich von dem hinteren Teil der Bar, wo mein Freund mich sorgfältig instruiert hatte, auf den Weg. Mister White war schwerhörig auf dem rechten Ohr. Ich sollte von links an ihn herantreten und fragen, was er auf Kosten des Hauses trinken wollte. Ich weiß noch, wie unglaublich nervös ich war. Sollte ich es wirklich lauter sagen, weil er schwerhörig war? Oder vielleicht näher an ihr rangehen, und leise in sein Ohr flüstern, dabei ein klein wenig flirtend?

Mister White saß auf einem der Billigbarhocker aus Holz, die wir erst kürzlich schwarz lackiert hatten. Eine der Ecken am Fenster hatten wir zu einer kleinen Bühne umgewandelt. Dort spielten öfter Live-Bands, denn wir wollten mehr Studenten der privaten, teuren *New York University*, die ganz in der Nähe lag, für uns interessieren. Vor allem auch die Studentinnen, die von ihren Eltern finanziell meist großzügig mit Geld ausgestattet wurden, versuchten wir mit allerlei femininen Ideen anzulocken, dazu gehörte auch ein Anstrich in Pastellfarben. Es klappte und bald richteten wir auch Geburtstage und andere kleine Events aus. Durch die Partygirls wurde im oberen Stockwerk auch getanzt und es wurde voller.

Die Miete für die Bar, sowie die bescheidenen Fixkosten für unsere Dreier-WG in *Alphabet City,* verdienten wir mit zunehmender Leichtigkeit. Mit jedem ertragreichen Wochenende fühlten wir uns sicherer. Mir gefiel es nicht, dass zu dieser Sicherheit auch die Bestechung eines Beamten gehörte, doch damals überwog meine Dankbarkeit, weil unser Leben überhaupt irgendwie funktionierte.

Alle drei waren wir zweiundzwanzig Jahre alt, gute Freunde und echte *Greenhorns*. Keiner von uns hatte viel Ahnung von einem Barbetrieb. Die so genannte *Liquor License*, die von den staatlichen Behörden für den Ausschank von harten Spirituosen ausgestellt wurde, hätte aber auch Dirk aus Hamburg nicht beantragen können. Nicht nur musste man dazu unbedingt gültige Einwanderungspapiere haben, auch unter dem Namen *Greencard* bekannt, sondern es gab noch andere Auflagen.

Wir hatten noch nicht einmal einen offiziellen Mietvertrag mit dem Eisenwarenladen der Kaminstein Brothers nebenan. Alles ging über Bargeld.

Wir wussten nicht, warum Dirk die USA verlassen hatte. Vielleicht hatte er keine gültigen Papiere mehr, es könnten aber auch größere Schwierigkeiten gewesen sein. Wir wussten zu diesem Zeitpunkt überhaupt nicht sehr viel. Dirk war einfach nur länger verschwunden, als geplant, und hatte uns vor seiner Abreise eine Gebrauchsanweisung für Mister White gegeben: Einfach immer abschmieren, wenn er kommt, immer einen Hunderter. Nie mehr, auch wenn er es fordern sollte, sonst wird er gierig…

Als geborener Türke kannte sich vor allem Kemal gut mit Korruption aus. In seiner Heimatstadt Istanbul lief viel über Bakschisch. Die Bestechung in finanzieller Form, mit Naturalien, oder auch speziellen Gefallen, gehörte zur türkischen Kultur. Mein Freund hatte es trotz seinen fünfzehn Jahren in München, wo wir uns als Schüler kennengelernt hatten, im Blut.

Als ich zögerte, sah er sofort, dass ich einen Rückzieher machen wollte. Er lachte leise, als er zu mir trat.

«Es ist ganz leicht», flüsterte mir zu, «du musst einfach nur so tun, als sei es normal, dass du ihm die Geld-Zigarette in die Hand drückst. Du kannst sie ihm aber auch in der Schachtel anbieten. Er kennt das Ritual …»

Ich war nervös. «Er wird sie sich nehmen, sich bedanken und gehen? Das macht er bei euch beiden. Ihr seid

Jungs. Aber bei mir... Ich meine, vielleicht fühlt er sich gedemütigt, wenn eine Frau ...?»

Kemal schüttelte den Kopf und gackerte leise wie ein Huhn, was bedeutete, dass er mich für einen ziemlichen Feigling hielt.

«Willst du jetzt ewig und drei Tage etwas problematisieren, das kinderleicht ist? Na gut, gib schon her!»

Er streckte mir mit mitleidigem Blick die Hand entgegen. Ich sollte ihm die Geld-Zigarette zurückgeben. Natürlich dachte ich nicht daran, mir eine derartige Blöße zu geben, sondern gab mir einen innerlichen Ruck.

«Ich mache es! Ich finde es nur nicht ganz einfach. Es ist anders, wenn man kein Mann ist.»

«Blödsinn! Es ist ganz leicht. Ich meine, wir machen das doch jetzt schon eine Weile, Spatzerl ... Du hast es schon oft bei mir gesehen. Und da traust du dich immer noch nicht?»

Spatzerl war sein bayerischer Spitzname für mich, wenn ich mich wie ein Kind benahm. Ich wusste, ich würde gewaltig in seiner Achtung sinken, wenn ich jetzt einen Rückzieher machte.

Kemal gab er mir einen freundlichen Schubs in Mister Whites Richtung. «Gerade diese Art von Bestechung ist nicht schwer. Daniel kennt dich und weiß, dass wir ein Paar sind. Also los! Trau dich!»

Ich war entschlossen, meinen Mut zu beweisen, trotzdem bewegten sich meine Füße keinen Schritt. Ich war wie am Boden festgeklebt, mir brach der Schweiß aus und ich fing an zu hyperventilieren, dazu kam ein Schluckauf.

Kemal sah mich fragend an. Ich versuchte trotz allem zuversichtlich zu lächeln.

«Ich schaff das ... ich brauch nur noch ein bisschen. Wirklich, ich bekomme das hin...»

Mit zittrigen Knien ging ich los. Doch kurz bevor Mister White meine Ansicht bemerken, und seine Zeitungslektüre unterbrechen würde, drehte ich ab. Ich konnte es nicht. Mein Herz klopfte zu stark, ich würde keine Silbe herausbringen. Um Zeit zu gewinnen, zog ich eine Schleife durch die Bar und rückte alle roten Aschenbecher auf den Ölfässern zurecht. Mein Schluckauf wurde schlimmer. Aus den Augenwinkeln beobachtete ich, wie Daniel immer noch seine Zeitung las.

Kemal legte jetzt Musik auf, es war eines unserer Lieblingslieder, *Just the Two of Us*, interpretiert von *Grover Washington*. Ich wusste, er wollte mir helfen. Aber ich konnte es einfach nicht. Ich war zu feige.

Ich versuchte Zeit zu schinden, ging hinter die Bar und begann Gläser zu spülen. Meine Hände zitterten inzwischen so stark, dass ich Angst hatte, ich würde die Gläser fallenlassen. Ich begann, die weiße Resopal-Oberfläche der Bar mehrfach abzuwischen, in der Hoffnung, dass zumindest mein Schluckauf aufhören würde. Irgendwie musste es mir gelingen meine Unsicherheit zu überspielen, ich wollte es unbedingt.

Dann sah ich Mister White und meinen Freund Blicke tauschen. Sie lächelten sich kurz zu, prompt war ich vollends verunsichert. Wusste der Beamte, dass ich an ihm üben wollte? Dahingehend interpretierte ich die Blicke der beiden. War es ein Spiel?

Da kam euch schon mein Freund, sein schönstes Bestechungs-Lächeln auf den Lippen. Kemal tat so, als wollte er mich kurz küssen, und griff dabei nach der Zigarettenpackung mit dem Geld.

«Feigling», zischte er mir zu und lächelte dabei.

Ich verschwand im Klo. Dringend musste ich einen Moment alleine sein. Mein Herz raste wie verrückt, ich war feuerrot im Gesicht und schämte mich. Tatsächlich war ich ein unglaublicher Feigling.

Noch heute erinnere ich mich an sein spöttisches Lachen, als ich nach einer halben Ewigkeit wieder aus dem Klo kam. Mein Schluckauf war besiegt, Daniel White war verschwunden, doch mein Scheitern würde bleiben.

«Aus uns wird nie *Bonnie and Clyde* …»

Das stimmte, denn nur ein Jahr später trennten wir uns. Nach meinem Studium, und meiner anschließenden Anstellung als Cutterin, auch für die *National Geographic Society*, ging ich nach sieben Jahren Amerika zurück nach München. Ich hatte die Gelegenheit mehr über das Filmemachen zu lernen.

Ab 1990 arbeitete ich als Regieassistentin für *Jan Schmidt-Garre* an einem langen Dokumentarfilm über den legendären Dirigenten *Sergiu Celibidache*.

Dabei ging es erneut um Korruption. Ein junger Soldat mit einem Maschinengewehr in Bukarest sollte Geld bekommen, um mit seinen Kameraden in die andere Richtung zu sehen, während wir drehten.

Unser Kamerateam hatte *Sergiu Celibidache,* kurz nach der Hinrichtung von *Nicolae Ceausescu,* nach Bukarest zu einem wichtigen Konzert begleitet. Der Regisseur, ein Schulfreund von mir, wollte eine Stadtfahrt durch die Prachtbauten von Ceausescu filmen, allerdings ohne Drehgenehmigung.

Die Idee fand ich großartig, nur war es ein nicht ganz ungefährliches Unterfangen.

Schutzgeld war notwendig. Die jungen Soldaten sahen zum Teil sehr ärmlich aus, da war ein wenig Extrageld sicher willkommen. Ein Soldat hatte mit den Augen Kontakt zu mir aufgenommen und lächelte mich nett an. Doch wieder konnte ich das mit der Geldübergabe nicht. Allein der Gedanke, den Soldaten anzusprechen, löste Übelkeit in mir aus.

Jan hatte mehr Verständnis für meine Feigheit als ich und übernahm die Aufgabe. Wir kannten uns, seit wir sechzehn waren und hatten zusammen Abitur gemacht. Er versuchte mich zu trösten.

«Es ist ähnlich wie bei den Mutproben früher, wenn man einen Kaugummi am Kiosk stehlen sollte, irgendwann traute sich jedes Kind...»

«Ich nicht, schon damals versagte ich aus reiner Angst!»

Das ist die Wahrheit, so gerne ich es heute meinen eigenen Kindern als Moral verkaufen würde. Daran hat sich über die Jahre auch nicht viel verändert. Immer sah ich bevorzugt in die andere Richtung, wenn es um Bestechung ging, vor allem auch in meinem Arbeitsumfeld bei den öffentlich-rechtlichen Sendern.

In den frühen 90er Jahren, als ich viel als *Storylinerin* für die damals entstehende Seifenoper *Marienhof* bei der Bavaria arbeitete, wechselte ich sogar schnell das Thema, hörte ich von Kollegen auch nur leise Gerüchte.

Dann schrieb ich meinen ersten Fernsehfilm für den WDR. In diesem beruflichen Umfeld hörte ich, dass einige *Redakteure* in Köln nur durch Korruption an ihre lukrativen Pöstchen gekommen seien. Nein, ich wollte keine Namen wissen, bitte nicht!

Der Kölner-Klüngel war ein feststehender Begriff, doch bekam ich selber nicht viel davon mit, da ich es nicht wollte. Meine damalige *Redakteurin* bei meinem ersten Fernsehfilm *Winterkind*, bei dem *Margarethe von Trotta* Regie führte, fand ich streng. Fachlich war sie in Ordnung, mir war egal, ob sie bestechlich war, oder sonstwas illegales anstellte, wichtig war meine Arbeit, noch wichtiger meine junge Familie.

Meine Zwillinge, die 1995 auf die Welt gekommen waren, dazu meine über Jahre qualvoll zerbrechende erste Ehe, erlaubten nur wenige Blicke über den Tellerrand. Unsere Familie war von meinem Einkommen als Drehbuchautorin abhängig. Hätte ich in dieser Zeit bestechen müssen, um an Aufträge heranzukommen, ich hätte es mit hoher Wahrscheinlich getan. Das war aber nicht nötig. Meine Arbeit beim *Marienhof* lief ebenfalls gut, dort hatte ich mein festes Standbein und arbeitete in einem regelmäßigen Turnus, der es mir erlaubte, für die Kinder da zu sein, und zusätzlich meine Familie zu ernähren.

Hatte ich neben dem *Marienhof* extra Zeit, stellte ich mich bei Produktionsfirmen vor. Manchmal brachte ich eigene Ideen für TV-Filme mit, einige von ihnen schon detailliert ausgearbeitet. Oder aber ich erkundigte mich nach Möglichkeiten, an neuen Serien mitzuarbeiten, denn ich wollte nicht für immer Seifenoper schreiben, auch wenn es zuverlässiges Geld brachte.

In dieser Zeit hatte ich einige Begegnungen mit Filmproduktionen, die mich beunruhigten, vor allem aber wurden mir Filmideen einfach geklaut. Das ist jedoch so schwer nachzuweisen, da man seine Filmideen wegen der langen Produktionszeit frühestens zwei Jahre später auf dem Bildschirm sieht, dass ich es einfach hinnahm. Später ging ich eine zeitlang zu einer Agentur, auch um besser gegen Ideenklau geschützt zu sein, doch brachte das wenig. Meine besten beruflichen Kontakte machte ich selber.

Bei einem Vorstellungsgespräch lernte ich Karl kennen. Er arbeitete als Produzent in München und war vor allem erfolgreich mit TV-Serien. Seine kluge und vor allem humorvolle Art beeindruckte mich. Außerdem war er gut vernetzt. Beruflich interessierte mich vor allem der NDR in dieser Zeit. Ich wollte eine Geschichte für den Norden schreiben. Meine Mutter kam aus Hamburg, in meiner Kindheit hatte ich gerne Zeit bei meiner Großmutter am Ratzeburger See verbracht, mir ging eine Geschichte im Kopf herum, die ich mir nur an der Nordsee vorstellen konnte.

Damals fiel der Name *Doris Heinze*. Karl sprach explizit von seiner Freundschaft mit ihr. Durch diese *Redakteurin* hätte er eine Möglichkeit an Aufträge beim NDR heranzukommen. Vielleicht würde er mich als Autorin vorschlagen. Wir sprachen viel über das ZDF, auch dort hatte Karl gute Beziehungen zu Redaktionen, ich wollte auch dort gerne mehr schreiben.

Für eine ZDF-Redaktion hatte ich bereits mit einem *Marienhof*-Kollegen eine Arzt-Serie geschrieben, leider war sie nur mäßig erfolgreich, die Regie hatte nicht zu den Drehbüchern gepasst. Ansonsten war es eine angenehme Arbeit, die ältere *Redakteurin* war wundervoll, ging aber leider kurz darauf in Pension. Bei dieser Frau war ich mir zum Beispiel sicher, dass sie nicht bestechlich war, irgendwie war ihre Integrität spürbar.

Für Karl begann ich Konzepte zu schreiben, er brachte mich tatsächlich bei einer ZDF-Serie unter und ich dachte darüber nach, dem *Marienhof* ganz den Rücken zu kehren. Es ist für Drehbuchautoren eine schwierige Entscheidung, auf eine feste Einnahmequelle zu verzichten. Mir wurde sie durch eine neue BR-Redakteurin erleichtert, die mir menschlich nicht lag.

Vicky war inhaltlich ungewöhnlich dominant, was nur am Anfang bei meinen Kollegen und mir für Lacher sorgte. Mehr und mehr fühlten uns wie Schüler bei einer Lehrerin, die frustriert darüber war, nur in einer Grundschule unterrichten zu dürfen, weil sie sich zu Höherem berufen fühlte. Vicky hatte einige für mich schwierige menschliche Eigenschaften, weswegen ich im Jahr 2000 beim *Marienhof* aufhörte. Ich hatte das Gefühl, dass die Qualität der Geschichten durch sie merklich nachließen, doch vor allem auch lebloser wurden.

Nach meinem Abschied vom Marienhof begann ich mehr für Karl zu schreiben. Wir versuchten allerlei Neues. Er hatte das Glück zu einer anderen Produktionsfirma zu wechseln, die ihm größere Freiräume bot.

Für die bereits etablierte wöchentliche ZDF-Serie schrieb ich mehrere Jahre nacheinander Folgen, gerade genug, um die Familie zu ernähren, während ich meinen ersten Mehrteiler für das ZDF konzipierte.

Seltsam für mich war, dass ich diesen betreuenden ZDF-Serien-Redakteur nie kennenlernte. Das war neu für mich. Dann klärte Karl mich eines Abends auf.

«Es ist gut, dass du diesen ZDF-Redakteur, der vielleicht auch deine nächsten Folgen betreuen wird, wenn du es geschickt anstellst, noch nicht kennst. Er hat eine Schwäche, die du eventuell zu deinem finanziellen Vorteil nutzen könntest, schon länger wollte ich mit dir darüber reden …»

«Du machst Scherze.»

Karl schüttelte den Kopf und ich merkte dass es nicht ganz einfach für ihn war, dieses Thema anzuschneiden. Karl war ein sensibler Mann und für mich über die Jahre zu einem Freund und klugen Berater geworden. Ich lebte inzwischen seit einigen Jahren getrennt, war geschieden, und meisterte mein Leben mit Kindern und Beruf zu meiner generellen Zufriedenheit. Wäre die unsichere Auftragslage nicht gewesen, wäre auch mein Blick in die Zukunft rosiger gewesen. Karl merkte immer, wenn es mir nicht gut ging.

«Wie schnell brauchst du weitere Aufträge?»

Es sah mich prüfend an. Wie meistens, wenn wir über Arbeit sprachen, saßen wir bei einem stimmungsvollen Abendessen. Dieses Mal war es ein Edelitaliener in der Kölner Innenstadt. Wir waren mit einem neuen Serienkonzept bei *RTL* gewesen, leider verzögerte sich die Entwicklung.

«Du brauchst auch einen ZDF-Ernährungsstrang, während wir für *RTL* weiterentwickeln, daher solltest du zumindest darüber nachdenken, wie du an weitere Aufträge kommst. Ich kenne diesen Redakteur gut...»

Ich antwortete nicht sofort. Seine Andeutungen über diesen angeblich bestechlichen Redakteurs verwirrten mich. Ich musste nachfragen.

«Dieser Redakteur hat mit Absicht meine bisherigen Drehbücher nie mit mir persönlich besprochen, damit ich ihn ab jetzt besteche?»

«Nein, so ist es nicht. Ich sage, dass es von Vorteil sein könnte, dass ihr euch noch nicht persönlich kennt, da es dir bestimmte Optionen offen lässt. Du könntest ihn dir gewogen machen…»

«Bekommt Peter deshalb so viele Aufträge von diesem Redakteur? Besticht er ihn?»

Mein Gehirn lief auf Hochtouren. Mein Kollege Peter war in meinen Augen ein guter, auch vor allem sehr schneller Autor und arbeitete im Vergleich zu anderen Kollegen unglaublich viel. Peter kam aus relativ bescheidenen Verhältnissen, das wusste ich von Karl, sie kannten sich seit längerem. Neugierig geworden wollte ich es jetzt genauer wissen.

«Bitte antworte mir. Besticht Peter, um Aufträge zu bekommen?»

«Hier geht es nicht um Peter, sondern um deinen Wunsch nach weiteren Aufträgen! Du schreibst das doch ohne Probleme, ich meine, bei dir stimmt die Qualität, was also wäre dabei?»

Mir wurde ganz heiß. So sah sie also aus, die Bestechung im Kleinen. Ein Tipp bei einem Italiener, eine Telefonnummer, die nächsten Aufträge waren sicher. Es stimmte, dass dieser Redakteur meine Drehbücher ohne Probleme abgenommen hatte, wie es im Fachjargon heißt. Er entschied, ob ich für meine Arbeit bezahlt wurde, oder nicht. Erst nachdem dieser Redakteur mit meiner letzten Drehbuch-Änderung einverstanden war, bekam ich durch die Produktion meine letzte Rate bezahlt. Manchmal war das ein Drittel, bisweilen sogar die Hälfte eines vertraglich vereinbarten Honorars. Diese *redaktionelle Abnahme* war sehr wichtig.

Bis zu diesem Tag in Köln hatte der *line producer*, ein netter bayerischer Mann, bei dem ich meine Arbeit abgab, immer so getan, als sei es lediglich ein Zufall, dass dieser Redakteur nie mit mir gesprochen hatte.

Karl trank von seinem Wein. Er wirkte plötzlich nachdenklich und ich konnte mir denken, warum. Er kannte meine Situation gut. Die Situation mit meinem Exmann blieb schwierig, ich bekam so gut wie keinen Unterhalt für meine beiden Kinder. Bereits 2003 konnte ich mir unsere Wohnung in München-Schwabing nicht mehr leisten und war mit den Kindern aufs Land gezogen.

Um unsere Existenz zu sichern, war ich auf neue Aufträge angewiesen. Es sah nicht so aus, als würden Karl und ich von *RTL* den erhofften Serien-Auftrag schnell kommen. Ich musste zumindest über diese für mich überraschende Option der Auftragssicherung nachdenken, egal ob mir dabei wohl war oder nicht.

„Ich bekomme keine weiteren Aufträge, wenn ich es nicht tue?»

«Ziemlich sicher nicht.»

«Dann schreibt Peter wieder alles?»

«So ist es. Ich konnte lediglich dafür sorgen, dass dir diese Tür offensteht, durchgehen musst du selber.»

Karl war ein wundervoller Freund und auch Produzent. Wäre ich nicht, durch das gemeinsame Sorgerecht mit meinem Exmann, dazu gezwungen gewesen, in München zu wohnen, ich wäre Karl sofort in den Norden gefolgt. Dort hatte er mir in der Firma, für die er inzwischen arbeitete, eine Festanstellung als Junior-Produzentin angeboten. Nur konnte ich sein Angebot nicht annehmen. In diesen Jahren war die Auslegung der Gesetze bezüglich des Umgangsrechts der Väter in Bayern noch sehr streng. Ich musste zwar alleine die Existenz meiner Kinder sichern, durfte aber nicht weiter als vierzig Kilometer vom Wohnort meines Exmannes wegziehen.

Karl hatte mehrfach versucht zu helfen. Nun also diese Lösung, um den Lebensunterhalt zu sichern. Ich hatte bereits Schulden gemacht und brauchte das Einkommen dringend.

Korruption ist ein hässliches Wort. Dennoch war es ein Geschenk, diese Option von Karl überhaupt zu bekommen. Ich ahnte, wie weit er sich damit aus dem Fenster lehnte, und wusste sein Angebot zu schätzen, da er mir helfen wollte. Mein Drehbuch-Kollege Peter bekam damals den Löwenanteil der Aufträge für die circa zwölf Folgen jeder jährlichen Staffel. Er war sozusagen das Herz der Serie, von Anfang an dabei, wohingegen ich immer nur für ein bis zwei Folgen hinzugezogen worden war, um Peter eine Zeit lang zu entlasten. Außer uns beiden schrieb zu dieser Zeit noch eine nette Kollegin für diese Serie, die ich aus dem *Marienhof* kannte. Ihr hatte man bereits gesagt, sie könne mit keinen weiteren Aufträgen rechnen, das wusste ich, da sie mich wenige Tage vor meiner Köln-Reise angerufen hatte. Auch sie war auf das Geld angewiesen, nur bekam sie von Karl keine Korruptions-Option zusammen mit einem guten Rotwein serviert.

Ich stellte zunächst weitere Fragen, wollte die Summe, den Ablauf der Geldübergabe, und vor allem das Risiko besprechen. In wiefern machte man sich als Autorin schuldig, wenn man einen Redakteur bestach? Gab es andere Redakteure, die sich ebenfalls schmieren ließen?

Details über die Geldübergabe folgten, auch ein weiterer Name von einem ZDF-Redakteur, der ebenfalls empfänglich sein sollte. Ich kannte ihn von einer einzigen Besprechung, aber aus dem Projekt war nichts geworden. Hatte ich ihm damals nicht das richtige Angebot gemacht?

An diesem Abend tat sich vor meinen Augen ein schockierendes Parallel- Universum auf, in dem Karl eine nicht unwesentliche Rolle zu spielen schien. Nach einem weiteren Glas Wein zeigte er Humor.

«Und? Spielst du noch lange die Tugendfee, oder machst du es?»

«Ich wäre blöd, wenn ich es nicht täte…»

«Tugendfee eben … aber verantwortungslos deinen Kindern gegenüber.»

Was er sagte, stimmte natürlich. Wie konnte ich diese Möglichkeit ablehnen, wenn ich damit unsere Existenz würde absichern können?

Das Angebot war verlockend, vor allem nach dem dritten Glas Wein.

«Also, wie viel Geld muss in den Umschlag?»

«Ein Zehntel des Honorars pro gewünschtem Drehbuchauftrag…»

Er lächelte zufrieden.

«Gute Entscheidung…»

Ich bekam langsam einen Schwips. Ob mein damals noch guter Freund Ben beim ZDF ebenfalls geschmiert wurde? Wusste Karl vielleicht etwas davon? Karl kannte Ben, wir waren einmal zu dritt beim Essen gewesen.

»Weißt du etwas darüber, ich meine, hast du schon einmal gehört, dass Ben zusätzliches Gelb bekommt?«

«He, Ben ist dein Freund! Das müsstest doch du wissen und nicht ich!»

Natürlich hatte Karl recht. Im Verlauf dieses Abends in Köln fragte er mich nach allen Produktionsfirmen, an die Ben Aufträge vergab. Erst antwortete ich, da ich natürlich viel wusste, doch nach einer Weile wurde ich mißtrauisch.

»Horchst du mich etwa aus?»

»Wie kommst du denn darauf?»

Doch je später der Abend wurde, desto wilder wurden Karls Geschichten. Die Unglaublichste von ihnen, die den Tod einer jungen Frau nach einer bezahlten Sex-Orgie mit zwei Produzenten und einem Redakteur zum Höhepunkt hatte, schob ich auf den schweren Wein. Ich konnte und wollte nicht alles glauben, was er an diesem Abend sagte. Es klang zu sehr wie eine dieser Räuberpistolen, die Männer bisweilen erzählen, um sich interessant zu machen.

«Ich glaube, lieber Karl, dass ich mit Korruption doch nichts zu tun haben will.»

«Bist du dir sicher?»

Plötzlich schien er wieder nüchtern.

Ich nickte. Trotz gutem Wein war passiert, was bei mir immer geschah, wenn es um illegale Dinge ging. Mir war flau im Magen und meine Hände waren feucht. Ich hatte begonnen, innerlich zurück zu rudern, eigentlich wollte ich nur noch weg, um in Ruhe nachzudenken.

Der folgende Dialog zwischen Karl und mir war vom schweren Wein, und vor allem meiner wachsenden Unsicherheit geprägt, das Setting in dem gediegenen Italiener wäre eine ideale Kulisse für eine Folge *Sopranos* gewesen, natürlich mit sehr viel besserem Dialog:

NICOLE
Ich mache es nicht. Wir beginnen unser Gespräch noch einmal von vorne und vergessen die letzte Stunde.

KARL
Du bist verrückt.

NICOLE
Sagst mir einfach, ich kann nicht weiter an der ZDF-Serie schreiben, weil ich aller höchstens mittelmäßige Qualität geliefert habe. Peter schreibt einfach besser!

KARL
Es geht um eine banale ZDF-Serie und du bist mindestens so gut wie er.

NICOLE
Meine Quote war schlecht, das ist es. Schlechte Quote, keine weiteren Aufträge!

Sein mitleidiger Blick verriet erste Spuren von Irritation, was nicht oft vorkam. Karl war meistens souverän, jetzt wurde seine Stimme schärfer.

KARL
Mach jetzt keinen Fehler! Ich kann dich nur empfehlen, mehr wäre auffällig. Ich melde mich, wenn

ich mit ihm gesprochen habe, dann rufst du einfach sein Büro an…

NICOLE
Weiß er, dass wir auch andere Drehbücher gemeinsam entwickeln, zum Beispiel für RTL…?

Er schüttelte den Kopf.

KARL
Es wäre in seinem Fall nicht klug, darüber zu sprechen, besser du erwähnst es gar nicht. Konzentriere dich auf die neuen Aufträge. Bitte ihn um ein Treffen in München, er kommt immer zum Filmfest. Eine Einladung zum Abendessen, nach ein paar Gläsern Wein den Umschlag. Denk dran, du könntest mit den Kindern zurück in die Stadt ziehen, wir könnten uns öfter sehen, wenn ich in München bin.

NICOLE
Ist der Kerl schwul? Kommen noch Zusatz-Dienste hinzu. Ich meine, reicht ihm das Geld? Was hätte dieser ZDF-Mann sonst noch gerne?

KARL
Hör auf! Er ist alles in Ordnung, wirklich, er ist kein schlechter Mensch. Es wäre eine langfristige Investition… Bei einem schönen Abendessen wie diesem. Ein Glas Wein, ein charmantes Gespräch…

NICOLE
Ist das dein Erfolgsgeheimnis? Sorgst du dafür, dass Autoren für die Redakteure abschmieren?

KARL

Was soll das?

NICOLE

Nein wirklich, wie macht Peter das? Schmiert er für jede Folge einzeln, oder legt er gleich zehntausend für eine ganze Staffel hin? Bekommt er Mengenrabatt? Hast du das auch eingefädelt?

KARL

Nicht so laut!

Zu spät merkte ich, dass ich vor Erregung meine Stimme erhoben hatte. Die anderen Gäste blickten neugierig herüber.

So, oder zumindest ganz ähnlich, verlief mein erstes echtes Korruptions-Gespräch, das gleichzeitig eine Gebrauchsanweisung, aber vor allem äußerst verlockende Zukunftsaussichten bot.
Das Duell der feurigen Blicke, das folgte, war unsere Art der Kompensation für Gefühle, auf die wir uns nicht tiefer einlassen wollten. Ich war geschieden, er wollte sich nicht von seiner Frau trennen. Daher gab es Grenzen. Ich hatte sie gesetzt, Karl hatte sie immer respektiert. Wir waren Freunde, bis zu diesem Abend sogar gute Freunde, jetzt zerbrach etwas in mir, und ich wusste sofort, dass es zwischen uns nie wieder wie vorher sein konnte.
«Ich wünschte, du hättest es mir nie erzählt.»
«Und mir wäre lieb, wenn du keine Geldsorgen mehr hättest. Es wäre nur ein kleiner Schritt…»
Wir waren beide plötzlich nüchtern. Unsere Freundschaft stand an einer Weggabelung, scharf wie ein Messer.

«Ich hätte es dir nicht anbieten sollen!»

Er hatte Recht. Ich hatte die Achtung vor ihm verloren. Meine Zuneigung war noch vorhanden, doch konnte ich förmlich hören, wie Karl in meinem Inneren mit lautem Plumps vom Sockel stürzte.

Als wir das Restaurant verließen, und er mir wie immer mit vollendeten Manieren in den Mantel half, sah er mich beinahe bittend an.

«Enttäuscht?»

«Ich hatte dich für ehrlicher gehalten.»

Es war unser letzter wahrhaftiger Satz. Und auch der stimmte nicht wirklich. Ich hatte, wie so oft, verdrängen wollen, was eigentlich unübersehbar war. Nie hätte Karl alleine mit seinem Talent eine derartig imposante Karriere gemacht. Inhaltlich war er als Produzent erzählerischer Durchschnitt, mehr aber auch nicht.

Ich umarmte ihn zum Abschied. Kurz zog unsere gemeinsame Zeit an mir vorbei. Die vertonten *Rilke*-Gedichte in meinem Auto, die Flasche Champagner zu meinem Geburtstag, die er mir in einer bayerischen Gaststätte auf dem Land schenkte, als er meine Söhne zum ersten Mal kennenlernte. Unsere gemeinsamen Spaziergänge im Englischen Garten, wenn wir über Entwürfe für neue Serien, oder auch über meine Ideen für Fernsehfilme redeten.

Eine Freundschaft zwischen Mann und Frau war immer auch ein Balanceakt, diese hatte in jener Nacht in Köln einen gefährlich tiefen Riss bekommen, der sich nicht würde kitten lassen.

Zum Glück wartete mein heutiger Mann im Hotel auf mich. Philip hatte beruflich ebenfalls in Köln zu tun.

Ich musste mit ihm bis in die Morgenstunden über das mit Karl Erlebte reden, in allen Details und jedem noch so

kleinen Aspekt, einfach um das ekelhafte Gefühl loszuwerden. Es dauerte danach trotzdem noch lange, bis ich
einschlafen konnte.

Eine ohnmächtige Wut, die mich damals überfiel, be-
feuert mich noch bis heute. Selbst wenn mein Autorinnen-
Leben chaotisch war, und private Herausforderungen
mich bisweilen destabilisierten, mein Schreiben war stets
ein sicherer Hafen gewesen. Ich ging bis dahin von Fairness aus. Ich war mir, bis zu jenem Abend in Köln sicher,
dass Qualität zählte, weil ich es so wollte.

Das hatte sich mit diesem einen Abend verändert,
und natürlich würde ich nie wieder für diese ZDF-Serie
arbeiten. Doch bewirkte Karls Offenbarung noch sehr
viel mehr. Jedes schlecht, oder vor allem schlampig ge-
schriebene Drehbuch, mit einer mageren Geschichte, das
seitdem über den Bildschirm flimmerte, hatte für mich
mit einem Geldumschlag zu tun, der über einen Tisch
geschoben wurde, von meiner Naivität war ich kuriert.

Dabei war meine Freundschaft mit Karl wirklich ein
Geschenk in schwierigen Zeiten. Doch war er je wirklich
mein Freund? Er hatte sich auch nach meiner Hochzeit im
Jahr 2006, von der er wusste, nicht ein einziges Mal bei
mir gemeldet, obwohl ich ihm immer wieder schrieb.

Einmal habe ich ihn in seinem neuen Büro besucht, um
über mögliche neue Projekte zu sprechen. Er hatte erneut
die Produktionsfirma gewechselt, eine weitere geniale
Stufe auf seiner Karriereleiter. Doch fühlte ich mich mit
ihm nicht mehr wohl. Er war irgendwie noch ein Freund,
doch vor allem war er auch Teil eines Systems, das uns
Autoren die Auftragslage verdarb und den Qualitäts-
standard senkte. Ich versuchte mit ihm erneut über den
Abend in Köln zu sprechen, doch wechselte er schnell das
Thema.

Trotzdem weiß ich, dass das, was Karl mir an dem Abend in Köln vorgeschlagen hatte, so absurd es im Nachhinein klingen mag, ein Freundschaftsdienst war. Karl hatte korrupte Redaktionen nicht erfunden.

Mein innerer Abschied von ihm fiel mir eine Zeit lang schwer. Ich hatte ihn gemocht, respektiert und es sehr genossen, dass er mir viel von seinem Arbeitsalltag als Produzent mitteilte. Oft hatte er mir gesagt, ich solle mir nicht so viel Mühe mit meinen Drehbüchern geben. Es würde reichen, ein Drehbuch drei Mal zu überarbeiten, da der Inhalt sich ohnehin versendete. Der deutsche Durchschnitts-Michel vor dem Fernseher würde den Unterschied ohnehin nicht bemerken. Bei diesen Gelegenheiten erinnerte ich ihn gerne an die deutsche Micheline, die oft sehr viel höhere Ansprüche an eine gute Geschichte stellte.

Heutzutage glaube ich Karls Einstellung besser zu verstehen. Warum sich überhaupt Mühe mit Inhalten geben, wenn Redaktionen ihre Lieblings-Produktionsfirmen ohnehin stetig mit neuen Aufträgen versorgten, so wie es bei dem *Degeto*-Skandal der Fall war? In diesen Fällen war noch nicht einmal Drehbuch-Basisqualität vom Fließband gefragt, den Millionenauftrag bekamen die Firmen auch ganz ohne Drehbuch. Angeblich waren insgesamt 26 Millionen Euro auf diese Weise verplant worden, was eine Welle der Entrüstung auslöste.

Ein kontinuierliches Zusammenarbeiten von Sendern mit bestimmten Produktionsfirmen muss man nicht immer hinterfragen. Es geht oft primär um die gute Qualität, aber leider nicht immer. Bestimmte Firmen beschäftigten mit Vorliebe einige, wenige Autoren, um ein riesiges Auftragsvolumen zu stemmen. Bei der Bavaria ist es zum Beispiel die beeindruckende Vielschreiberin *Christiane Sadlo,* eine geschätzte Kollegin aus meinem Drehbuchverband, die nach Annikas Tod einen anrührenden Nachruf veröffentlichte. Auch Frau Sadlo hatte, fast zeitgleich mit mir, einen ZDF-Mehrteiler geschrieben, mit dem Titel *Wilde Wellen*. Es war eine triviale und unterhaltende Geschichte, primär für das weibliche Publikum, die Annika ebenfalls redaktionell betreut hatte.

Als ich im Jahr 2010, bei meinem ZDF-Vierteiler *Herzblutlinde*, einen Korruptionsverdacht hatte, trat ich zunächst mit der von mir verdächtigten *Redakteurin* Annika in Kontakt. Ihre Antwort empfand ich zunächst nur abweisend, ihr folgendes Email sogar fast bedrohlich. Ich würde nicht mehr in der Abteilung arbeiten, schrieb sie, sollte ich ihre Vorgesetzte in der Sache belästigen.

Erst nach Annikas Email und nach sorgfältiger Überlegung, unter anderem auch mit meinem Anwalt, bat ich den *Ombudsmann* des ZDF um Hilfe.

Meine lange Vorgeschichte mit Korruption hatte dazu geführt, dass ich mich zu diesem Zeitpunkt wehren musste. Sonst hätte ich, bei meinen Zweifeln in die berufliche Integrität einer ZDF-Redakteurin, damals schon aufhören müssen, als Drehbuchautorin weiter für den öffentlich-rechtlichen Rundfunk zu arbeiten.

«Mein Vater pflegte zu sagen: Sprich nicht lauter, argumentiere weiser.»

Desmond Mpilo Tutu

Der Journalist in meiner Küche

Im Mai 1986 hielt Bischof *Desmond Tutu* seine inspirierende Rede vor unserem Abschlussjahrgang in meinem College in Manhattan für Freie Künste und Geisteswissenschaften. Wie alle anderen, die in diesem Jahr in die Berufswelt entlassen werden sollten, stand auch ich in meinem eigenartigen schwarzen Outfit auf der Bühne und hielt stolz mein Diplom in den Händen. Der Bischof sprach über die zerstörerische, aber auch heilende Macht des Geldes, über Integrität und den enormen Schaden, den Gier und Korruption in vielen afrikanischen Ländern anrichteten. Es war eine großartige Rede.

Über Finanzen, oder besser gesagt, das inzwischen nicht mehr vorhandene Geld für die Bildung vieler ärmerer Amerikaner, wurde in diesen Tagen viel diskutiert. Das liberale Hunter-College war immer gut besucht. In der kunterbunten Mischung aus Minderheiten und Immigranten, die nach Vorteilen durch mehr Bildung strebten, herrschten jedoch unsichtbare Regeln, die es zu befolgen galt, wie ich in meinem *freshman year* lernte.

Die Black Panther Jungs und Mädchen saßen immer für sich in der Kantine, nicht einmal ich, als Ausländerin, man nannte uns *foreign students*, durfte den fiesen Kantinen-Kartoffelbrei an ihrem Tisch essen.

«Get lost!»

Meine uncoole Hautfarbe plus das falsche Geschlecht waren eine Nummer zu viel für die Bad Boys. Ihre Freundinnen sahen verschämt weg, als ich mit meinem Tablett vom Tisch aufstand und mich woanders hinsetzte. Man muss nicht meinen, dass viele der studierenden Frauen es überhaupt gewagt hätten, sich mit Männern anzulegen. Es galten unsichtbare, aber äußerst strenge Regeln.

Nur wenige Querstraßen entfernt blühte der Luxus-Konsumtempel *Bloomingdales*. Dort reihten sich die Limousinen vor der Tür. Man lebte in New York bunt, auch finanziell. Obwohl Präsident *Ronald Reagan* für die sozial Schwächeren ein Alptraum war, lebten Anfang der 80er Jahre die Menschen nebeneinander, in einer meist friedlicher Co-Existenz. Dann folgte *Reagans* zweite Amtszeit und mit ihr entstand eine grausame soziale Schere, die Manhattans Bevölkerung mehr und mehr zerschnitt.

When you can't make them see the light, make them feel the heat. Das war eines von *Ronald Reagans* damaligen Lieblingszitaten. Sinngemäß übersetzt man es mit der Drohung: Man sollte jemandem gehörig einheizen, sieht er die Dinge anders als man selbst.

Ronald Reagans Knute war sein unerbittlicher Sparkurs im Bildungssystem. In den öffentlichen Grundschulen in Harlem wurden immer mehr Klassen zusammengelegt, am Ende waren es zum Teil bis zu sechzig Schüler in einer ersten Klasse. Auch die öffentlichen Universitäten für die Ärmeren, so wie auch das *Hunter College*, bekamen weniger Zuschüsse. Stunden wurden gekürzt, Professoren auf halbe Stellen zurückgefahren, komplexe Lehrpläne bis zur Unkenntlichkeit vereinfacht.

Vor allem unsere liberaleren Professoren übten massiv Kritik, doch es half wenig.

Die Herrschaft des Geldes wurde überall sichtbar. Es dauerte nur drei Jahre, bis sich in meiner ohnehin nicht wohlhabenden Nachbarschaft im *East Village* das Straßenbild immer stark verändert hatte. Als ich meine Studienzeit begann, sah ich anfangs nur drei bis vier Obdachlose auf meinem Weg zur U-Bahn am St. Marks Place, am Ende zählte ich mehr als sechzig Menschen, die keine Bleibe mehr hatten und bettelten.

In diesem sozialen Klima stellte eines Morgens unser engagierter Geschichtsprofessor den ungefähr vierhundert Hörern in unserem großen Auditorium eine Frage: *Who financed Hitler?*

Klug und sorgfältig zeichnete er die Finanz-Spur von Adolf Hitler nach, über eine arme Kindheit, eine noch ärmere Jugend, bis hin zu Hitlers Möglichkeit, viele Uniformen für ebenso viele enthusiastische Dummköpfe schneidern zu lassen.

Es war die wissenschaftliche Sorgfalt dieses Professors, die mich, und bestimmt auch einige andere überraschte. Die Finanz-Spur führte über Deutschland irgendwann in die USA, unter anderem zur Chase Manhattan Bank. Das war damals auch mein Geldinstitut. Ich war erstaunt. Über Hitlers Finanziers im Hintergrund, oder gar im Ausland, hatten ich in Deutschland nicht viel gelernt. Das Dritte Reich wurde in meinem Münchner Gymnasium zwar in ganzes Jahr lang durchgenommen. Es wurde das Konzentrationslager Dachau besucht, und sogar einige Aspekte der kriegerischen Propaganda durch Volksverdummung, vor allem in Büchern, Plakaten, Zeitschriften und Filmen, wurden klug beleuchtet. Doch lernten wir nichts über die Finanzierung.

Warum stand das nicht in unserem bayerischen Lehrplan? Sollte man nicht zuerst nachfragen, wer eigentlich die damalige Grausamkeit, die Unterdrückung, auch das Ausmerzen kritischer Kunst und Kultur bezahlt hatte? Ist das Geld nicht stets das Instrumentarium, wenn Dinge entstehen, oder aber, wie während der Hitlerzeit, unterlassen werden. So viele dumme, und verdummende Filme entstanden in dieser Zeit! Die deutsche UFA, damals Universum Film, wurde im Jahr 1917 gegründet, doch während des Krieges musste auch die UFA einen Propaganda Film nach dem anderen produzieren, da es für kritische Inhalte gar kein Geld gegeben hätte.

Zerpflückte man von dem kleinen Uni-Kino meines New Yorker *Hunter College* aus einige dieser Propagandafilme, wurde schnell klar, dass dafür sehr viel Geld ausgegeben wurde, die damalige Regierung hatte sich nicht lumpen lassen. Vor allem für aufwendige Kostümfilme wie *Jud Süß*, dem antisemitischen Film des Regisseurs *Veit Harlan*, wurde an nichts gespart.

Ergänzend zu Hitlers Spur des Geldes wurden die Entwicklungen verschiedener Industriezweige in den USA auf die Leinwand projiziert, inklusive der Finanzierung seiner Filmindustrie und Waffenindustrie. Beides interessierte unseren Professor. Der Wunsch nach technischem Fortschritt, aber auch die interessanten Absatzmärkte für die USA wurden untersucht.

Deutschland wurde nach dem Krieg ein überaus lukrativer Absatzmarkt für amerikanische Kultur, und das sind wir auch immer noch, vor allem für die *FastCulture* der großartigen US-Serien.

Analysiert man die Filme aus dem Dritten Reich sorgfältig, wird man erkennen, dass Deutschland und die damalige USA schon damals ähnliche erzählerische Filmbausteine verwendeten, vor allem in der pathetischen, trivialen Unterhaltung für Frauen.

Spätestens seit meiner Studienzeit in Manhattan weiß ich, dass die Spur des Geldes der einfachste Weg ist, zu erkennen, wer welche politische Richtung einschlägt. Wofür werden in Filmgremien Gelder bewilligt? Was für Themen finanzieren welche Sender? Aber fast noch wichtiger: Wofür wird kein Geld mehr ausgegeben?

Dass unsere öffentlich-rechtlichen Sendern zum Großteil von der Politik gesteuert werden, beim ZDF ist es offensichtlich, liegt auf der Hand. Man sieht es aber auch an bestimmten Produktionsfirmen, die großzügig mit Geld ausgestattet werden, um aufwendige Kostümfilme herzustellen, gerne mit deutschen Kultur-Themen. Immer zeichnet Geld für Kultur eine präzise inhaltliche Spur, auch und vor allem in Zeiten, in denen Inhalte verflachen und die künstlerische Auseinandersetzung mit der Gegenwart gescheut wird. Daher sollten wir die Transparenz in allen finanziellen Belangen zeitnah bei den öffentlich-rechtlichen Sendern durchsetzen, um gegebenenfalls gezielt nachzufragen, warum wir, außer Krimi und der seichten Frauen-Unterhaltung, so wenig zeitgemäße Inhalte zu sehen bekommen. Einsehbarkeit führt zu Nachvollziehbarkeit, damit könnte wieder neues Vertrauen wachsen. Im Moment scheint das inhaltliche Ödland in einem beunruhigenden Zusammenhang mit überteuerten Kostümfilmen zu stehen.

Geheimnisvolle Machenschaften brachten den Journalisten *Volker Lilienthal* im Jahr 2005 in die Münchner Küche meines zukünftigen Mannes.

Mensch bleibt Mensch, bisweilen auch verzagt in den Bemühungen, Verschleierungen auf den Grund zu gehen. Bevor *Volker Lilienthal* in der Küche mit mir Tee trank und mir seine Namensliste zeigte, hatte er angerufen. Ob ich mit ihm über meine Arbeit bei der Seifenoper *Marienhof* reden würde? Es sollte unter uns bleiben, er würde mich in München besuchen.

Als mich sein Anruf erreichte, wusste ich nicht, wer *Volker Lilienthal* war. Als er eines Nachmittags in der Küche saß, und einen ziemlich verängstigten Eindruck machte, wusste ich noch nicht, wie elend man sich fühlen konnte, wenn Anwälte und Gerichte einen in die Mangel nehmen. *Volker Lilienthal* war als Journalist verklagt worden, da man ihn an Recherchen bezüglich eines Korruptionsverdachts hindern wollte.

Treffend beschreibt *Volker Lilienthal* diesen bedrohlichen und aufreibenden, in Deutschland völlig legalen Einschüchterungsversuch mit rechtlichen Mitteln, als ein juristisches Kesseltreiben.

Einige Produzenten der Bavaria, und wohl einige *Redakteure* der ARD, wollten nicht unbedingt, dass Herr Lilienthal sich als Journalist weiter mit dem Thema Schleichwerbung im *Marienhof* befasste. Das war natürlich verständlich, man hatte etwas zu verbergen.

Nach Veröffentlichung der investigativen Recherche musste nicht nur ein Produzent in der Bavaria vor Gericht, sondern es kam sogar zu einem Wechsel in der Bavaria-Geschäftsleitung. *Dr. Matthias Esche* übernahm den wichtigen Posten.

Ein kleiner Teil dieser spannenden investigativen Recherche war ich, obwohl ich mir anfangs noch nicht einmal vorstellen konnte, was an Schleichwerbung im Vorabendprogramm so gefährlich sein sollte, dass man einen Journalisten mit einer Klage an seiner Recherche hindern wollte.

Der erstmalig im Jahr 2005 veröffentlichte Bericht aus dem NDR-Archiv des Medienmagazins ZAPP wurde ursprünglich mit begleitendem Bildmaterial veröffentlicht.

Der Skandal um die Schleichwerbung
Er war derjenige, der den Schleichwerbeskandal aufdeckte: Volker Lilienthal, Redakteur beim Fachblatt „epd-medien".

Jahrelang hatte er zum Teil verdeckt recherchiert und dabei so manchen Rückschlag hinnehmen müssen. Als vor zwei Jahren die an der Schleichwerbung maßgeblich beteiligte

Agentur „H+S" von Lilienthals Recherchen erfuhr, wurde
ein Prozess gegen ihn angestrengt, der ihn bis zum 20.
Januar 2005 daran hinderte, weiter zu recherchieren.
Die Schleichwerber waren unterdessen weiter aktiv. Erst
Volker Lilienthal brachte – allen Einschüchterungen zum
Trotz – die illegalen Praktiken ans Licht – mit zwei Jahren
Verspätung. Zapp über die schwierigen und langwierigen
Enthüllungen im Schleichwerbeskandal bei der ARD.

Dreharbeiten zum Marienhof. In der erfolgreichen ARD-
Vorabend-Serie geht es um Lügen und Intrigen, Betrug
und Verrat seit 13 Jahren. Viel ist in dieser Zeit passiert,
auch Schleichwerbung. Mal ist ein Sparkassenlogo im Bild,
dann ein Slogan einer Last-Minute-Agentur und auch eine
bekannte deutsche Krankenkasse war mehr als notwendig
im Bild. Zum Entsetzen der ARD-Oberen. Günter Struve,
ARD-Programmdirektor: „Ich habe es anfangs nicht geglaubt, weil ich mir nicht vorstellen konnte, dass das im
großen Stil bei uns stattfinden könnte und nicht bemerkt
würde."

Dieser Mann kann die Aufregung nicht verstehen: Andreas
Schnoor ist Chef der Agentur, die die Werbebotschaften
organisiert hat. Andreas Schnoor, H+S Unternehmensbe-
ratung GmbH: „Die Leute von der Produktion, die Mitarbeiter der Produktion kommen auf uns zu und sagen: ‚Wir
haben da und da einen Bedarf. Gibt es da eine Möglichkeit
zu irgendeiner Kooperation?' Kooperation kann ja bedeuten: Bereitstellung, kann Entgeld bedeuten, kann Beratung
bedeuten. All dieses können wir leisten."

Was geleistet wurde dokumentiert dieser „streng vertrauli-
che" Revisionsbericht des SWR. Danach habe die Agentur
mit Wissen und Billigung der damaligen Geschäftsführung
der Bavaria gehandelt, sich schon in den Achtziger Jahren
etabliert. Diese Praxis sei zum Selbstläufer geworden – zu
einer „organisierten Struktur".

Die Bavaria: Eine *Tochterfirma* von WDR, SWR, BR und
MDR. Wegen des Skandals wurden sieben Mitarbeiter
abgemahnt, drei fristlos entlassen. Die Affäre sorgte auch

in den Printmedien für grelle Schlagzeilen: „Saustall ARD", „Tatort", „Heuchelei", „Die ARD im Sumpf".

Fritz Pleitgen, WDR Intendant: „Für die ARD ist das ein Mega-Gau. So etwas hätte uns nicht passieren dürfen. Nun müssen wir alles dransetzen, dass so etwas das in Zukunft nicht geschieht. Dafür sind die Vorbereitungen getroffen worden."

Dass es passiert ist, dass diese Werbung sich ins Programm einschleichen konnte hat dieser Journalist enthüllte: Volker Lilienthal.

Seit drei Jahren beschäftigt er sich akribisch mit verbotener Schleichwerbung nicht nur im Marienhof. Sein Fazit: Volker Lilienthal, „epd-medien": „Die ARD ist die Betrogene, aber sie ist bestimmt nicht die betrogenen Unschuld. Sie hatte rechtzeitig Warnzeichen, denen sie nicht nachgegangen ist."

Denn Lilienthal hatte diese Warnzeichen schon wesentlich früher, durfte sie aber erst jetzt veröffentlichen. Es begann vor drei Jahren, hier in Frankfurt beim „Evangelischen Pressedienst", dem Arbeitsplatz von Volker Lilienthal. Er bekommt eine heimlich aufgenommene Videokassette zugespielt. Darauf zu sehen: Eine Frau, die einem Unternehmen Schleichwerbung im *Marienhof* anbietet. Die Frau betont die langjährige Zusammenarbeit mit der Bavaria und zeigt Beispiele. Lilienthal ist überrascht. Diese Akquise der Schleichwerbung ist eigentlich verboten, das weiß auch die Verkäuferin auf dem Video. Volker Lilienthal: „Sie hat erläutert, dass das rechtlich nicht ganz koscher sei, deshalb sollten die Manager dieses Verbandes unbedingt darüber schweigen. Sie hat aber ganz klar gesagt: ‚Das ist eigentlich die Werbeform von morgen. Da erreichen Sie ihr Publikum viel besser als mit üblicher Spotwerbung.'"

Illegale Schleichwerbung in einer Serie der ARD? Ein schlimmer Verdacht. Lilienthal beginnt zu recherchieren. Er begibt sich zu der Agentur H + S und stellt sich dem Chef Andreas Schnoor als interessierter Kunde vor, der für Turnschuhe werben möchte – im Marienhof. Schnoor macht ihm ein Angebot, garantiert ihm, dass seine Wünsche berücksichtigt werden können. Gekauft Inhalte. Volker Lilienthal: „Die Placements im *Marienhof* sollten im Zehnerpack die Kleinigkeit von 175.000 Euro kosten." So stand es wörtlich in diesem Angebotspapier. Damit war aktuell für das Jahr 2003 bewiesen: Es wird dort Schleichwerbung angeboten."

Das Ende der verdeckten Recherche. Er fordert vom verantwortlichen Bavaria-Produzenten für den *Marienhof* Stefan Bechtle eine Stellungnahme. Volker Lilienthal: 'Lieber Herr Bechtle, kann das eigentlich sein, dass diese Leute für Sie hausieren gehen und Schleichwerbung massiv anbieten?' Daraufhin war er gleich sehr erregt, hat bestritten, diese Leute von der Agentur zu kennen und hat das Interview letztlich abgebrochen.

Stefan Bechtle will diese Agentur nicht kennen? Der Chef dieser Agentur kann sich darüber heute nur wundern. Andreas Schnoor: „Ich weiß gar nicht, wo das Problem ist. Ich kann doch mit Herrn Bechtle telefoniert haben. Wenn Herr Bechtle sagt, er würde mich nicht kennen, ist das sein Problem."

Nächster Versuch: Lilienthal wendet sich an das Büro des Bavaria-Chefs, Prof. Thilo Kleine, macht deutlich, dass es um jahrelange nicht erlaubte Schleichwerbung gehe. Dennoch: Volker Lilienthal: „Dieses Interview ist abgelehnt worden. Ich habe noch einmal nachgefragt und um ein telefonisches Interview gebeten. Auch das wurde mir im Mai 2003 abgelehnt."

Doch der Bavaria-Chef behauptet heute, dass Lilienthal sich damals überhaupt nicht an die Geschäftsführung der Bavaria gewandt habe. Eine absurde Ausrede, Lilienthal kann schließlich sogar schriftlich die Absage des Bavaria-Chefs dokumentieren. Der Geschäftsführer der Bavaria habe leider „keine Zeit" für eine Auskunft.

Nächster Ansprechpartner: der Geschäftsführer der WDR mediagroup, auch zuständig für die Werbung in der ARD,

Achim Rohnke. Auch ihm schildert Lilienthal das ganze Ausmaß seiner Recherche. Volker Lilienthal: „Herr Rohnke sagte auch: ‚Jawohl, das ist Schleichwerbung. Das ist Werbegeld, das an meiner offiziellen Kasse vorbeiläuft, das ist geschäftsschädigend für mich, das will ich nicht haben.'"

Danach ist für Lilienthal die Recherche vorbei, abrupt und völlig überraschend. Die Juristen schlagen zu. Es beginnt nämlich eine abenteuerliche Posse und zwar hier beim Landgericht in München. Die Agentur H+S, die die Schleichwerbung angeboten hatte, erwirkt eine einstweilige Verfügung gegen den Journalisten Lilienthal. Offenkundig hatte sie von Bavaria-Managern von Lilienthals Recherchen erfahren. Das Gericht verbietet Lilienthal, über seine Erkenntnisse zu sprechen oder sie gar zu publizieren. Bei Missachtung drohe eine Strafe von 1,5 Millionen Euro. Lilienthal ist geschockt. Volker Lilienthal: „Da wird einem angst und bange. Denn Sie wissen nicht: Werden Sie am Ende obsiegen? Und Sie haben natürlich in dem Moment das Gefühl, dass Sie da eine erhebliche Lawine losgetreten haben, die für Ihren Verlag sehr teuer kommen kann. Und wo Sie nie die Gewissheit haben: Werden wir das Gericht von unserer wahrhaftigen Position überzeugen können?"

Während Lilienthal schweigen muss, geht die Schleichwerbung im *Marienhof* weiter als ob nichts geschehen sei. Und sie wird immer dreister. Ganze Handlungsstränge und *Dialoge* wurden offenbar gekauft, so wie hier vom Last-Minute-Anbieter L'tur. Einer scheint vom gerichtlich auferlegten Redeverbot des Journalisten mehr zu wissen als er heute zugibt: Achim Rohnke, zuständig für die ARD-Werbung. Volker Lilienthal: „Medientage München, Oktober 2003. Da traf ich noch mal mit Herrn Rohnke zusammen. Und der sagte zu mir: ‚Herr Lilienthal, ich lese ja von Ihnen gar nichts. Da sollte doch eine große Geschichte kommen.' Daraufhin habe ich nur gesagt: ‚Na, Sie wissen doch vielleicht, warum da nichts kommt.' Daraufhin Rohnke: ‚Ja, ich habe davon gehört, aber das ist doch wohl nur diese Agentur, die da gegen Sie klagt.' Damit endete auch schon das Gespräch, weil ich mich wegen Geltung der EV (einstweiligen Verfügung, die Redaktion) auf Details nicht einlassen durfte." Rohnke lies gegenüber Zapp erklären, er könne sich an dieses Gespräch nicht erinnern.

Bitter für Lilienthal: Er darf nicht reden. Kaum jemand erfuhr damals von seinem, wie er es nennt, Albtraum. Fritz Pleitgen, WDR Intendant: „Deshalb vor Gericht zu ziehen, das hat mich außerordentlich peinlich berührt. Das hat nun nicht die Bavaria gemacht, das hat eine Agentur gemacht, dennoch, weil es im Zusammenhang mit der Bavaria geschehen ist, hat mich das außerordentlich geärgert und ich hätte so etwas gerne verhindert und bedaure deshalb, dass Lilienthal mich damals nicht angesprochen hat. Ich hätte ihm sicher weitergeholfen."

Der Bayerische Rundfunk in München. Hier trifft sich im Mai 2004 Bavaria-Chef Kleine mit zwei Mitarbeitern der ARD. Es geht um Schleichwerbung im *Marienhof* – aber auch um das Verfahren gegen Lilienthal, das einem Justitiar des Bayerischen Rundfunks durch Zufall bekannt wurde. Über den Gesprächsinhalt werden die Vorgesetzten informiert, doch niemand meldet sich beim zum Schweigen verurteilten Journalisten Lilienthal. Der erhält im November 2004 einen Preis vom „Netzwerk Recherche" für seine spektakulären Enthüllungen über Schleichwerbung im ZDF-Programm. Für den Preisträger eine makabre Situation. Volker Lilienthal: „Gerade bei der ZDF-Recherche wurde ich vom ZDF immer wieder gefragt: ‚Warum haben sie immer nur uns auf dem Kieker, sehen Sie denn nicht, was bei der ARD läuft?' Und da durfte ich nur sagen: ‚Ich beobachte schon auch die ARD, warten Sie mal ab. Andere müssen etwas länger warten, bis sie verarztet werden."

Endlich: Im Januar dieses Jahres spricht das Oberlandesgericht München ein Machtwort. Es bescheinigt Lilienthal, dass er sauber recherchiert habe und er jetzt endlich veröffentlichen dürfe, was er seit langem weiß. Und er weiß viel. Volker Lilienthal: „Ich habe über 500 Folgen *Marienhof* in der Zeit still und heimlich geguckt. Dass ich endlich würde weiterrecherchieren dürfen, dass ich Leute anrufen dürfte, und so weiter, also das war eine kolossale Erleichterung. Endlich durfte ich aus der Passivität raus und durfte wieder frei arbeiten. Das war sehr, sehr wichtig für mich. „

Die ARD ist geschockt, weiß aber dennoch Lilienthals Enthüllungen zu würdigen. Fritz Pleitgen, Intendant WDR: „Erst einmal hat Lilienthal eine sehr verdienstvolle Arbeit dort hingelegt. So schmerzlich das für uns ist: Das muss ich aber als Journalist einfach anerkennen. Wenn er diese Fälle jetzt nicht aufgedeckt hätte, hätten die wahrscheinlich noch in Zukunft geschehen können und das hätte uns noch weniger gefallen können, als der jetzige Zustand."

Der jetzige Zustand? Volker Lilienthal hätte dies alles schon gerne vor zwei Jahren aufgedeckt. Volker Lilienthal: „Meine Überzeugung, auch meine Freude über die Reaktion der ARD, die mir eigentlich auch mit Respekt begegnet ist, das muss ich schon sagen, hat einen kleinen Dämpfer erlitten, seitdem ich jetzt im Nachhinein erfahren habe, dass hohe ARD-Verantwortliche doch schon 2004 spätestens von der Affäre, von dem Rechtstreit, von dem Versuch, mir den Mund zu verbieten, wussten. Das hat mich ein bisschen enttäuscht."

Wie die Titelmelodie schon sagt: Es passiert viel im Marienhof.

Ich danke der Redakteurin Annette Leiterer für ihre
Erlaubnis diesen Artikel abdrucken zu dürfen

Als *Volker Lilienthal* mitten in seinen Recherchen im Jahr 2005 auch in meiner Küche saß, um mich als langjährige *Marienhof*-Autorin zu Details in den Abläufen in der Zusammenarbeit mit Redaktion und Produktion zu befragen, war ihm nicht wohl. Das Gerichtsverfahren hatte ihn mürbe gemacht. Der Stress und die Angst, vor allem aber seine eigene Unfähigkeit das Ausmaß der Hindernisse einzuschätzen, die ihm noch in den Weg gelegt werden konnten, wenn er die Medien-Mächtigen verärgerte, kosteten ihn sehr viel Kraft. Er sah abgespannt, müde und auch ein wenig ungesund aus.

«Einen Tee? Schwarz, Grün, Kamille?»

Um ihn ein wenig zu entspannen, versuchte ich Scherze, die mir im Nachhinein peinlich sind.

Im Jahr 2013, während ich meine Erinnerungen niederschreibe und weiß, was es mit einem Menschen macht, wenn man mehrfach als Beklagter vor Gericht muss, und per Anwaltsbriefen mit Millionenklage bedroht wird, leiste ich noch im nachhinein Abbitte. Manche Dinge muss man am eigenen Leib erfahren, um sie wirklich verstehen zu können. Mir wurde mit eine Vier-Millionen-Klage gedroht und ich kenne die schlaflosen Nächte. Mein ängstlich klopfendes Herz um drei Uhr früh, wenn ich ins Kinderzimmer schlich, und mich wie der einsamste Mensch auf diesem Planeten fühlte. Vielleicht war *Volker Lilienthal* auch wie besessen von der Idee, sich ein neues Berufsfeld aufbauen zu müssen, um die Existenz zu sichern. Ich weiß nicht, ob ein Journalist sich auf einer *Schwarzen Liste* wiederfinden kann, doch bringt ein Gerichtsverfahren, egal wie unbegründet, oft auch berufliche Nachteile mit sich.

Um herauszufinden, was die Presse über meinen Gerichtsfall dachte, sprach ich im Jahr 2010 mit mehreren Journalisten. Einer von ihnen war *Robert Vernier* von Focus Online, ein Ressortleiter für die Medien. Er zeigte jedoch wenig Interesse, sich mit dem Fall zu beschäftigen. Erst später erfuhr ich von den Verbindungen zum ZDF. Wieder einmal war ich naiv und hatte über die Verstrickungen der Medien untereinander, aber auch über Loyalitäten viel zu wenig nachgedacht. Gerade die Journalisten mussten hart um ihre Existenz kämpfen, da war es schwierig ein Risiko einzugehen.

Die Frage der möglichen politischen Zensur, oder aber einer gerichtlichen Meinung, dass man als Autor schreiben musste, was das ZDF wollte, erzeugte bei meinem Gegenüber noch nicht einmal ein müdes Lächeln. Mein Korruptionsverdacht, der vielleicht ein wenig Millionenstaub aufwirbeln würde? Im Jahr 2010 noch gänzlich irrelevant.

Ähnlich ging es mir bei meiner ersten Kontaktaufnahme zur Süddeutschen Zeitung. Es interessierte nicht, ob fiktionale Volksverdummung neuerdings Teil eines politischen Senderauftrags sei, denn wir alle finanzieren mussten. Es fehlte an Vokabular für die Wirkung von fiktionalen Inhalten auf den Zuschauer, wir fanden keine gemeinsame Sprache.

Mit *Volker Lilienthal* sprach ich ebenfalls über die inhaltlichen Veränderungen, die ich bereits beim *Marienhof* hatte beobachten können. Mich beunruhigte diese verstärkte inhaltliche Kontrolle durch die Redaktionen. War es möglich, dass die Sender gezielt politisch passende *Redakteure* einstellten, um so besser Einfluss auf Inhalte nehmen zu können? Die Wirkung von Verdummung ist zwar im Bereich der Propaganda nachgewiesen, jedoch bewegt man sich immer auch auf dünnem Eis.

Der *Marienhof* war anfangs großartig, um meine Kinder zu ernähren, erzählte ich *Volker Lilienthal* beim Tee. Ich hätte alles in die Serie geschrieben, was von mir verlangt wurde, außer Inhalten, die meinem persönlichen Ethos widersprachen.

Ganz ehrlich gehörten dazu weder Reisebüros, noch andere Schleichwerbungs-Bemühungen. Und wäre dafür kein Geld geflossen, so wäre der Skandal auch kein großer Skandal gewesen. Erst die Spur des Geldes, und die nachgewiesene Bereicherung einiger Weniger an den illegalen Nebengeschäften, boten Anlaß zum Anstoß.

Was für eine Lawine damals in der Bavaria ausgelöst wurde, hat mich, aber auch andere Autoren erstaunt. Wollte man damals den Geschäftsführer der Bavaria noch aus anderen Gründen loswerden?

Volker Lilienthal stellte mir präzise Fragen über das Plazieren verschiedener Produkte. Noch nie hatte ich den *Rundfunkstaatsvertrag* gelesen, und wusste daher gar nichts über verbotene Schleichwerbung.

Warum das Gericht damals den ausführenden Produzenten, und auch den Chefdramaturgen belasten konnte, hatte mit dem beweisbaren Geldfluss zu tun.

Uns Autoren war diese Einseitigkeit in der Verteilung der Verantwortung mehr als suspekt. Wir hatten unsere Geschichten und Drehbücher nie ohne die beisitzenden *Redakteurinnen* des Bayerischen Rundfunks entwickelt. Nicht eine einzige Sendung durften wir ohne den BR machen. Unser überaus beliebter Chefdramaturg kam sogar mit speziellen Anregungen aus der BR-Redaktion zurück, die eingearbeitet werden mussten.

Die meisten Marienhof-Autorinnen der *Outlines*, das waren die Geschichten, die immer die Grundlage für die Dialogbücher bildeten, arbeiten seit vielen Jahren dort. Einige hatten Kinder und waren ebenfalls alleinerziehend. Wir wären nicht auf die Idee gekommen uns Ideen der Redaktion zu widersetzen, wenn ein Reisebüro oder eine Fußbodenheizung in einer Geschichte vorkommen sollte.

Die Redaktion hatte das Sagen und auch das letzte Wort. Wir redeten nicht von wirklich inhaltlich freien Autoren, sondern von strikt regulierten Arbeitsabläufen, fast schon Methoden des Staatsfernsehens, wie man sie auch in Russland, oder in der damaligen DDR kannte, so versuchte ich es zu erklären. Dieser Vergleich war vielleicht ein wenig überspitzt, jedoch musste ich klarmachen, dass die inhaltliche Verantwortung immer bei der Redaktion lag. Das war für *Volker Lilienthal* schwer zu verstehen.

Der Sender bestimmte Inhalte, über seine Redakteure, die dort nur arbeiteten, wenn sie politisch genehm waren? Ausnahmen bestätigten die Regel, auch das erklärte ich ihm. Auch beim Bayerischen Rundfunk gab, und gibt es noch immer, die eine oder andere weiße Rose im Knopfloch. Diejenigen, die für Inhalte und künstlerische Freiheit kämpften, und sich gegen die kontinuierliche Verflachung wehrten, waren eindeutig in der Minderzahl. Hatten die genug künstlerische Erfolge vorzuweisen, um sich an ihrem Platz zu behaupten, durften sie bleiben, obwohl sie politisch eher unbequem waren.

Wunderbarer Weise war unser damaliger Chefdramaturg beim *Marienhof* ein freiheitsliebender Mensch. Er war noch dazu geschickt im Überzeugen der *Redakteurinnen*.

Ich verließ den Marienhof, weil ich mit keiner von beiden *Redakteurinnen* weiterhin arbeiten wollte. Besonders einer von ihnen fehlte es an Menschlichkeit, dabei konnte sie privat ganz nett sein. Arbeiteten wir an Inhalten, graute mir vor ihrem Menschenbild und einer banalen schwarzweiß *Dramaturgie*, die jede Geschichte verflachte.

An der inhaltlichen Komponente war *Volker Lilienthal* weniger interessiert. Korruption definiert sich in Deutschland über Geld. Korruptionsgelder aus der Industrie waren nachweislich geflossen, Produkte wurden plaziert, Unternehmen beworben. Das hatte Hand und Fuß.

Fünf Jahre nach dem Schleichwerbungsskandal arbeitete ich noch einmal an dem sterbenden Marienhof. In den frühen 90ern hatte ich die zunächst wöchentlich laufende Serie als Autorin mit zur täglichen Seifenoper umgebaut.

Im Jahr 2010 waren die Quoten des Marienhofs so stark gesunken, dass er nicht weiter produziert werden sollte. Ich war neugierig, was sich verändert hatte. Außerdem brauchte ich zusätzliche Aufträge, um nach der Klage der Berliner Produktionsfirma meine Anwaltskosten bezahlen zu können.

Für mich als Autorin der ersten Marienhof-Stunden als Seifenoper war es interessant. Dramaturgisch lagen viele der beliebten Protagonisten, die wir einst mit Sorgfalt entwickelt hatten, in den letzten Zügen. Oft waren sie unrettbar beschädigt. Ich sah mir einige Folgen an, die blutleer und trist wirkten, aber vor allem auch flach und erschreckend dumm. Dabei waren das einst intelligente Protagonisten gewesen, mal eher die emotionale Intelligenz, dann auch eine liebenswerte Schläue. Mittlerweile wirken fast alle Protagonisten dümmlich und ein wenig depressiv und es wimmelte nur so von Krankheiten.

Eine der *Redakteurinnen*, ich kannte sie aus der gemeinsamen Arbeit im Jahr 2000, war erneut inhaltlich verantwortlich. Leider trafen wir uns nicht persönlich. Wieder einmal musste ich nach den erzwungenen Änderungen der Redaktion meinen Namen als Autorin zurückziehen, vor allem wegen der plumpen sexuellen Anspielungen, die einfach nur primitiv wirkten. Das Niveau der Geschichten war deutlich unterhalb von RTL.

Auch unser beliebter Chefdramaturg, der im Zuge des Schleichwerbungskandals zwischenzeitlich gehen musste, arbeitete im Endstadium des Marienhofs wieder für die Bavaria.

Während der letzten Rettungsversuche hatten wir ein wenig Zeit über unsere Beobachtungen, der insgesamt fast zwanzig Jahre redaktioneller Betreuung vom Bayerischen Rundfunk, zu sprechen. Wir hatten einige Redakteurinnen erlebt und stimmten weitgehend überein. Die anfängliche *Redakteurin* war die beste Dramaturgin, ein feiner Mensch und eine großartige Partnerin in der Protagonisten-Entwicklung. Sie ging, weil sie auf Qualität bestand und Mut hatte, und später wurde eine inspirierende Produzentin aus ihr.

Eine der beiden BR-*Redakteurinnen*, die auch in der Sterbephase am *Marienhof* arbeitete, hatte anfangs versucht auf der Produktionsseite Fuß zu fassen. Sie war jedoch in der Zusammenarbeit mit uns Autoren nicht besonders beliebt und wir waren daher froh, als sie schließlich ging. Kurz darauf wurde sie als *Redakteurin* beim Bayerischen Rundfunk eingestellt. Jetzt durfte sie uns Autoren endlich sagen, ja sogar befehlen, was wir schreiben sollten. Es war wirklich komisch, wäre es nicht gleichzeitig auch tragisch gewesen. Mit der redaktionellen Betreuung steigt oder fällt jedes Seifenoperformat. Doch ausgerechnet diejenigen, die sich in der freien Kreativwirtschaft schwer tun würden, vielleicht auch, weil sie zu wenig Begabung mitbringen, suchen sich Posten in deutschen Redaktionen. Leider reicht auch Idealismus oft nicht aus, denn für eine gute *Dramaturgie* ist Talent der wesentlichste Faktor.

Wie geht ein kluger Produzent mit der Arroganz in einer Redaktion um, wenn er weiß, dass das dramaturgische Talent bescheiden ist?

Im *Marienhof* wurden von uns Autoren mit Absicht ein bis zwei Fehler durch überflüssige *Szenen* eingebaut. Viele *Redakteure* und *Redakteurinnen*, mit denen ich über die Jahre arbeiten durfte, liebten es Fehler zu entdecken, bisweilen erinnerten sie mich sogar an bestimmte Lehrer meiner Schulzeit. Konnten *Redakteure* Vorschläge zur Verbesserung machen und sich gebraucht fühlen, schienen sie glücklich. Es war der Rotstift, der Freude machte.

In den zehn Jahren zwischen 2000 – 2010, in denen ich nur sporadisch in der Bavaria war, hatte sich viel verändert. Und das war nicht nur der hinten auf dem Gelände entstandene See für eine neue ZDF-Serie.

Die Firma ZDF-Enterprises hatte sich im Jahr 2007 mit 50 Prozent in die Bavaria Fernsehproduktion GmbH eingekauft. Zusätzlich zu dem Herrschaftsanspruch des Bayerischen Rundfunks, beherbergte das Gelände jetzt einen zweiten öffentlich-rechtlichen Sender.

Ein ehemaliger ZDF-Redakteur, über den ich viel gehört hatte, arbeite fest als Produzent für die Bavaria. Neue ZDF-Aufträge, und damit viele Millionen Euro, konnten jetzt verstärkt nach Bayern fließen.

Mein Flur-Funk in der Bavaria waren über die Jahre zum Teil Angestellte der Bavaria gewesen, vor allem die netten und kompetenten Produktionsmitarbeiter im Umfeld des Marienhofs.

Sonst kommunizierte ich viel mit anderen Autoren und Autorinnen, zum Teil großartige Kollegen, die über die zwanzig Jahre immer mal wieder für den *Marienhof* arbeiteten. Nur schien im Jahr 2010 dort keiner mehr wirklich glücklich zu sein.

Die Angst ging um. Der *Marienhof* sollte eingestellt werden, das bedeutete für viele Autoren weniger Aufträge. Zudem war es unter der neuen Geschäftsleitung von *Dr. Matthias Esche*, nicht immer einfach, so wurde es mir erzählt. Der Spagat zwischen ZDF und ARD schien auch eine politische Dimensionen zu haben.

Es herrschte Unsicherheit. Hautnah und mindestens einmal die Woche hörte ich von den oft belustigenden ZDF-Katastrophen im Umfeld der teuren, jedoch dramaturgisch anfangs kaum durchdachten neuen ZDF-Daily *Herzflimmern*. Die Geschäftsführung hatte vor Produktionsbeginn die Chefautorin ersetzt und die Geschichte anscheinend massiv verändern wollen. War dann aber auf zeitliche Grenzen gestoßen.

Für die Bavaria-Produktion *Herzflimmern* war vom ZDF extra eine gut anlaufende Daily-Soap einer unabhängigen Produktionsfirma abgesetzt worden. Der Grund war nebulös. Musste das ZDF-Geld in Richtung Bavaria fließen?

Ein künstlicher See, als malerischer Spielort für eine Klinik, wurde hinten auf dem Gelände in Grünwald ausgehoben. Viele alte Bavaria-Autoren mussten gehen, neue Drehbuchschreiber zerbrachen sich im Dauerstress die Köpfe. Da der ursprüngliche Daily-Entwurf einer begabten Kollegin im Papierkorb gelandet war, meiner Meinung nach auf Grund einer dummen Amigo-Intrige, war der Zeitplan für die Entwicklung neuer Geschichten mehr als knapp.

Einen der neuen Autoren kannte ich, und hatte ihn sogar der Bavaria empfohlen, da er gut, aber vor allem auch sehr schnell schrieb. Die zeitliche Katastrophe ahnten wir alle schon im Vorfeld.

Der inhaltlich verantwortliche Geschäftsführer der Bavaria, *Dr. Matthias Esche*, der nach dem Schleichwerbungs-Skandal eingestellt wurde, hatte vor allem ein großes Talent für Medienpolitik, und dadurch auch viele Bewunderer.

Was die viele Gebühren-Millionen kostende *Herzflimmern*-Katastrophe betraf, habe ich selten so viel gelacht.

Bald hörte ich von drei wöchentlich eingeflogenen ZDF-Redakteuren, einer Frau und zwei Männern, die immer ratloser in das trübe Wasser des neuen Sees starrten. Es gab wilde Gerüchte über Sekretärinnen, die über Nacht angeblich zu Dramaturginnen gemacht wurden.

Es hätten dabei sexuelle Beziehungen eine Rolle gespielt. Allein die Menge an schierem Klatsch, der fast täglich aus der Bavaria quoll, ließ erahnen, dass das ZDF vor Ort hart kämpfen musste. Die drei ZDF-Redakteure waren alle kompetent, einer hatte sogar einen ausgezeichneten Ruf.

Wie also kam es zu dieser erzählerischen Katastrophe? Fachliche Inkompetenz, aber vor allem politische Rangelei verhinderten meiner Meinung nach, was eine neue Serie oder auch Daily am Anfang am dringend braucht: Zeit, Konzentration und eine klare Autoren-Vision.

Persönlich hielt ich lieber Abstand zu diesem weiteren Bavaria-Millionen-Desaster auf öffentlich-rechtliche Kosten. Der qualvoll erdrosselte *Marienhof* reichte mir.

Ehemalige Drehbuchautoren-Kolleginnen, die dem *Marienhof* die Treue gehalten hatten, und auch sonst viel für die Bavaria arbeiteten, zeigten Ermüdungserscheinungen.

Was *Herzflimmern* anging, würde, wie immer, am Ende keiner die Verantwortung für das peinliche Scheitern der Drehbuchentwicklung übernehmen müssen. Weder beim ZDF, noch bei der Bavaria litten die Verantwortlichen persönlich unter der offensichtlichen Geldverschwendung. Der Schaden blieb auf Seiten des Zuschauers. Es waren unsere Millionen, die weg waren. Was uns hier in München blieb, war ein neuer See in Grünwald.

Es tut einer Produktionsfirma meiner Meinung nach inhaltlich nicht gut, wenn die Sender zu präsent werden. Es erstickt die Kreativität, wenn alles behäbig, staubig und fad wird. Eine Fabrik, in der über Jahrzehnte immer gleiches Gedankengut entsteht, so eintönig wie das schlechte Kantinenessen, bringt auch nur selten einen spannenden Kinofilm hervor. Es fehlt ganz einfach an neuen, spannenden Ideen, aber auch an Freiheit.

173

Natürlich weiß ich nicht, ob die Geschäftsleitung der Bavaria die alleinige Verantwortung dafür trägt.

Man sagt „Ein Fisch stinkt vom Kopf". Nach meinen bisherigen Einblicken in Systeme braucht auch ein kluger Stratege eine gehörige Portion Extra-Esprit, um eine schwerfällige Tanker-Firma, in der sowohl das ZDF als auch die ARD ihr dauerhaftes Mitsprachrecht vertraglich verbrieft haben, in ein halbwegs flottes Segelschiff zu verwandeln.

Daher verteilt sich die Verantwortung für den inhaltlichen Verfall sicher auf mehrere Schultern.

Das Bavaria-Gelände selber, das mehr und mehr wie eine Fabrik wirkt, könnte Phantasien vielleicht beflügeln, wenn der Ruf dieser Firma inzwischen bei den Freien nicht so schlecht wäre.

Es ist erstaunlich, dass Autoren und *Regisseure* mit Format dort überhaupt noch arbeiten wollen. Andererseits finden talentierte Filmschaffende wahrscheinlich nirgendwo sonst in Deutschland solch fast schon unanständig aufgeblähten Budgets aus öffentlich-rechtlichen Taschen für mäßig interessante Inhalte.

Vielleicht hätte man den Verfall und das Sterben des Marienhofs verhindern können, hätte man es früher versucht. Dazu allerdings hätte auch die Redaktion des Bayerischen Rundfunks mit neuen Mitarbeitern eine geistige Transfusion beisteuern müssen. Dazu fehlte, in meinen Augen, die notwendige Bereitschaft.

Vielleicht war die im Jahr 2007 eingegangene Allianz, zwischen der Bavaria und ZDF-Enterprises, mit ein Grund für den Bayerische Rundfunk, zuzulassen, dass der *Marienhof* wegen schlechter Quoten eingestellt wurde?

Die Profiteure des Auftragsverlustes der Bavaria werden andere Firmen sein, die dem Bayerischen Rundfunk mehr entgegenkommen. Die maximale Hoffnung in diesem Zusammenhang ist der banale Wunsch jedes Zuschauers: Wir wollen fiktionale Inhalte, die uns berühren.

Zwischenzeitlich, sozusagen auf meinem Weg auf die *Schwarze Liste* des ZDF, hatte ich bei der Bavaria einen potentiellen Fernsehfilm für den Mittwochabend der ARD geschrieben. Erneut gab es finanzielles, aber auch ein inhaltliches Politikum.

Wieder war es ein längeres finanzielles Hin und Her, zunächst zwischen dem Bayerischen Rundfunk und der Bavaria, wann dieses Drama genau gedreht werden sollte, und ob überhaupt.

Zunächst schien der Inhalt zweitrangig, und die Entwicklungsphase zog sich. Man ließ mir erstaunliche Freiheiten bei der Entwicklung der weiblichen Protagonistinnen. Nur einmal hatte die charmante Redakteurin vom Bayerischen Rundfunk nicht gelesen, sonst war sie vorbereitet. Einige Male wurden die Termine verschoben, doch davor hatte man mich gewarnt.

Man muss wissen, dass Autoren im Fall von zeitlichen Verschiebungen einfach nicht bezahlt werden. Redakteure, die ein Festgehalt beziehen, interessieren sich dafür nicht, auch einer Produktionsfirma wie der Bavaria ist das nicht weiter wichtig. Die Angestellten dort haben ihr regelmäßiges Auskommen.

Autoren lässt man auch gerne sechs, oder sogar zwölf Monate lang auf ihr Geld warten, indem man die Entwicklungsstufen verzögert. Im Zweifelsfall wird ein Autor dadurch inhaltlich gefügiger. Dann wird aus der Hauptfigur einer unverheirateten, kritischen Münchner Journalistin, die ich entwickelt hatte, eine Hebamme vom Land, die mit einem Chorleiter verheiratet ist. Kein Problem! Allerdings bin ich als Autorin in so einem Fall überflüssig, da mich allzu brave Frauenfiguren einfach nicht interessieren.

Als ich innerlich bereits beschlossen hatte, meine Geschichte zurückzuziehen, saß eine gelangweilte *Regisseurin* mit in der Besprechung, die mit meiner kritischen weiblichen Hauptfigur nichts anfangen konnte.

«Wen interessiert den eine Journalistin?»

Diese *Regisseurin* war sicher nicht meine erste Wahl, aber die der *Redakteurin,* so wie der erfolgreichen Produzentin, früher ebenfalls *Redakteurin* beim Bayerischen Rundfunk. Sie war sofort einverstanden, als ich eine Trennung vorschlug. Unsere Zusammenarbeit war zum Scheitern verurteilt, sobald das Frauenbild laut Union politisch korrekt sein musste, also gut verheiratet und in einem Frauenberuf tätig, zudem noch mit Anbindung an die katholische Kirche über einen treusorgenden Ehemann.

Inzwischen bekam ich mein Drehbuch zurück. Die betreuende Bavaria-Produzentin ist wirklich kompetent in der trivialen Frauenunterhaltung, wir kannten uns über einen langen Zeitraum. In der Zusammenarbeit war vor allem schwierig, dass immer den Vorgaben des Senders gefolgt werden musste. Inhaltlich anspruchsvollere Drehbücher haben deswegen in meinen Augen in der Bavaria höchstens beim Kinofilm eine Chance.

In hoffnungsvoller Zusammenarbeit wollte ich kurz darauf mit dem Bayerischen Rundfunk einen kleinen Kinofilm entwickeln.

Maria sucht Josef war ein bittersüßer Weihnachtsfilm. Meine kritische, aber auch humorvolle Auseinandersetzung mit der Weihnachtsgeschichte, war eingebettet in eine bizarrere, aber auch bezaubernde Liebesgeschichte. Die heutige Entfremdung zwischen den Geschlechtern spielte eine Rolle, wurden aber durch die klassischen Elemente einer Muttergeschichte aufgelockert. Durchaus unterhaltend, doch auch erschreckend, da die Hauptfigur eine verarmte Schwangere in Not war, eine Lügnerin und Diebin.

Für mich beim BR zuständig war ausgerechnet Vicky, die *Redakteurin*, wegen der ich im Jahr 2000 den *Marienhof* verlassen hatte.

Ich versuchte zunächst eine Annäherung über ein anderes Projekt für eine Münchner Produktionsfirma, die wegen eines TV-Drehbuches auf mich zugekommen war, ein weiterer Film für die beliebte Schauspielerin Christine Neubauer, Dauergesicht bei ARD und ZDF.

Dramaturgisch hatte Vicky viel dazu gelernt, menschlich war ich mir nicht sicher. Immer wieder kamen wir gemeinsam an ein Frauen- und vor allem Mutterbild, das ich als ultrakonservativ empfand.

Vicky hatte noch keine Kinder, und es war schon deswegen nicht leicht, mit ihr über den Wandel des Mutterbildes zu kommunizieren. Frauen ohne Kinder haben oft eine idealistische Vorstellung, die so in der Praxis schon seit mehr als einem Jahrzehnt nicht mehr existiert.

Maria sucht Josef wurde vom Bayrischen Rundfunk abgelehnt. Vicky wollte keinesfalls am konservativen Mutterbild kratzen, vor allem nicht auf eine leichte, vielleicht sogar komödiantische Weise.

Nach über 25.000 Euro, die mir von der lokalen Filmförderung anvertraut worden waren, erschien *Maria sucht Josef* in Jahr 2010 als Roman beim Piperverlag.

Die Gründe von Vicky für die endgültige Ablehnung bezogen sich übrigens auf ein Lektorat, das sie mir aber nicht beilegte. Es endete in einem Email-Wechsel, wie ich sie so viele mit Sendern hatte. Redakteure der öffentlich-rechtlichen Sender verstecken ihre eigene Meinung bisweilen gerne hinter sogenannten *Fremdlektoraten*. Ein Drehbuch das 25.000 Euro an öffentlichem Geld gekostet hatte, wurde noch nicht einmal persönlich von Vicky bewertet, auch dafür wurde erneut Geld ausgegeben. So viel zu den Themen Effizienz und Mut.

Ein weiterer low-budget Kinofilm, der Bayern in seiner Essenz und auch Schönheit gezeigt hätte, war still gestorben.

Im Bayerischen Rundfunk gibt es schon länger nur wenig Geld für die kleinen und oft feinen lokalen Kinoproduktionen. Seit Jahren investierte die ohnehin unterbesetzte Kinoabteilung ihre Millionen lieber in große Firmen, oder auch in wirtschaftlich erfolglose Auslandsproduktionen, wie zum Beispiel: *Der Gott des Gemetzels* – Regie *Roman Polanski*.

Als ich nach einer Begründung für die vielen Absagen von guten lokalen Produktionen fragte, sagte mir eine BR-*Redakteurin*, es sei finanziell und personell einfacher für die Redaktionen, viel Geld in wenige Produktionen zu investieren, gerne auch ins Ausland.

Mit kleineren Beträgen lokale Filme, und zusätzlich noch den Nachwuchs unserer Filmhochschule zu fördern, wäre von der Betreuung her kaum möglich. Die Redaktionen seien zum Teil unterbesetzt.

«Ihr zerstört unsere lokale Filmwirtschaft», gab ich zu bedenken.

«Es gibt aber auch sehr viele Produktionsfirmen in München …»

Spätestens an dieser Stelle eines Gespräches mit einer Redaktion, egal ob ZDF oder ARD, kommt das übliche arrogant-überhebliche Bedauern: Zu viele Produktionen, zu wenig Talent in München, eine finanzielle Gemengelage, der man innerhalb des Sender als Redakteur hilflos gegenübersteht...

Das stimmt so nicht. Das viele Geld und auch viel mangelndes Talent sitzen auf einem hohen Ross in überalterten Redaktionen. Man sieht es am Programm und an dem Desinteresse der jungen Zuschauer.

Zu den undurchschaubaren Finanzen: Bei uns in Bayern ist die Film-Schatz-Schatulle des BR für die lokal ansässigen Produzenten durch die wirtschaftliche Katastrophe *Ludwig II* gründlich geleert worden.

In Zusammenarbeit mit der Bavaria hat der Bayerische Rundfunk zu verantworten, dass viele kleinere Firmen ihre teilweise großartigen Ideen nicht umsetzen konnten, zumindest nicht bei unserem Sender hier.

Nach einem Grund dafür fragte ich die inhaltlich sehr kompetente *Redakteurin*, die auch für Kinoproduktionen zuständig ist. Dabei ließ ich mir die Summe von ihr bestätigen.

«Sechseinhalb Millionen Euro für *Ludwig II* habt ihr der Bavaria bewilligt, oder? Du, und natürlich die jetzige *Fernsehdirektorin Bettina Reitz*, noch bevor sie als Geschäftsführerin zur *Degeto Film GmbH* ging...?»

Sie nickte, ich fragte weiter.

» Das war was, ein Jahresbudget, oder sogar zwei Jahre Budget? Und was mit all den anderen Produktionen?» Ich bekam natürlich keine Antwort. Auch beim Bayerischen Rundfunk bin ich mit meinen penetranten Fragen inzwischen eine *persona non grata*.

Im Jahr 2012 gab es einen Wechsel und Vicky war nicht länger für bestimmte Formate zuständig. Eine *Regisseurin* bot das Drehbuch zu meinen Roman *Maria sucht Josef* bei einer *Redakteurin* an, mit der ich noch nie gearbeitet hatte und die ich auch nicht kannte. Diese *Redakteurin* erkundigte sich intern und bedauerte dann: Einmal abgelehnt, sei immer abgelehnt. Wenn eine Kollegin…

Man braucht als Autor also nur ein einziges Mal ungehorsam zu sein, indem man inhaltliche Hoheit anzweifelt, dann reicht es für einen ganzen Sender.

Natürlich verstehe ich die ablehnende Haltung der Sender mir gegenüber. Die inhaltliche Hoheit der Redaktionen zweifle ich schon seit längerer Zeit an, da die Qualität einfach nicht gut genug ist, aber vor allem haben in meinen Augen nur Künstler ein Recht auf inhaltliche Hoheit. Redakteure sind keine Urheber, versuchen aber stets die kreative Kontrolle an sich zu reißen. Daher auch die zunehmende Distanz vieler Kreativer.

Inzwischen befürchte ich jedoch, dass die finanziellen Kungeleien in der Politik auch den intelligenter und freiheitlicher denkenden Redaktionen zunehmend die Luft abschnüren, beziehungsweise die Budgets kürzen.

Vielleicht müssen aber auch die Redaktionen nur irgendein Feindbild aufbauen, da das Internet dem Fernsehen in den kommenden Jahren den Rang mit hoher Wahrscheinlichkeit ablaufen wird, also auch ihr Beruf sich vielleicht noch wandeln wird.

Ein beliebtes Feindbild sind die kritischen, freien Filmemacher, die zum einen die Verschwendung offen anprangern, aber vor allem auch die inhaltliche Kontrolle der meisten Redaktionen ganz einfach aus politischen Gründen ablehnen, oder sogar so offen wie ich von einer gezielten Quoten-Zensur sprechen.

Zur Zeit steigen die Redakteurs-Ansprüche bei etablierten Fernsehformaten, was laut Produzenten-Kollegen zu immer schwierigeren Produktionsbedingungen führt.

Ein, in meinen Augen besonders eigenartiges Phänomen des Redakteursberufes ist die Annahme, man könnte sehr viel, vor allem aber immer genug, um Kreativen zu sagen, was sie schreiben oder drehen sollten.

Denn eines ist klar: die Redaktionen und nur die Redaktionen sind das Sieb für die gesamte Kreativität der TV-Branche. Sie suchen sowohl die Themen, als auch die Programmformate aus. Alles, was in einen Fernsehfilm fließt, bis auf den letzten Buchstaben in einem Drehbuch, die Regie, die Kamera, selbst die Besetzung der kleinsten Nebenrolle, wird redaktionell kontrolliert.

Dennoch riskieren *Redakteure* finanziell nichts. Das Risiko, vor allem auch für eine wirtschaftliche Katastrophe, trägt der Produzent. Das muss man sich vergegenwärtigen. Und dann sollen kleine Produzenten ihr weniges Geld auch noch in die Entwicklungen neuer Filmstoffe für Sender stecken, während der Bayerische Rundfunk jährlich über eine Milliarde an Gebührengeldern kassiert?

Bettina Reitz, heutige *Fernsehdirektorin* beim BR, warnte im Jahr 2010 eine Gruppe Autorinnen bei einem Treffen in München. In Zukunft würden für den BR weniger Serien entwickelt werden, wir täten gut daran, uns in Richtung Ausland zu orientieren.

Damals, in der Küche, als ich mit *Volker Lilienthal* im Jahr 2005 über meine Erfahrung mit der Bavaria, aber auch mit verschiedenen Redaktionen bei ARD und ZDF redete, versuchte ich ihm zu verdeutlichen, dass es kein Gewinnen gibt, nicht in einem System, in dem die Redaktionen inhaltliche Macht haben und die Politik im Hintergrund die Fäden zieht.

„Serien wie *Rote Rosen* tun doch keinem weh."

Volker Herres, Programmdirektor der ARD
DIE ZEIT, 23. Mai 2013
Interview von Alina Fichte & Giovanni di Lorenzo

ARD & ZDF bei der Tanztherapie / Scham

Eintrag des Therapeuten über die zweite gemeinsame Therapiestunde von ARD & ZDF:

Vor der zweiten Therapiestunde wurde nach wiederholter Rücksprache die Dringlichkeitsstufe erhöht, und eine ministeriale Eingabe für die Bewilligung weiterer Stunden bestätigt.

Die Zusammenstellung des Expertengremiums, um längerfristigen Fortschritt der Therapie zu begleiten, stellt sich auf Seiten des Ministeriums als schwieriger heraus als erwartet. Psychologische Kompetenz mit wirtschaftlicher Kompetenz an einen Tisch zu bringen, ist nicht einfach. Noch dazu müssen beide Fachleute willens sein die geheimen Mitschnitte der Therapiegespräche zu hören, oder zumindest die Protokolle zu analysieren und sie gleichzeitig geheim zu halten.

Zeitgleich müssten kompetente Kontrollinstanzen für die Finanzen bereits jetzt die notwendigen Maßnahmen beschließen.

Ob öffentliche Gelder in Millionenhöhe für einen Wagner-Vierteiler, für einen Hitler-Mehrteiler, so der Wunsch eines Befugten von *Bertelsmann*, oder aber für neue Technik ausgegeben werden, die bis dahin schon längst überaltert ist, soll zunächst vom politischen Hinterzimmer aus diskret mit beurteilt werden.

Man tendiert zu einer Drosselung der verfügbaren Mittel, notfalls durch eine angeordnete Finanzprüfung.

Die Dringlichkeitsstufe ist hoch, das zuständige Ministerium hat sich jedoch bis in die oberste Führungsspitze abgesichert. Das ist in diesem Fall ein besonders heikles Unterfangen, da es ein regelmäßiges Damenfrühstück mit der Spitze des internationalen Medienkonzerns geben soll, bei dem die von den Damen als kulturell wertvoll empfundenen Inhalte, verabschiedet werden.

Das betrifft vor allem ZDF, da man bei ARD, bei derzeitigem Kurs und der offensichtlichen Neigung zu multiplen Persönlichkeiten, nicht von bedingungsloser Politiktreue ausgehen kann.

Strengstes Stillschweigen ist inzwischen vereinbart. Die Sicherheitsstufe wurde um zwei Grade erhöht. Die Nachbarwohnung ist zwangsgeräumt, man brauchte sie wegen zusätzlichen Sicherheitsmaßnahmen. Im Unterschied zur ersten Therapiestunde wurden inzwischen in allen Räumen – auch der Toilette – zusätzlich zu den Mikrofonen Kameras eingebaut.

Beschreibung der zweiten Versuchsanordnung:

Musik kommt aus dem Lautsprecher, eine Mischung aus Naturgeräuschen und einzelnen Instrumenten. Handtrommel, Panflöte, ab und zu Harfen und Cello.

ARD und ZDF sollen erneut im gemeinsamen Therapiezimmer, auf getrenntem Mobiliar – liegend – untergebracht werden. Dieses Mal sind es Yogamatten mit zusätzlichen Decken und Kissen, alles musste weiß sein. Es sind insgesamt zehn, acht davon gestapelt, zwei an jeweils gegenüberliegenden Wänden vorbereitet. Daneben jeweils ein Sitzkissen für mich.

Das war nicht meine Idee. Die ministeriale Supervision hatte sich eingeschaltet. Neue Studien aus den USA hätten ergeben, dass Erdverbundenheit und Naturgeräusche besser geeignet seien, um mit der Schamschranke umzugehen. Unser heutiges Therapieziel war, an die größten Unsicherheiten von ARD und ZDF heranzukommen. Anhand der vielen neuen Anregungen, könnten wir länger als geplant brauchen.

Anmerkung (Verschlusssache):
Ich muss mir hier Luft machen! In meiner therapeuti-
schen Praxis habe ich noch nie so etwas erlebt! Die Not-
wendigkeit in meinen Arbeitspausen mit Gefühlen von
Aggression in Richtung Ministerium umzugehen, zeigt,
dass hier Grenzüberschreitungen stattgefunden haben:
Bereits drei (!) Tage vor der zweiten ARD und ZDF
Therapiestunde klingelten ministeriale Möbelpacker
um sechs Uhr früh. Sie schafften Biedermeier sowie Le
Corbusier in die zwangsvereinnahmte Nachbarwohnung.
Biedermeier verlor durch ministeriale Ungeschicklichkeit
einen Löwenfuß.
Weiterhin: Die Bezüge der mitgebrachten Matten waren
ungewaschen. Meine anderen Patienten, eine meiner
Lieblingspatientinnen, sie wird demnächst achtzig, wa-
ren nicht begeistert.
Meine Bitte um Schadensausgleich, vor allem der notwe-
nigen Reparatur des Biedermeiersofas, wurde mit einem
von mir auszufüllenden Formular beantwortet. Es um-
fasst fast zwanzig Seiten! Was denken die sich?!?!
Die lange im Voraus angekündigte Vorauszahlung der
Therapiestunden erfolgte ebenfalls noch nicht.
In mir melden sich erste Zweifel an der viel gelobten mi-
nisterialen Kompetenz, die jedoch mit meiner emotiona-
len Verfassung zu tun haben könnten. Generell habe ich
Bedenke. Ich hätte diese Patienten ablehnen soll!
Um mich zu beruhigen, musste ich an zwei aufeinan-
derfolgenden Nächten eine Schlaftablette nehmen. Ich
erwischte mich beim nächtlichen Toilettengang bei dem
stark beunruhigenden Gefühl, durch das neu gebohrte
Loch in der Decke von dem winzigen Kameraauge beob-
achtet zu werden. Ich werde langsam paranoid!

Anmerkung (offiziell):
Prozedere der Protokollierung nach Anweisungen des
Ministeriums von jetzt an mit Zeitangaben:
Erneut Handnotizen parallel zum therapeutischen Ge-
spräch. Von heute an sind sie in abgetippter Form abzu-
liefern, so die Anweisung, der Folge geleistet wird.
Elektronische Gesprächsaufzeichnungen mit versteckten
Aufnahmegeräten, inzwischen in allen Räumen, zusätz-
liche Kameraaufzeichnungen.
Die für diese Maßnahmen notwendige Gesetzesänderung
sei immer noch in Arbeit. Die ministerial unterschriebe-
ne Vorlage wurde erneut zugesagt, doch ebenfalls erneut
verschoben.
Das Wetter ist regnerisch und kühl: 14.45, genau 15 Mi-
nuten vor Therapiebeginn.

Von der ministerialen Supervision wurde für die anfängliche Entspannungsphase folgende neue US-Therapie
empfohlen:

Gezielte Atemübungen nach *Stanislav Grof,* um eine
leichte Destabilisierung zu erreichen. Danach das Entklei-
den bis auf die Unterwäsche.

Hinweis: Zu diesem Zweck wurde die Raumtempera-
tur auf 22 Grad erhöht. Die Überzüge der Bodenmatten
wurden gewaschen. Für ARD und ZDF wurden hygie-
nisch bezogene Kissen und Decken als Garnitur bereitge-
legt. Die Kosten hierfür gehen laut Supervision an Sachbearbeiter X einer getrennten ministerialen Kostenstelle.
Nach meiner telefonischen Anfrage wurde mir mitgeteilt,
Sachbearbeiter X wäre inzwischen bei einer Überwa-
chungseinheit. Vielleicht ist X der attraktive Blonde, der
das Loch für die Kamera in meine Toilette gebohrt hat?

Handnotizen: 15.15
ZDF und ARD kamen pünktlich. Sie konnten sich mittels der von der Supervision mitgelieferten DVD auf das Intense Breathing nach *Stanislav Grof* einlassen. Dann zogen sie sich bis auf ihre jeweilige Unterwäsche aus und liegen jetzt unter ihren Dekken. Nach Anweisung atmen sie zu der Musik der Panflöten. Beide wirken entspannt. Es soll spontan assoziiert werden.

Ich stelle nach Anweisung der Supervision den ersten Begriff in den Raum: GELD

Aufnahmegerät:
ARD: «Nie genug! Alle wollen sie etwas von mir, alle zerren sie, jeder will etwas anderes… WDR ist der gierigste von allen, ich habe gar keinen Überblick mehr über die ganzen Ausgaben für all diese Immobilien, so viele Gebäude in Köln, die WDR gekauft hat, kaufen wollte!»
ZDF: «Freunde! Geld bedeutet für mich Freunde. Je mehr Geld, desto glücklicher die Freunde. Besonders für die Parteifreunde ist es ein großes Anliegen, dass immer genügend Gelder fließen. Natürlich kann man mit viel Geld auch glanzvoll Auftreten und angeben! Jetzt haben wir gerade die *Deutsche Filmakademie* gut gefüttert… Da gibt es eine Film-Familie, die äußerst empfänglich für alles ist, was vom ZDF kommt…
Ganz großes Kino! Der Wagner, die Cosima... endlich wieder deutsche, große Themen im Friedrichstadt-Palast!»

ARD: «Wie bitte? Diese alljährliche Veranstaltung in Berlin, im Friedrichstadtpalast, die habt ihr gekauft? Die ist doch Film und nicht Fernsehen...»

ZDF: «War, meine Liebe, es war Film... Das wird jetzt mehr und mehr ZDF... Warte mal, wenn ich unseren Wagner-Mehrteiler ins Kino bugsiere...»

ARD: «Der von dem Sohn...?»

ZDF: «Na ja, die Mutter gibt die Cosima! Das ist das neue Kino von heute. Echt Fernsehen eben, das mögen die Leute...»

ARD: «Dafür verplemperst du dein Geld?»

ZDF: «Du hast gut reden mit deinem *Ludwig II*. Ein Film über einen Verschwender, finanziert von Verschwendern! War es der Schönling? Der Blonde?»

ARD: «Lass mein Bübchen in Ruhe! Er ist noch nicht so lange beim BR, er hat das nicht zu verantworten... es war vor seiner Zeit! Außerdem....»

ZDF: «Komm mir jetzt nicht wieder mit Hannah Arendt! Du willst mir nur wieder Minderwertigkeitsgefühle einreden...»

ARD: «Weil der Film gut in den USA läuft und sein Geld am Ende mehrfach wieder einspielen wird! Hat er deswegen von der *Filmakademie* keinen Preis bekommen?, weil er zu uns gehört?»

ZDF: «Kein Preis stimmt so auch nicht... Außerdem entscheiden wir nicht!»

ARD: «Ach, Nein? Ihr zahlt nur?»

ZDF: «Hör auf! Ich hasse es, wenn du so bist...»

ARD: «Oh, Boy! Der war dafür von uns... Uns gehören die Jungen, die ganz großen Sieger, die noch dazu für lau arbeiten. He, wir haben nur 300.000 Euro für einen absoluten Gewinner hingeblättert. Wie ist das für die neue Sparsamkeit?»

Kichern von ARD, dann ein kurzes Lachen von ZDF, während die Panflöten langsam verebben. Einen Moment lang Schweigen.

ARD: «Es geht uns gut, oder?»
ZDF: «Wir werden geliebt und unterstützt…»
ARD: «Und zwar beide! Und unsere Kinder auch… Selbst ich mit meinem Multiplen Intendanz-Zoo, verteilt über ganz Deutschland…»
ZDF: «Dafür bewundere ich dich auch sehr…»
ARD: «Tust du?»
ZDF: «Na, klar! Denk mal an uns… wie einfach wir es auf dem *Lerchenberg* haben. Und jetzt, mit dem Himmlischen, der unser zukünftiges Programm schon für die nächsten Jahre für die Halbbrüder und die große Mutter entwickelt…»
ARD: «Also doch!»
ZDF: «Natürlich! Du hast das schon beim letzten Mal klar erkannt … wer zahlt, der mahlt!»
ARD: «Wann ist es denn so weit?»
ZDF: «Es gibt noch die eine oder andere Hürde… Wir sind noch dabei Allianzen zu schmieden, die längerfristig das Gesicht der deutschen Filmkultur verändern werden…»
ARD: «Fernsehen meinst du, oder?»
ZDF: «Nein, ich meine Film, wenn ich Film sage, meine ich Film. Uns gehören die großen Themen: Das Dritte Reich, und zwar der gesamte Themenkomplex! Dann Wagner, unser deutsches Kulturgut eben. Das müssen wir auch zu Geld machen können, verstehst du? Das hängen wir nicht an die große Glocke, sonst wird man in eine nicht ganz einfache Politecke gestellt. Doch es wird pausenlos

bei uns daran gearbeitet... Und irgendwann wird auch der letzte Künstler verstanden haben, dass wir den größten Geldtopf haben!»

ARD: «Ihr habt das wirklich gut raus mit dem Geld, das kann ich anerkennen. Ihr schämt euch auch nicht für Formate wie *Rote Rosen*...»

ZDF: «Warum auch? Bringt doch Quote! Hätten wir einige eurer Künstler... ich meine, wir versuchen sie abzuwerben, doch es gibt den harten Kern...»

ARD: «Nicht mehr lange... wir hungern jetzt die letzten aus. Kino ist so gut wie tot. Entweder diese unbequemen Schreiberlinge verlassen das Land, oder sie schreiben, was ihr verlangt. Quoten-Zensur!? Als ob es je etwas anderes gab?»

ZDF: «Zumindest darin sind wir uns einig! Schreiberlinge sollen nach redaktioneller Weisung arbeiten und sonst die Klappe halten!»

ARD: «Monothematische Vielfalt eben! Es gibt mehr als eine Art des Mordens! Bei uns findet man die Leichen überall, vom platten Land bis in die braunen Bergschluchten!»

ZDF: «Grüne Bergschluchten.»

ARD: «Nein, braun. Wir gleichen uns im Bergland den Nachbarn an. Das Braun lässt sich nicht gänzlich vermeiden.»

ZDF: «Entschuldige, ich vergaß!»

Wieder wird gekichert. Der Walzer hat begonnen: An der schönen blauen Donau. Die Musik wird lauter.

ZDF: «Wollen wir?»

ARD: «Müssen wir?»

ZDF: «Es wären nur fünfzehn Minuten...»

Beidseitiges Flüstern ist zu hören. Durch die Musik ist es fast unverständlich. Dann einige Wortfetzen.

ARD: «Aua… mein linker Zeh!»
ZDF: «Mein rechtes Auge! Nimm den Ellbogen weiter runter…»

Anmerkung an das Ministerium:
Durch die plazierten Kameras kann der erste Walzer von der Supervision persönlich ausgewertet werden. Meine Handnotizen könnten die Beobachtungen ergänzen, wenn auf subjektive Eindrücke, gefiltert durch die Wahrnehmung eines Älteren, Wert gelegt wird.

Handnotiz: 15.45
ZDF hat selbstverständlich beim Walzer die Führung übernommen. Ihm ist sichtlich warm, obwohl er lediglich mit einer eng anliegenden Shorts bekleidet ist. Er tanzt barfuß. Seine Füße sehen besser gepflegt aus, wie es scheint hat ZDF sich einer Ganzkörperenthaarung unterzogen.
Für einen Mann in seinem Alter hat er eine beeindruckend gut ausgebildete Muskulatur, es könnten aber auch Steroide sein. Der Supervision liegen bestimmt die Testresultate der ersten heimlichen Urinanalyse vor. Sonst könnten Hautschuppen auf dem Frotteebezug der Matten aussagekräftig sein. Der leichte Ammoniakgeruch ist immer noch vorhanden. Man erkennt unter der enthaarten Achsel einen Transpirationsfilm. Im Raum ist es nicht heiß. Das Thermometer zeigt stabile 22 Grad.
ARD tut sich nicht leicht mit dem Führungsstil von ZDF. Immer wieder versucht sie ihren linken Fuß

in Sicherheit zu bringen. Sie trägt Kindersöckchen in Regenbogenringel, was zu ihrem erschlafften und natürlich alternden Frauenkörper nicht passen will. Im prägnanten Gegensatz dazu die elegante schwarze Unterwäsche, vielleicht italienisch. Ein perfekt aufeinander abgestimmtes Set aus spitzenbesetztem Büstenhalter und Boxershorts mit einem Unterrock, der bis zum Knie geht. Es sieht aus wie schwere Seide, könnte aber auch Kunstfaser sein. ARD kommt beim Tanz nicht aus der defensiven Haltung, ihr Gesicht ist schmerzverzerrt. Man bekommt das Gefühl, dass ZDF seine großen Füße gezielt auf ihre linken Zehen ansetzt.

Zweimal rächt sich ARD mit Stößen ihres Ellbogens, wobei Rache hier nicht vorsätzlich zu deuten ist.

Gegen Ende des Walzers zeigt sich eine gewisse Harmonie der gegenseitigen Rücksichtnahme.

Ich wage das Experiment, ein sinnlicheres Lied, einen freien Trommel-Rhythmus direkt an den Walzer anzuschließen. ARD strahlt spontan, als sie die Hand von ZDF loslassen darf. Dann beginnt sie zu tanzen und schwingt ihre breiten Hüften auf erstaunlich jugendliche Weise zu den Trommeln. Es sieht gekonnt aus.

ZDF steht etwas hölzern in der Gegend herum. Er beobachtet die anmutig wirkenden Bewegungen der ARD, die hervorragend mit den Rotationen der Hüfte harmonieren. ZDF wirkt irritiert und verschränkt trotzig seine Arme.

ZDF: «Das war so nicht abgemacht. Das ist gar kein richtig Tanz, es ist, es ist... es gehört sich nicht!»

ARD: «Impro! Komm. Wir improvisieren noch ein wenig… *shake your butt*!»

ZDF: «Lass mich los… das ist… das ist ja pervers! In deinem Alter… Du solltest dich schämen.»

ARD: «Ha! Jetzt haben wir es wieder… Kaum ein wenig weg von der braven Spur, wird der große Medienhengst zum feigen Klemmi! Vielleicht ein paar Schrittchen, ein winzig kleines sexuelles Gefühl?»

Handnotiz: 15.55

Tatsächlich, die Supervision möge mir die plastische visuelle Beschreibung an dieser Stelle verzeihen, zeichnet sich an der Vorderseite der eng anliegenden Shorts von ZDF eine sehr gut sichtbare Schwellung ab. Vielleicht können die Kameras, da sie primär von der Zimmerdecke aus filmen, den Zusammenhang zwischen dem beachtlich locker wippenden Gesäß von ARD und der Schwellung nicht so leicht erkennen. Von meinem Stuhl aus, den Blick auf Höhe des Geschehens, spielt sich Unglaubliches ab. ZDF kann den Blick nicht von ARDs kreisenden Hüften unter der schwarzen Seide abwenden. Mit der Intensität der Trommel werden auch die Zuckungen von ARD heftiger. Schweiß bildet sich auf Stirn und Oberlippe von ZDF. Ein leichtes Wippen der Hüften, kaum wahrnehmbar, zeigt zunehmende Erregung.

ZDF: «Was soll das werden? Der künstlerische Ausdruckstanz älterer Damen…?"

ARD: «Die mit dem Bauch tanzen… einer unserer witzigsten diesjährigen Dokumentarfilme…»

ZDF: «Hör mit dem Quatsch auf! Und tanz nicht immerzu um mich herum… Du machst mich ganz kirre!»

ARD: «Das sehe ich! Dir schwillt der Kamm… wenn ich das mal so sagen darf. Und das bei einem alten Suppenhuhn wie mir… Vielleicht hättet ihr Kunst und Kultur doch nicht reduzieren sollen, dann könntest auch du tanzen!»

ZDF: «Weisung von ganz oben. Kunst sei ein Luxusgut, das wir uns in Krisenzeiten nicht leisten können, dafür den Sport, viel Sport!»

ARD: «So etwas kann sich nur eine ehemalige Physikerin ausdenken. Sport! Und Krimis natürlich! Wo soll man denn stattdessen in Krisenzeiten sein Geld reinstecken? Noch mehr Waffen, noch mehr Kriegsfilme, Krimis, und…?"

ZDF: «Kochshows!»

ARD: «Wer viel mordet, muss gut essen…? Schon mal von Yo-Yo Ma gehört?»

ZDF: «Den Quatsch, den der Geiger auf dem Kongress in Washington erzählt hat? Über den positiven Einfluss der Kunst auf die Gesellschaft?»

ARD: «Cellist und Kulturpolitiker ist er! Und was Yo-Yo Ma über Konfliktbewältigung und Toleranz auf einem zunehmend stärker bevölkerten Planeten gesagt hat, ist richtig. Du brauchst nur nach Brasilien zu sehen. Die Brasilianer verlangen auch Bildung und Kunst und nicht nur Fußball!»

ZDF: «Und die Türken wollen Bäume umarmen. Was willst du mir damit sagen?»

ARD: «Wir könnten das viele Geld dort einsetzen, wo es gebraucht wird. Kulturförderung im Namen der öffentlich-rechtlichen Sender, vor allem auch für Kinder und Jugendliche. In ganz Europa könnten wir von mehr Kunst profilieren, sie sogar exportieren, mit gutem Beispiel vorangehen!»

ZDF: «Damit wir hier auch diesen Quatsch haben? *Citizen Artist* und Bürgerkünstler?»

ARD: «Na klar, gesellschaftlichen Wandel durch die Künste. *Yo-Yo Ma* nennt sich *Citizen Musician*. Ich wäre *Citizen Dancer*... Und du, mein Hengst, was wärst du denn gerne?»

ZDF: «Na, Sport!»

Handnotiz: 16.05

Ein letzter Trommelwirbel, der ARD in Ekstase explodieren lässt. Sichtlich befremdet beginnt ZDF seine Kleidung einzusammeln, hält sie vor seine Schwellung und verlässt das Therapiezimmer.

Anmerkung an das Ministerium:

Es ist in meiner therapeutischen Praxis das erste Mal, dass ich in der zweiten Stunde derartig gravierende Fortschritt vermerken kann. Noch weiß ich nicht, ob es die Yogamatten, die Naturmusik, oder aber die Atemübungen nach Stanislav Grof waren, jedoch danke ich hiermit der mir unbekannten Supervision auf Seiten des Ministeriums.

Anmerkung (Verschlusssache):

Mir ist mulmig wegen der Toilette. ZDF ist nun bereits zehn Minuten hinter verschlossener Tür verschwunden. Mir wäre wohler, wenn das Ministerium schriftlich bestätigen würde, dass die Überwachung von Patienten gesetzlich erlaubt ist.

«Die Rache der kleinen Leute ist der dicke Hund»

Zitat: Philip Joens im Juni 2013
über den Hundehaufen vor unserer Eingangstür.

Ziemlich beste Freunde

Der französische Spielfilm *Ziemlich beste Freunde* mit dem Produktionsbudget von 9.5 Millionen Euro war auch in Deutschland ein durchschlagender Erfolg.

Es gelang drei Generationen einer Familie ins Kino zu locken und somit sämtliche Zielgruppen auf einmal zu begeistern. Das zu vollbringen ist mehr als nur ein kleines Wunder, glaubt man den heutigen Zuschauer-Analysen von ARD und ZDF. Unsere öffentlich-rechtlichen Sender entwickeln kaum Familienprogramm, sie scheinen nicht mehr zu wissen, wie das geht.

Ich wage zu behaupten, dass meine meisten Kollegen und Kolleginnen *Ziemlich beste Freunde* gerne geschrieben hätten. Nur wäre dieser Film in Deutschland nie entstanden, nicht im Kino und in unserem öffentlich-rechtlichen Fernsehen schon dreimal nicht.

Wir müssen politisch korrekt sein, das verlangen die Redaktionen. Mord ist politisch korrekt, Krimi erwünscht, selbst wenn das Töten zur Heiterkeit verkommt.

Spätestens bei der Darstellung von Sex in *Ziemlich beste Freunde* wäre es schwierig geworden. Sexy, leichtfertig und rebellisch, aufrührerisch gegen den Staat, respektlos und romantisch-verrückt ohne jeden Realitätssinn?

Dazu noch die Reichen und die Armen in Extremen, beide wunderbar subtil hinterfragt, und sanft in eine unmögliche Immigranten-Politik gebettet? Niemals!

Der BR hätte eins seiner anonymen Drehbuch-Lektorate in Auftrag gegeben, vielleicht von einem erfolglosen Angehörigen geschrieben, um das Familieneinkommen aufzubessern. Dann der Stempel drauf. Abgelehnt!

Kein Autor, oder eine Autorin, die ich persönlich kenne, hätte gewagt so etwas anzubieten.

Unsere öffentlich-rechtlichen Sender hätten mit *Ziemlich beste Freunde* nicht nur internationale Anerkennung geerntet, sondern auch wirtschaftliche Vorteile genossen. Für einen international verkäuflichen Spielfilm war er nicht besonders teuer. Der Film hat sein Geld bereits mehrfach eingespielt und Frankreich zu einem besseren Image verholfen.

Der BR, der WDR und das ZDF, sie alle investierten über Jahre viele Millionen in oft altbackene und international kaum verkäufliche Kinoproduktionen. Ausgelutschte Themen und bereits vielfach verfilmte Literatur, die keinerlei Mut erfordern.

Liest man viele der Förderentscheidungen, weiß man ungefähr, wer von welchem Sender unbedingt mitreden wollte. Oft weiß man im Vorfeld, dass Filme keine Erfolge werden können. So wussten es viele in der Branche bereits vor dem Drehbeginn bei *Ludwig II*. Nach dem Lesen des Drehbuches pfiffen es auch die letzten Spatzen von den Dächern: Dieser Film würde keinesfalls ein Publikumserfolg werden, davon musste man ausgehen.

Leider pfiff man noch andere Töne, die selbst uns hier im *Amigo*-Bayern erschrecken. Die Politik hätte bei der endgültigen Bewilligung des 16 Millionen Budgets für *Ludwig II* gewaltig mitgemischt. Hätte es keinen Druck von oben gegeben, hätten einige *Redakteure* ein so hohes Budget verhindert. Kann das sein? Kämpfen hier verzweifelte *Redakteure* innerhalb der Sender um jeden Euro, damit auch ein paar gute Filme im Jahr zu sehen sind? Man würde es hoffen. Es wäre schön, wenn man einen derartigen Mut innerhalb der Sender vermuten dürfte. Doch warum im Geheimen?

Ziemlich beste Freundschaften zwischen Sendern und Politik können die existentielle Grundlage einer ganzen

Filmbranche zerstören. Daher steht es sogar im *Rundfunk-staatsvertrag*: Die Staatsferne der Sender muss gewahrt bleiben, sonst müssen wir gar keine Rundfunkgebühren mehr bezahlen.

So einfach ist das.

Unsere Bavaria hier in Grünwald, vor den Toren Münchens, betrachten wir freien Filmschaffenden mit kontinuierlicher Neugierde, bisweilen mit Erstaunen und inzwischen mit einem fast mitleidigen Lächeln.

Seit ein paar Jahren kämpfen die Bavaria-Filmstudios um Qualität und Zuschauerzahlen. Sie versuchen auch innerhalb der Branche mehr Sympathien zu gewinnen, doch das ist schwer. Nach dem Schleichwerbungskandal im Jahr 2005, und der Elefanten-Hochzeit mit ZDF-Enterprises im Jahr 2007, wurde die Bavaria innerhalb der Branche vor allem mit Argwohn betrachtet.

Unter vielen Münchner Autoren und Autorinnen ist die Bavaria zu einem reinen Ernährungsstrang verkommen. Kein Kreativer, den ich kenne, geht mit einer guten Idee dort hin. Es sitzen dort seit Jahrzehnten die immer gleichen Produzenten in ihren immer gleichen Büros. Man arbeitet nach Schema F auf feste Sendeplätze bei ARD und ZDF zu.

Das erklärte Profitstreben und die erklärten Geschäftsziele sind wirtschaftlicher Natur, dabei schreckt man auch nicht davor zurück, mit unseren Gebührengeldern Kollateralschäden bei freien Filmschaffenden in Kauf zu nehmen.

In dem Ausschnitt eines Artikels, erschienen am 05. März 2012 in dem Online-Medienmagazin Film-TV-Video schreiben die Journalisten *Christine Gebhard* und *Gerd Voigt-Müller*, wer in der Bavaria hinter den Kulissen das Sagen hat, also in Wirklichkeit verantwortlich ist für:

Mißwirtschaft, unethisches Verhalten, Wettbewerbsverzerrung und bevorzugte Auftragsvergabe.

Es ist etwas faul in der Branche:
Beteiligungen, Verbindungen, Anteile

Die Anteilseigner der Bavaria Film GmbH sind der Westdeutsche Rundfunk über die WDR Mediagroup mit 33,35%, der Südwestrundfunk über die SWR Holding mit 16,67%, der Mitteldeutsche Rundfunk über die Drefa Media Holding mit 16,64%, die LfA Gesellschaft für Vermögensverwaltung des Freistaates Bayern mit 16,67% und die Bavaria Filmkunst GmbH mit 16,67%. Hinter der zuletzt genannten Bavaria Filmkunst GmbH steht der Bayerische Rundfunk, das zeigt schon ein Blick auf die Führungspositionen: Geschäftsführer der Bavaria Filmkunst war in den vergangenen Jahren Lorenz Zehetbauer, der Verwaltungsdirektor des Bayerischen Rundfunks.

Den Aufsichtsrat bildeten Prof. Dr. Thomas Gruber, der bis vor kurzem amtierende Intendant des Bayerischen Rundfunks und Bernd Lenze, der Vorsitzende des *Rundfunkrats* des Bayerischen Rundfunks. Die Bavaria Film GmbH gehört indirekt zum weit überwiegenden Teil den öffentlichrechtlichen Sendern und wird von diesen beherrscht, auch wenn das über Zwischenfirmen organisiert ist.

Wie eng ist aber die Anbindung in der Praxis?

Ein Gefühl dafür vermittelt ein Blick in den Aufsichtsrat der Bavaria Film GmbH. Dort saßen im März 2012:

Monika Piel (Vorsitzende), Ex-Intendantin des WDR
Dr. Otto Beierl, Vorstandsvorsitzender LfA
Peter Boudgoust (Stv. Vorsitzender), Intendant SWR
Dr. Karl Gerhold, MDR Verwaltungsrat
Prof. Dr. Thomas Gruber, Ex-Intendant BR
Prof. Dr. Karola Wille, Intendantin MDR
Verena Kulenkampff, WDR *Fernsehdirektorin*
Bernd Lenze, BR *Rundfunkrat* Vorsitzender
… und andere (Liste gekürzt)

Insgesamt ist es eine illustre Runde aus aktuellen und Ex-Intendanten, der am Unternehmen beteiligten öffentlich-rechtlichen TV-Anstalten. Weiterhin zwei Vertretern der LfA und fünf Personen aus Rundfunkverwaltungen und Rundfunkräten, dem Landesbeauftragten der katholischen Bischöfe in NRW, sowie sechs Mitarbeitervertretern der Bavaria Film GmbH und von deren Tochterunternehmen. Darunter der Leiter der Abteilung Presse und Kommunikation, dem Ausbildungsleiter für Medienberufe und dem Leiter der Bavaria-Werkfeuerwehr.

Diesen Personen obliegt es also, die Geschäfte der Bavaria Film GmbH zu überwachen und abzusegnen.

Die Bavaria Film GmbH erzielte im Geschäftsjahr vom 01.02.2010 bis zum 31.01.2011 Umsatzerlöse in Höhe von rund 17,6 Millionen Euro. Im Jahr davor waren es rund 17,2 Millionen Euro. Die Bilanzsumme liegt in diesem Zeitraum mit rund 125,6 Millionen Euro leicht unter dem Vorjahresniveau von 126,8 Millionen Euro. An die Gesellschafter erfolgte eine Gewinnausschüttung in Höhe von rund 4,5 Millionen Euro. All diese Zahlen stammen aus dem offiziellen, veröffentlichten Jahresabschluss zum Geschäftsjahr vom 01.02.2010 bis zum 31.01.2011.

Die Bavaria Film GmbH selbst hält Anteile an 54 Unternehmen, von denen ihr 19 zu 100 % gehören, wie etwa die Cine-Mobil. 21 weitere Unternehmen gehören der Bavaria Film GmbH zu 50 % oder mehr. Einige der Bavaria-Töchter werden im Jahresabschluss 2010/2011 explizit hervorgehoben: «Aus den Töchtern und Beteiligungsgesellschaften im Produktionsbereich erzielt die Bavaria Film GmbH im Rahmen der bestehenden Ergebnisabführungsverträge bzw. Dividendenausschüttungen ein Beteiligungsergebnis in Höhe von TEUR 3.351 (Vorjahr: TEUR 4.030). Davon entfallen TEUR 1.939 auf die Ausschüttung der Bavaria Fernsehproduktion GmbH, deren Ergebnis jeweils zur Hälfte den Gesellschaftern *ZDF Enterprises GmbH* und Bavaria Film GmbH zusteht.

Die Produktionstochtergesellschaften First Entertainment GmbH, Satel Film GmbH, Saxonia Media Filmproduktionsgesellschaft mbH, Saxonia Entertainment GmbH, MotionWorks GmbH, Colonia Media Filmproduktionsgesellschaft mbH und die Maran Film GmbH haben positiv zur Ertragslage beigetragen, während die Askania Media Filmproduktion GmbH auf Grund der Verlustübernahme negativ zum Beteiligungsergebnis beigetragen hat. Die Ottonia Media GmbH und die Tag/Traum Filmproduktion GmbH & Co KG haben infolge der Abschreibungen auf den Beteiligungsbuchwert einen negativen Ergebnisbeitrag geleistet.»

Privatwirtschaftliche Aktivitäten der Öffentlich-Rechtlichen

Insgesamt stellt sich die Frage, in wie weit öffentlich-rechtliche Anstalten — direkt oder indirekt über ihre privatwirtschaftlichen Beteiligungen — als Anbieter auf einen Markt einwirken sollten, aus dem sie wiederum selbst Leistungen zukaufen.

Dazu hat das Bavaria-Aufsichtsratsmitglied Prof. Dr. Karola Wille, die amtierende Intendantin des MDR, im Jahr 2004 — also zu einer Zeit, als sie noch juristische Direktorin dieses Senders und nicht im Bavaria-Aufsichtsrat war — einen sehr interessanten Vortrag gehalten, in dem es um die Kontrollmöglichkeiten bei privatwirtschaftlichen Senderbeteiligungen ging, etwa durch Rechnungshöfe. Die Abschrift des Vortrags enthält unter anderem folgende Aussage: «Letztlich ist die entscheidende Frage: Ist das Gesamtsystem der Kontrolle geeignet, um die notwendige Transparenz zu schaffen und den Grundsätzen von Sparsamkeit und Wirtschaftlichkeit zu genügen?» Der *KIKA*-Skandal, in den der MDR maßgeblich verwickelt ist, hat ja mittlerweile hinreichend gezeigt, dass dieser Aspekt offenbar bisher nicht einmal innerhalb der öffentlich-rechtlichen Sender ausreichend umgesetzt war. Um wie viel größer ist dann aber vermutlich der Spielraum bei den über Zwischenfirmen abgekoppelten, privatwirtschaftlichen Aktivitäten?

Prof. Dr. Karola Wille schloss ihren Vortrag aus dem Jahr 2004 mit zwei Bemerkungen ab: «Privatwirtschaftliche Beteiligungsunternehmen sind mittlerweile ein wichtiger und immanenter Bestandteil des Agierens von öffentlich-rechtlichen Anstalten im dualen System. Zweifellos müssen die Anstalten bei diesen Betätigungen Augenmaß wahren und die verfassungsrechtlichen Vorgaben dauerhaft sicherstellen. Dazu gehört auch ein System der Gremien- und Finanzkontrolle mit angemessenen Regularien, das den Besonderheiten solcher unternehmerischer Betätigungsmöglichkeiten Rechnung trägt.»

An dieser Stelle kann man eigentlich nur noch anfügen: Dann mal frisch ans Werk, denn Betätigungsfelder gäbe es durchaus — und das nicht nur beim MDR und beim *KIKA*. Es kann — generell gesprochen — ganz sicher nicht schaden, mal nachzuschauen, ob mit den rund 7,5 Milliarden Euro Gebührengeld, die derzeit jährlich von der GEZ an die Sender verteilt werden, das Richtige getan wird — wozu das Ruinieren der rein privatwirtschaftlichen und nicht von öffentlich-rechtlichen Anstalten betriebenen Aktivitäten unserer Branche ganz sicher nicht gehört.

Autoren: Christine Gebhard und Gerd Voigt-Müller
Der Artikel wurde leicht gekürzt.

Insgesamt ist erstaunlich, wie die vielen Arme der öffentlich-rechtlichen Senderkrake, deren Fähigkeiten schon längst nicht mehr nur im Informieren, Bilden und Erfreuen der Zuschauer liegen, immer mehr Gelder für sich selbst generieren können.

So war auch mein Unverständnis groß, als nach dem Großbudget für *Ludwig II* weitere zehn Millionen Euro, ausgerechnet im Rahmen der Berlinale, im Februar 2013, in aller Öffentlichkeit an einen der beiden Geschäftsführer, *Dr. Matthias Esche,* für eine weitere Produktionshalle überreicht wurden. Es sollen mehr ausländische Produktionen in Bayern stattfinden. Wir konkurrieren einmal mehr mit dem Filmstandort Berlin, das lassen wir uns zehn Millionen Euro kosten!

Warum investiert man nicht lieber in ein paar gute Filmstoffe in Bayern?

Wäre die Bavaria, durch ihre öffentlich-rechtlich hoch subventionierte Struktur, nicht zu einem Parkplatz für ausrangierte *Redakteure,* und einem Sammelsurium eher konservativer Produzenten verkommen, so würden sich die Kreativen dort sicherlich wieder dauerhaft anbinden lassen.

Auf Grund fest zementierter *Amigo*-Seilschaften werden viele jährliche Millionen an öffentlich-rechtlichen Gebührengeldern, aber auch an Steuergeldern in überteuerte Kino-Produktionen der Bavaria versenkt, damit der Standort erhalten bleibt. Das ist aber auf Dauer keine Antwort auf die dort herrschende Kreativ-Krise, die mit einigen leichten Kniffen, aber vor allem sehr viel weniger Geld, in einen dauerhaften Talent-Spielplatz verwandelt werden könnte.

Als Drehbuchautorin geriet ich öfter mit Produzenten der Bavaria aneinander, weil ich nie sender-konform genug schrieb. Doch ist es genau diese non-konforme Autoren-Schreibe und -Denke, die also nicht stromlinienförmig und politisch korrekt ist, die einen Film wie *Ziemlich beste Freunde* entstehen lassen kann.

Leidet nicht auch ein kultivierter Mann wie *Dr. Matthias Esche,* wenn in einer Filmkritik über das Drehbuch von *Ludwig II* steht, der Plot des Films sei eine Version einer royalen Soap?

Ein guter Kinofilm entsteht selten in einem dramaturgischen Fernsehkollektiv,. Manchmal hat man sogar den Eindruck, die *Redateure* zerstören ein Drehbuch lieber, bevor sie zugeben, dass sie, wenn es um Kino geht, einfach fehl am Platz sind.

Manche Filme, vor allem die teureren, die den kleinen Filmemachern derzeit jegliche Lebensgrundlage entziehen, darf man als perfiden Racheakt des kleinlichen, politischen kontrollierten Fernsehens am freien Kinofilm verstehen.

Damit schon als Drehbuch nur ja nichts entsteht, was vielleicht heraus sticht, und ein wenig anders leuchtet, wird schnell sämtliches Geld für einen biederen, aber schön teuren Kostümfilm ausgegeben.

Wo sind sie, die vernünftig finanzierten zehn bis zwanzig wundervollen Erstlingswerke unserer Münchner Filmhochschüler, die uns die nächste Generation Kino bescheren?

Oh Boy, der charmante Berliner Debutfilm, der nur 300.000 Euro kostete, gewann den Deutschen Filmpreis wahrscheinlich, weil er vom betreuenden Sender ziemlich in Ruhe gelassen wurde. Dem filmischen Nachwuchs kann man aus meiner Sich nur raten, sich nicht entmutigen zu lassen, und wenn möglich an Sender-Strukturen vorbei zu arbeiten, und sei es mit nur wenig Geld.

Festangestellte Künstler sind ein Widerspruch in sich selbst. Ein Mensch, zu feige für die kreative freie Wildbahn, bleibt Verwalter und nicht Künstler. Mut ist eine Grundvoraussetzung für den künstlerischen Beruf. Und werden Redaktion, Produktion und Künstler einmal „Ziemlich Beste Freunde", bleibt am Ende immer noch der Zweifel: Wie sähe ein Film ganz ohne Sender-Bevormundung aus?

«Kunst ist schön, macht aber viel Arbeit»

Karl Valentin

Mein Zirkuszelt

…das nicht einstürzen wollte!

Eigentlich wollte ich an dieser Stelle stringent weitererzählen, wie es mir gelungen ist von dem Bänkchen einer Angeklagten, geschmückt mit einem längeren Parkplatz auf der *Schwarzen Liste* des ZDF, leider auch beim BR durch Ungehorsam aufgefallen, wieder zu einem halbwegs vernünftigen Berufsleben zurückfindet.

Mein Einkommen sollte auch meine Kinder halbwegs ernähren, damit mein ohnehin großzügiger zweiter Ehemann etwas entlastet wurde.

Die Situation mit dem Berliner Proporz-Produzenten eskalierte innerhalb weniger Wochen. Als freie Drehbuchautorin bekommt man keine Arbeitslosenunterstützung, kein Hartz IV, und vor allem nicht so leicht einen neuen Auftrag bei den Öffentlich-Rechtlichen. Ich habe es versucht.

Bei *Heike Hempel* vom ZDF bat ich um einen Auftrag. Einen Frauenfilm, notfalls die übliche Kitsch-Reihe, oder vielleicht eine Tier-Kunststück-Serie, um den finanziellen Verlust für meinen Vierteiler plus Roman auszugleichen. Der Berliner Produzent Paul wollte zwei der drei von mir geschriebenen Drehbücher zunächst nicht bezahlen, wir mussten ein Mahnverfahren anstrengen, alles eine Strapaze für das nicht sehr belastbare Konto einer freiberuflichen Künstlerin.

Das ZDF war zu dieser Zeit mit Autoren und Autorinnen bereits eher ungnädig. Der ZDF-Justiziar *Peter Weber* verhandelte seit geraumer Zeit mit dem Justitiar des Verbandes der Deutschen Drehbuchautoren, *Professor Hertin*. Das ZDF wollte insgesamt lieber weniger Geld für Drehbücher bezahlen. Die Verträge, die ich mit dem ZDF in meinen ersten beiden Jahrzehnten abschließen durfte, waren angeblich zu autoren-freundlich, sie sehen inzwischen anders aus, insgesamt weniger attraktiv.

Bei einer sich anbahnende finanziellen Katastrophe, so wie sie mir bevorstand, fallen zusätzliche Anwaltskosten ins Gewicht. Der Berliner Proporz-Produzent gehörte damals zur Muttergesellschaft Opal. Die Firma Opal wurde vom ZDF mit stetigen Serien-Aufträgen gefüttert. Die Gegenpartei saß sozusagen finanziell am längeren Hebel. Es bezahlte der Fernsehzuschauer dafür, dass man mir, einer freien Autorin, das Leben schwer machte. Ob das im Sinne der Gebührenzahler war?

Persönlich tun Anwalts- und Gerichtskosten nur so jemandem wie mir weh. Für die Opal-Gruppe war es nicht die erste Gerichtsverhandlung wegen einer Drehbuch-Sache, dennoch kam ein Geschäftsführer der Opal-Gruppe nach München. Der Mann, den ich nur von der Unterschrift unter meinen Vertrag her kannte, wollte persönlich mit mir sprechen, was ich ihm hoch anrechne. Nur ging es mir damals seelisch viel zu schlecht. Wird einem Autor eine Geschichte gewaltsam entrissen, entsteht eine Wunde. Je nach der Stärke einer Bindung zu einer Geschichte, sind diese Wunden unterschiedlich schmerzhaft. Meine Bindung war stark, daher war die Wunde groß, ich war sozusagen in meiner eigenen seelischen Notaufnahme.

Manche von uns Geschichtenerzählern werden in den USA als *Elementals* bezeichnet, Elementarwesen. Es sind diejenigen, die zunächst die Menschen in ihren Geschichten erfinden, sie sozusagen adoptieren. All diese Menschen in meinem Inneren schrieen jetzt Zeter und Mordio, einige ließen mich auch bei Nacht nicht in Ruhe. Die *Herzblutlinde* tobte, ich konnte kaum noch essen. Daher hatte ich keine Kapazitäten für eine neue Bekanntschaft.

Doch hatte der mir unbekannte Geschäftsführer aus Berlin eine wirklich nette Notiz zu dem Vertrag gelegt. So etwas gefällt mir, ich hatte sie beim Schreiben neben meinen Computer gelegt. Hätte ich nicht gleichzeitig unter dem Druck gestanden, mich von über zwei Jahren Entwicklungsarbeit, also einem riesigen Zirkuszelt, angefüllt mit zwei verfeindeten Großfamilien aus dem Chiemgau, zu verabschieden, sicher hätte ich mit ihm einen Kaffee getrunken.

Über eine finanzielle Schadensbegrenzung hätten wir vielleicht sensibel verhandeln können, wenn Paul mir nicht gleichzeitig meine Bezahlung verweigert hätte. Zudem kamen Zeilen, die mich zutiefst verletzten. Es schien so, als hätte der junge Produzent noch nie von dem Zirkuszelt eines Geschichtenerzählers gehört.

Vielleicht ist das Bild eines Wanderzirkus und des dazugehörigen Zeltes nicht jedem geläufig. Immer wieder frage ich auch *Redakteure*, oder *Redakteurinnen* danach. Manchmal treffe ich auf fragende Augen. Einige haben schon einmal einen Basis-Workshop über die Arbeit mit Kreativen, zum Beispiel von *Mark Travis,* besucht.

Es gibt primär zwei Berufe beim Film, in denen viele *Elementals* arbeiten, weil man sich öffnen muss, um einen kreativen Raum zu betreten. Damit macht man sich aber auch seelisch verwundbar: Das Schauspiel und das Erfinden von Geschichten brauchen diesen kreativen, aber auch geschützten Raum. Frei erfinden bedeutet, dass man wieder zum spielenden und sich selber vergessenden Kind wird. Das beinhaltet ein großes Maß an Vertrauen, weswegen ich mich mit dem jungen Proporz-Produzenten so schwer tat. Ich vertraute ihm von Anfang an nicht.

Auch bei der Schauspielkunst ist es erforderlich, sich selbst ein Stück weit zu verlassen. Mit einer Rolle betritt ein Schauspieler eine andere Welt. Es ist ein Darauf-Zugehen, hoffentlich mit einem Gefühl von Neugierde. Vielleicht fühlt man anfangs Frustration, wenn eine Rolle einem als Schauspieler nicht sofort liegt. Mit Hilfsmitteln kann man sich vertrauter machen.

Spielt man einen obdachlosen Bettler, sitzt man vielleicht auf dem Pflaster und merkt, dass man die hastig Vorbeigehenden von unten ansieht. Wagt man es, die Stimme zum Betteln zu erheben, spürt man die zerstörerische Wucht verachtender Blicke. Man lässt sich selber ein Stück weit los, dazu öffnet man einen Teil seiner Seele, die einen seit der Kindheit begleitet. Man wird verwundbar. Manche nennen es gleich Kreativität, doch das ist bereits das Erschaffen und Erfinden, ein starker und selbst bewußter Prozeß. Die Verwundbarkeit kommt vorher, wenn man sich öffnet, aber auch andere in seinen kreativen Raum einlädt.

Das Schreiben gleicht für mich dem Versunken-Sein eines Kindes im Spiel. Im Hunter-College in New York hatten wir einen Professor für Drehbuch, der in dem Bereich der *Weekly* seine größten Erfolge feierte. Seine persönliche Lieblingsserie, die er mit ins Leben gerufen hatte war *Hawaii Five-0*. Es war eine Kult-Krimiserie, die von 1968-1980 auf CBS zu sehen war. Der Serientitel *Hawaii Five-0* spielt drauf an, dass Hawaii im Jahr 1959 der fünfzigste Bundesstaat der USA wurde. Es gab eine politische Komponente, die mich interessierte. Die Hawaiianer kämpften, ähnlich wie die Indianer, verzweifelt um ihre kulturelle Identität.

Unser Professor bat uns darum, neue Folgen für seine Serie zu erfinden. Also begannen wir als Studenten allerlei zu unternehmen, um uns in die männlichen *Hauptprotagonisten* auf Hawaii hinein zu versetzen. Ich kaufte mir in einem Second Hand Laden ein Hawaii-Hemd, roch nach Kokosnuss-Sonnenöl und lernte, wie man Schinken-Käse-Toast mit einer Scheibe Dole-Ananas zubereitete. Es schmeckte widerlich.

Wollte man lebendig für die Leinwand oder den Bildschirm schreiben, das lernte ich damals, musste man so viel es ging im Inneren ansammeln, damit die Charaktere in den Drehbüchern, oder sogar schon in den Drehbuch-Vorstufen lebendig wurden.

Um wie ein Staubsauger alles aufsaugen zu können, sollte man sein Thema möglichst mögen. Ich persönlich tat mich schwer mit Krimi. Der Geruch von Blut sagte mir wenig. Wie eine Waffe in der Hand liegt, hatte ich zwar ausprobiert, aber es machte mich nicht an. Verfolgungsjagten im Auto, zwischen den netten und den bösen Buben, mussten wir bis zum Erbrechen als filmische Szenen schreiben, doch lagen sie mir nicht besonders.

Zu einem unersättlichen Staubsauger werde ich, wenn ich an einem Thema arbeite, das mich wirklich interessiert. Dann vergesse ich die Zeit wie ein Kind. Hawaii liebte ich vom ersten Moment.

Meine Obsession begann in New York, führte mich über Jahrzehnte immer wieder auf diese unglaublich kraftvollen, und gleichzeitig melancholischen Inseln im unendlichen Blau. Schließlich wurden zwei veröffentlichte Romane daraus, ein dritter ist in Arbeit, vielleicht muss noch ein vierter Hawaii-Roman folgen. Es ist so. In mir lebt seit Jahrzehnten ein ziemlich unordentlicher Haufen Hawaii. Gelegentlich entsteht eine Geschichte, die dann aufgeschrieben werden will.

Ähnlich intensiv war es mit der *Herzblutlinde*. Diese Geschichte war schon seit gut zehn Jahren in mir gewachsen. Der wichtige Teil, der in den letzten Tagen des Zweiten Weltkriegs spielt, der ungelöste Konflikt, auf dem die

Geschichte basiert, stammte noch aus meiner Kindheit. Mein Großvater, ein Anwalt in Hamburg, hatte einen besten Freund, der Jude war, einen Richter. Mein Großvater stand für seinen besten Freund ein, doch sein Mut kostete seine Familie viele Opfer.

Es gab als Vorlage für die Geschichte in der Gegenwart ein Exposé für einen Fernsehfilm aus den 90ger Jahren, das bei mir in der Schublade lag.

Die Themen: Verlust, Heimatlosigkeit und Verrat hatten Wurzeln geschlagen. Ein Gefühl von tiefer Ungerechtigkeit, wie sie bestimmt viele Familien in Deutschland quälten, hatten sich ihre Eltern, oder Großeltern mutig gegen das Nazi-Regime gewehrt, blieb über Generationen.

Die Familie meiner Großmutter, vor allem ihre vermögenden Eltern, zeichneten sich durch Hitlertreue aus. Das spaltete den ganzen Klan. Als sich die Gesetzte durch die Arisierung Hamburgs immer mehr verschärften, wurde mein renitenter Großvater schließlich verhaftet und kam in ein Konzentrationslager.

Die Schande war groß. Meine Großmutter durfte mit ihren fünf Kindern nicht mehr in Hamburg bleiben, sondern musste aufs Land. Ihr Vater wollte, dass sie für ihn unsichtbar wurde, wenn sie sich nicht von ihrem Ehemann, und Vater ihrer fünf Kinder, scheiden ließ. Das kam für meine Großmutter nicht in Frage. Also zog sie mit ihren fünf Kindern, die Jüngste war meine Mutter, sowie einem einzigen Bediensteten in ihr Ferienhaus am Ratzeburger See. Nicht einmal ein Ei konnte meine Großmutter anfangs kochen, wie sie mit ihrem norddeutschen Dialekt, und einem Zwinkern in den Augen, gerne betonte. Sie war als Kind von Wohlhabenden aufgewachsen, jetzt hatte ihre Familie sie verstoßen. Der einzige Sohn wurde an die Front geschickt, aber auch andere Strafmaßnahmen bekam meine Großmutter zu spüren. Ungehorsam wurde hart bestraft, viel Leid zog in die Familie ein, denn man lebte in Schande. Ein Anwalt, der Juden geholfen hatte, war kein guter Deutscher, seine Frau und seine Kinder waren nichts wert.

Ein Riß zwischen den damaligen Regimekritikern und den angepaßten Profiteuren blieb auch nach dem Krieg spürbar. Noch heute ist es ein bitteres Thema, finanziell fand nie ein Ausgleich statt, schlimmer jedoch waren die bleibenden seelischen Verletzungen innerhalb eines Klans.

In der *Herzblutlinde* erzähle ich über vier Teile die drei Generationen eines im Zweiten Weltkrieg geteilten Dorfes. Zwei Familien im Dorf trennt ein Verbrechen an einem jüdischen Lehrer, dessen bester Freund ein ehemaliger Chiemsee-Fischer war, dem man zur Strafe sein Seegrundstück stahl. Er hatte versucht, seinen jüdischen Freund vor dem Tod zu bewahren, das nahm man ihm übel. Die Kluft scheint anfangs unüberwindbar.

Mein Vierteiler beginnt mit *Amrei*, einer jungen Frau im Norden, die seit ein paar Monaten Mutter ist, doch dem Kindsvater, der in dem Dorf am Chiemsee lebt, noch nicht einmal etwas von ihrer Schwangerschaft gesagt hatte. *Jonas* hat sie zu tief verletzt, sie wollte ihn nie wieder sehen. Sie wollte aber das Kind von *Jonas* unbedingt zur Welt bringen. Ihre Freunde verstehen nicht wirklich warum, nur ihr Halbbruder, der in München lebt, unterstützt sie.

Man merkt schnell, dass Amrei ihren Jonas immer noch liebt, sie gibt sich die Schuld daran, dass er sie nach dem ersten Beziehungsjahr verließ. Obwohl Amrei hübsch ist und intelligent, hat sie ein schlechtes Selbstwertgefühl. Sie ist zu ernst, wie ihr Halbbruder sagt, wenn er sie damit aufzieht, dass sie eine wild-animistische Atheistin sei.

Amrei liebt Bäume über alles. In den USA nennt man Menschen wie sie *Tree-Hugger*: Menschen, die Bäume umarmen. Sie hat ein einziges Foto von Jonas, in dem er vor der mächtigen Dorflinde am Chiemsee steht.

Über vier spannende Sonntags-Filme, in denen auch Mord vorkommt, aber nicht nur (!), kämpft zunächst Amrei, doch bald auch Jonas gegen den Teil eines mächtigen und reichen Chiemsee-Klans, der sich in den Wirren des Dritten Reiches angeeignet hat, was ihm nicht gehörte.

Es ist ein Familienepos, in dem drei Generationen ihre eigenen Geschichten, Geheimnisse und Wünsche haben. Die Konflikte über das Haben und Wollen, aber vor allem um das Vertuschen der Vergangenheit um jeden Preis, haben zunehmend auch mit der Liebe zwischen Amrei und Jonas zu tun.

Amrei ist es, die als Außenstehende die Geheimnisse um die alte Dorflinde nach und nach auflöst. Die in den 60er Jahren verschwundene Großmutter von Jonas, die Depressionen der reichen Kindheits-Freundin, die Jonas heiraten soll, um seiner Familie aus der Dauer-Schulden-Krise zu helfen. Das geheime Grab des jüdischen Lehrers im Wald, bei dem der alte Georg, Jonas Großvater, immer noch Abbitte leistet, weil er zu feige war für die Wahrheit zu kämpfen, und es auch immer noch ist.

In meiner eigenen Familiengeschichte hatte ich einige der Aspekte von Verrat und Verschleierung recherchiert, und gleichzeitig meinen Roman begonnen. Der Piper Verlag hatte sich schon Jahr 2009 dafür begeistern lassen.

In meiner Geschichte kommen zwar alte, grausame Wahrheiten ans Licht, doch am Ende ist zumindest eine Umverteilung, eines durch Unrecht angehäuften Vermögens, im Ansatz möglich. Natürlich war diese Wiedergutmachung nichts weiter als mein Wunschdenken. Einige

Deutsche haben sich schamlos an der damaligen Not der Juden bereichert, doch sie behielten, was sie erbeutet hatten. Auch heute laufen noch Prozesse deswegen. Menschen, die Widerstand leisteten, wurde übel mitgespielt, was sich oft auf ihr Vermögen auswirkte, oder aber auf ihre zukünftige berufliche Laufbahn, und sogar die beruflichen Möglichkeiten ihrer Kinder.

Mein Großvater musste, nach seiner Entlassung aus dem Konzentrationslager, als rechtskräftig Verurteilter über ein Jahrzehnt lange dafür kämpfen, wieder als Anwalt und Notar in Hamburg beraten zu dürfen.

Die alten Seilschaften waren nach dem Krieg stark , oft gab es persönliche Ressentiments, wenn jemand sich gegen das Hitler-Regime gestellt hatte. Vielleicht hätte man siegen können, wenn alle Deutschen, wie ein einziger Mann, hinter Hitler…?

Das Verräter-Syndrom.

Die Familie meiner Mutter hatte damit zu kämpfen. Die Aufrichtigkeit meines Großvaters, eines Mannes, der seine humanistische Bildung bis zur Selbstzerstörung verinnerlicht hatte, führte zu Ächtung, Armut und Verzicht, vor allem für die älteren Mädchen in der Familie. Sie hätten gerne studiert, meine drei Tanten. Doch dieser unfaßbar zerstörerische Krieg war nicht mit dem Kriegsende vorbei, weder in den Familien, noch im Gerechtigkeitsempfinden in unserem Land. Sie hatten alle gelitten, die Täter und die Opfer. Ein ganzes Land war traumatisiert. Die einen fühlten sich für das Geschehene schuldig, andere waren voller Zorn, weil man den Krieg verloren hatte. Der zerbrochene Traum eines siegreichen Deutschlands, der von Schlacht zu Schlacht unwahrscheinlicher geworden war, suchte noch lange nach dem Krieg nach Sündenböcken im eigenen Land. Es war schwer aufzuräumen, zu bereuen, zu trauern und letztendlich zu verzeihen.

Mir war es immer wichtig, Sachverhalten auf den Grund zu gehen. Zum Beispiel schien mein Berliner Proporz-Produzent Paul, jünger als ich, wenig Wissen über das Naturell oder auch die Fähigkeiten eines Künstlers zu haben. Das Drehbuch-Schreiben war laut seinen Äußerungen, die ich vor Gericht zum ersten Mal deutlich hören konnte, das Folgen der inhaltlichen Anweisungen eines Senders.

Ein eigener Ethos, oder auch nur der geringste künstlerische Ehrgeiz, waren genauso wenig vorhanden wie das Bewußtsein dafür, dass Paul als Produzent auch meine künstlerischen Interessen im Blick haben mußte.

Dieses Unwissen über die schriftstellerische, und damit eine künstlerische Tätigkeit, begegnete mir ein zweites Mal in Berlin, vor dem Oberlandesgericht, im Mai 2012. Der vorsitzende Richter war sich unsicher über den künstlerischen Status eines Drehbuchautors. Er konnte mit dem Sachverhalt: Drehbuchautoren sind nicht weisungsgebunden, nur wenig anfangen. Und das, obwohl die Rolle des Künstlers im Dritten Reich im Zusammenhang mit Propaganda-Vorwürfen gegen berühmte Filmemacher wie *Veit Harlan,* und auch Leni Riefenstahl, in meiner Schulzeit, aber sicher auch in seiner, ausgiebig beleuchtet worden waren. Wir gehörten zu einer Generation, dennoch war der Richter hilflos. Er versuchte mir noch eine Brücke zum Geld bauen, in dem er mich fragte, ob ich finanziell Schaden erleiden würde, wenn ein anderer Autor meine Geschichte weiter schreibt.

Ich war sprachlos darüber, dass wir noch nicht einmal eine gemeinsame Sprache hatten, um überhaupt über

Urheberrecht, aber auch meine künstlerische Verantwortung zu sprechen. Nicht das ZDF unterschreibt als Autor, sondern ich.

Die Tatsache, dass beim öffentlich-rechtlichen Rundfunk Drehbuchautoren auf Rechnung arbeiten, Urheber sind und einen Künstler-Status haben, also eben nicht weisungsgebunden sind, hat politische Gründe. Der Inhalt liegt in der Verantwortung des Künstlers. Die Gründe dafür waren dem vorsitzenden Richter nicht geläufig. Er sah keinerlei Anlaß auf diesen Sachverhalt einzugehen. Warum hatte ich einiges, was vom ZDF von mir verlangt wurde, nicht geschrieben? Er wollte nichts darüber wissen, sondern versteifte sich auf ein vom ZDF bestelltes Werk, so als würde es sich um ein nach Anweisung auszuführendes Bauwerk handeln.

Das ist jedoch meiner Meinung nach nicht ausreichend, wenn man sich als Richter mit künstlerischen Werken, aber vor allem der Verantwortung eines Urhebers auseinandersetzt.

Es war für mich unmöglich meine *Herzblutlinde* an einen *Geier* zu übergeben, den ich noch nicht einmal kannte. Niemand außer mir konnte diesen Roman schreiben. Er hatte zu viel mit meiner eigenen Familie zu tun. Den Roman aufzugeben war also ausgeschlossen, wie ich auch sofort mitteilte.

Was den ZDF-Vierteiler betraf, so war es eine Frage des finanziellen Ausgleichs. Erneut hätte ich den Titel, und auch meinen Namen zurückgezogen, wie schon öfter in meiner Laufbahn. Als aus späteren dramaturgischen Anmerkungen hervorging, dass ein eher klassisches Ermittlerformat gewünscht war, verlor ich ohnehin das Interesse. Zusätzlich war von einer Spannung, wie sie in erotischen Thrillern vorkommt, die Rede. Erotik ist auch nicht mein Genre, zumindest nicht, bis meine beiden Söhne volljährig sind. Da bin ich streng.

Als der Berliner Firmenchef nach München kam, um die Unterschrift von mir zu erbitten, die Paul erlaubt hätte, meine Geschichten nach neuen ZDF-Vorstellungen zu verändern, war ich gerade bei meinem dreitägigen Rückzug im Chiemgau, in der Nähe der Dorflinde, die mich über zwei Jahre lang inspiriert hatte. Jetzt sollte ich mein Zirkuszelt *Herzblutlinde* innerlich in drei Tagen abbauen und mich von meiner Geschichte lösen.

Ich versuchte es, Stützpfeiler für Stützpfeiler, erst die Männer dann die Frauen, dann die Orte, dann alle *Szenen*, danach die *Dialoge*. Mit ihnen die Gerüche, Empfindungen, Sehnsüchte und Verflechtungen mit meinem eigenen Familienepos.

Es waren sehr viele fertige *Szenen* mit *Dialogen* in meinem Kopf entstanden, drei Drehbuchfassungen waren bereits auf Papier. Zwei Fassungen von dem ersten Teil mit dem Titel »Amors Pfeil«, dann die erste Fassung von Teil Zwei »Trumpf sticht«.

Ich schlief in dieser Zeit kaum, wachte mit nächtlicher Panik auf und konnte spüren, dass alles in mir sich widersetzte. Ein Tauziehen in meinem Inneren hatte begonnen, das mich viel Kraft kostete. Dabei konnte ich normalerweise ganz gut loslassen.

In einem Ritual, meistens verbinde ich es mit Besuchen in Schwimmbad und Sauna, dazu lange Spaziergängen in der Natur, verabschiede ich mich stets von fertigen Geschichten. Sie sind dann natürlich immer noch da, aber nicht mehr in einer aktiven Bearbeitungs-Zone in meinem Gehirn und vor allem meiner Seele.

Meine fruchtlosen Versuche, den Vierteiler loszuwerden, begannen mich zu belasten. Es war ohnehin schwer gewesen, mit dem jungen Produzenten Paul über meine Arbeit zu reden. Seine Frau arbeitete gerne als *Geier*, wie er mir bei unserem anfänglichen Kennenlernen einmal erzählt hatte, leichtes Geld für relativ wenig Arbeit, eigentlich mochte ich solche Menschen nicht.

In Paul lebten auch ganz andere Vorstellungen von einer Produzenten-Verantwortung. Es waren andere Welten. Mich mit so einem Produzenten auf eine kreative Arbeit einzulassen, war ein großer Fehler gewesen. Es war die ambitionierte Produzentin Tanja aus dem Rheinland, die eine Zeit lang auf dramaturgischer Ebene mit mir gearbeitet hatte, die Paul als Produzenten schätzte, und ihn mir empfohlen hatte.

Als Tanja auf meinen ausdrücklichen Wunsch hin, nach Beratung mit Ben, mit meiner Geschichte zum ZDF, und damit zu Annika ging, wusste Tanja, dass die *Herzblutlinde* einen Teil meiner eigenen Familiengeschichte spiegelte. Sie wusste auch, dass mir mein Roman überaus wichtig war. Daher verstand ich nicht, wie sie derartig verantwortungslos handeln konnte.

Am Ende unserer Zusammenarbeit, als Tanja, Paul, so wie Annika und Sabine, die beiden *Redakteurinnen* vom ZDF, mir am Telefon von ihren *Geier*-Plänen erzählten, wusste ich, dass ich nie wieder mit einem dieser Vier arbeiten wollte. Alle lobten sie in dem Konferenz- Telefonat ihre eigenen dramaturgischen Fähigkeiten. Sie schwärmten von ihren neuen Ideen für ein Ermittlerformat, die ein neuer Autor in meiner Geschichte dramaturgisch verankern würde. Doch hatte nicht einer von ihnen mein Drehbuch gelesen, in das ich die angeblich so wichtigen dramaturgischen Änderungen eingearbeitet hatte. Dieses Drehbuch hatte ich ihnen noch gar nicht geschickt. Sie konnten also gar nicht gelesen haben.

Spätestens zu diesem Zeitpunkt ahnte ich, dass das, was ich am Telefon erlebte, nichts mehr mit meinen Drehbüchern zu tun hatte. Noch nie hatte ich mit vier angeblichen Dramaturgen über ein Drehbuch gesprochen, das ich noch nicht einmal verschickt hatte.

In manchen Momenten im Leben verliert man Vertrauen mit dem Blinken eines Augenlids, einem einzigen Atemzug, einem Lachen am Telefon.

Ich ging nach diesem Telefonat lange in den Park, um dem nachzuspüren, was ich gerade erlebt hatte. Hatte diese Absurdität mit Ignoranz, oder dummer Gier dieser Vier zu tun? Mein Vertrag war ein teurer Vertrag für Produktion und die Redaktion. Übernahm ein Geier, so hatte man unter Umständen einen erheblichen finanziellen Vorteil.

Der Vertrauens-Verlust in Annika, Paul und Tanja störte den Abbau meines innerlichen Zirkuszeltes. Mit Sabine hatte ich zu wenig Kontakt, es war kein Vertrauen entstanden. Ob sie je ein integrer Mensch gewesen war, konnte ich nicht beurteilen.

Bei Annika, Tanja und auch Paul sah es anders aus. Trotz meiner starken anfänglichen Zweifel hatte ich ihnen mit der Unterschrift unter den Vertrag letztendlich viel Vertrauen entgegengebracht.

In mir war viel zerbrochen. Vielleicht würde ich nie wieder mit meiner Unterschrift unter einem schriftstellerischen Werk von mir, egal ob Drehbuch oder Roman, Dritten Rechte einräumen können. Doch wie sollte ich dann in Zukunft als Autorin Geld verdienen?

Obwohl ich damals damit rechnete, ich würde meine Romanrechte zurückbekommen, fühlte ich mich misshandelt, missbraucht und an Ketten gelegt, ohne genau ausdrücken zu können warum. Mein Zustand wurde schlimmer, als die Drohbriefe der Anwaltskanzlei kamen, die von Paul beauftragt worden war. Man wollte mich einschüchtern, laut dieser Briefe würden Tanja, Annika und auch Sabine als Zeuginnen gegen mich benannt werden. Von einer Gerichtsverhandlung war die Rede.

Tanjas Standpunkt war in den Briefen erschreckend. Es las sich so, als hätte die Produktionsfirma von Paul sich meine Geschichte ausgedacht.

Im Nachhinein bereute ich, Tanja mehrfach in meine Familie eingeladen zu haben. Als ich sie kennenlernte, suchte sie nach neuen beruflichen Möglichkeiten. Als ambitionierte Produzentin, ohne eigene Investitionsmöglichkeit, wollte sie trotzdem Filme fürs Fernsehen machen. Sie bat mich, in meiner Schublade nach geeigneten Geschichten für sie zu suchen, wir fanden einige Vorschläge, die sie für geeignet hielt, auch für Sat 1 und die ARD.

Dann arbeitete ich über ein Jahr umsonst mit ihr, und zwar nicht nur an dem ZDF-Vierteiler, sondern auch noch an den anderen Vorschlägen für Sender. Nicht für einen einzigen Tag Arbeit konnte sie mich bezahlen, eher bezahlte ich noch ihre Abendessen. Sie hatte einen finanziellen Engpaß. Wiederholt ließ ich sie bei uns in München, und auch im Chiemgau schlafen. Sogar zu Annika schickte ich Tanja, da sie neue ZDF-Kontakte brauchte. Die beiden kannten sich vorher nicht.

Es gibt Erlebnisse in einem Berufsleben, die man nicht unbedingt braucht. Natürlich hat Tanja sich nie wieder gemeldet, um die Sache auf menschlicher Ebene in Ordnung zu bringen. Es sind fast vier Jahre vergangen.

Manchmal denke ich an die wichtigen Gespräche mit Tanja und Paul zurück, die wir bereits zu Anfang geführt hatten. Mein Bauchgefühl sagte mir damals, ich sollte mit diesen beiden Menschen keinen Vertrag unterzeichnen. Ich glaubte nicht, dass Paul, als noch relativ unerfahrener

Produzent, einen anspruchsvollen Vier-Millionen-Produktionsauftrag stemmen konnte.

Ich wollte lieber mit einer in Bayern ansässigen Firma arbeiten, die viel Erfahrung hatte, und der ich vor allem auch vertraute.

Tanja lobte stets Köln, sie fand es den kompetentesten Medien-Standort in Deutschland.

Bei unserem Gespräch brachte also jeder von uns seinen Medien-Standort mit. In Wirklichkeit trafen wir uns nicht am schönen Chiemsee, was ich bevorzugt hätte.

Ich nenne uns: Berlin (Paul), Köln (Tanja) und München und stelle mir diesen *Dialog* am Chiemsee vor:

MÜNCHEN
Ihr wollt meine bayerische Geschichte, die hier am Chiemsee spielt, von Berlin und Köln aus für das ZDF produzieren? Warum der Umweg?

BERLIN
Wegen der Hand ...

KÖLN
... der schützenden Hand.

MÜNCHEN
Hand in Berlin? Hand in Köln? Was für eine Hand?

BERLIN
Lerchenberg! Mainz!

KÖLN
Na, klar, Mainz! Da kommen die vier Millionen her! Über mich hat das ZDF aber noch nie 'ne Hand

gehalten. Mich haben die bis jetzt gerne getreten!
Doch über Berlin hält man die Hand…

Berlin sieht verlegen zur Seite. Das Thema ist ihm anscheinend peinlich, doch ein klein wenig Stolz ist auch zu
spüren. Berlin nickt vorsichtig.

KÖLN
Berlin hat beim Lerchenberg etwas gut…

Berlin versucht vertrauenserweckend auszusehen, streckt
sich ein wenig in die Höhe und lächelt sein bezauberndes
Bubenlächeln. Köln beginnt leise zu summen, um ihre
Gefühle zu überspielen. Das macht sie öfter, manchmal
wickelt sie dabei eine Haarsträhne um ihren Finger. Flir-
tet sie mit Berlin?
Love is in the air spielt leise im Hintergrund. Am See sitzt
nur ein einziges Pärchen auf einer Decke auf der Liege-
wiese und hört Radio. Es wird Herbst.

MÜNCHEN
Vor der Firmengruppe, zu der Berlin gehört, wird
im Internet gewarnt. Was sagst du dazu?

KÖLN
War eine Amigo-Sache, die schief ging. Berlin hat
einen Freund in Hamburg, den kannst du anrufen,
bevor du den Vertrag unterschreibst.

Love is in the air spielt jetzt ein wenig lauter. Das Pärchen
hat begonnen zu knutschen. Berlin sieht errötend weg.
München sieht in Richtung Berge.

223

MÜNCHEN
Hamburg sitzt im Vorstand meines Drehbuch Verbands. Und Hamburg legt wirklich für Berlin die Hand ins Feuer?

In einer charmanten, stummen Geste streckt Köln erst eine und dann die andere Hand vor und klimpert mit ihren langen Wimpern.

KÖLN
Dat sind richtig gute Freunde! Wenn du unterschreibst, dann wäre ein feiner Bonus, eine *finders fee*, für dich als Autorin drin.

Mein Versuch, mehr Vertrauen zu der Kombination Tanja und Paul aufzubauen, lief in groben Zügen so ab. Ich hatte versucht, Annika als ZDF-Redakteurin dazu zu bewegen, eine von zwei in Bayern ansässigen Firmen mit der Produktion zu beauftragen, denen ich vertraute. Nur war es so, wie Tanja und Paul sagten: Das ZDF wollte Paul.

Brav schrieb ich das entsprechende Email noch am gleichen Abend an den Hamburger Autor im Vorstand des Deutschen Drehbuch Verbandes. Tatsächlich antwortete der Kollege. Per Email setzte er sich für Paul als einen menschlich integren Freund ein. Sie kannten sich gut. Aus meinem Mißtrauen wurde Vertrauen und ich unterschrieb den Vertrag. Natürlich bekam ich nie eine Finders Fee, doch das man auch meine Arbeit nicht lesen wollte, erstaunte mich sehr. Hatte das ZDF Geld zu verschenken?

Nachdem man mich verklagte, wandte ich mich mehrfach an Hamburg, an Pauls guten Freund. Öfter versuchte ich ihn zu einem Gespräch zu bewegen, ich wäre extra nach Hamburg gereist, weil es mir wichtig war.

Nach einer gemeinsamen Sitzung in Berlin sprach ich Hamburg persönlich an, er sah keinen Bedarf und verabschiedete sich eilig. Mein Fall störte nur, man wollte sich im Vorstand nicht näher damit befassen.

Für den Drehbuch Verband ist es nicht einfach zu navigieren. Er wird seit Jahren geschwächt, viele Drehbuchautoren, sind nur noch Handlanger der Sender. Das kreative Potential ist begrenzt.

Seit einigen Jahren erlebe ich im Vergleich den Berufsverband der Dokumentarfilmer. Der *Arbeitsgemeinschaft Dokumentarfilm, AG DOK*, bin ich als Produzentin von Dokumentarfilmen beigetreten, nachdem ich als Autorin auf der *Schwarzen Liste* war.

Auch Dokumentarfilmer haben es schwer. Sendeplätze verschwinden, Budgets werden gekürzt, kreative und auch journalistische Freiheiten sind beschnitten. Dennoch sind die Dokumentarfilmer ein stärkerer und vor allem im Innen-Verhältnis meist solidarischer Berufsverband.

Nichtssagendes Programm wird von der *AG DOK* offen in Frage gestellt. Müssen zu den vielen Kochshows jetzt auch noch Dokumentarfilme übers Kochen sein? In der *AG DOK* habe ich gelernt, was Vielfalt mit gleichzeitiger Solidarität bewirken kann, wenn es nicht immer nur um Geld, sondern eben auch um Inhalte geht. Man sucht nach Kompromissen mit den Sendern, jedoch besteht ein starkes freiheitliches Anliegen, das Sendermacht auch inhaltlich offen in Frage stellt.

Das ist bei den Drehbuchautoren anders. Die meisten Männer schreiben TV-Krimi-Standardformate wie den *Tatort* oder andere Krimireihen. Die Frauen schreiben Serien wie *Rote Rosen*, oder andere seichte Frauenfilme.

Die meisten Drehbuchautoren sind abhängig vom Wohlwollen der Sender. Sie können den Unmut von ARD und ZDF nicht riskieren.

Es blieben von den Möglichkeiten für neue Aufträge nur noch die Privaten, die finanziell auf weniger stabilen Füßen stehen als unsere öffentlich-rechtlichen Sender.

Wunderbarer Weise wurde mir vom Drehbuch Verband im Herbst 2012, für die nächsten Gerichtsverhandlungen, sollte der Bundesgerichtshofes in Karlsruhe sich für eine Wiedereröffnung meines Verfahrens aussprechen, eventuell ein finanzieller Zuschuß für weitere Anwaltskosten in Aussicht gestellt.

Noch ein Wort zu meiner persönlichen Erfahrung mit dem *Geier*, der meinen Vierteiler übernehmen sollte:

Dieser Autor hatte keine Ahnung, dass seine Übernahme gegen meinen Willen geschah. Er wusste auch nicht, dass Berlin mich nicht bezahlen wollte. Von anhängigen Romanrechten war ihm ebenfalls nichts mitgeteilt worden. Dieser *Geier* war nicht in meinem Drehbuch Verband, sondern hatte seinem Agenten vertraut.

Nachdem ich beiden Herren, dem *Geier* und dem Agent, den Sachverhalt geschrieben hatte, reagierte der *Geier* entsprechend sauer. Er fühlte sich in seiner Arbeit behindert, wohl gemerkt arbeitete er aber an meiner Geschichte. Kurz danach flatterte die Klage bei mir ins Haus.

Nie werde ich verstehen, was diese beiden Herren, auch den Agenten des *Geiers*, geritten hat, außer vielleicht die Gier? Warum sonst würde man an einem Vierteiler, mit ungeklärten Rechten, und anhängigem Roman, überhaupt schreiben wollen? Oder aber als Agent ein solches Wagnis einem Autor empfehlen? Im Nachhinein verstehe ich, dass alle wütend auf mich waren, denn natürlich wäre es für den Geier, aber auch für den Agenten leicht verdientes Geld gewesen, da ich bereits über vierhundert Seiten geschrieben hatte. Meine Geschichte war fertig.

In dem Zirkuszelt meines *Geiers* leben bestimmt auch wunderbare Kreaturen und *Dialoge*. Ich konnte seine Arbeit im Internet recherchieren.

Jedoch würde ich ihm, bei seiner beruflichen Vita, nicht unbedingt die Geschichte eines jungen Liebespaares anvertrauen, das entgegen aller Ratio die gefährlichen Geheimnisse eine alte Dorflinde lüften will.

Meine Geschichte wird in meinem eigenen Zirkuszelt fertig werden, das spüre ich mit jedem Tag des Schreibens an diesem Buch ein wenig mehr. Ich rieche schon die ersten Lindenblüten...

«Warum sind nicht mehr Leute aus Trotz gut?»

Elias Canetti

Bizarres am Bodensee

Meine achttägige Mini-Kur am Bodensee im Herbst 2009 war als körperliche Kurzerholung vor einer besonders intensiven Arbeitsphase geplant. Schweren Herzens ließ ich Mann und Söhne ohne mich auf die lang geplante Familienreise nach London, doch es musste sein. Der Vertrag war unterschrieben, ich hatte sehr ehrgeizige Abgabetermine und stand in der Pflicht. Würde ich nicht zeitgerecht liefern, konnte Paul allein daraus in kurzer Zeit einen Kündigungsgrund konstruieren.

Inhaltlich war es zu der Zeit bereits äußerst zäh. Amrei wurde immer vermögender, ihr Baby durfte so gut wie nicht mehr vorkommen, der Rabbiner, Amreis amüsanter Halbbruder, war dabei ganz aus der Geschichte zufliegen. Die jüdische Thematik stand im Kreuzfeuer. Lieber wollte man einen italienischen Ermittler außer Dienst.

In meiner Kurz-Kur am Bodensee würde ich schreiben müssen. Das erste von vier Drehbüchern war harsch kritisiert worden, nicht nur der jüdische Strang, der fast ganz verschwinden sollte, sondern vor allem auch mein Frauenbild.

Die junge alleinerziehende Mutter aus Hamburg musste jetzt Aussicht auf einen Super-Job in der Pharmaindustrie im Ausland haben, sie musste ein teures Auto fahren, sie musste auch rundherum zuversichtlich und patent sein. Das schlimmste war eine mögliche Blutsverwandtschaft, über drei Ecken, zwischen Amrei und Jonas, dem Vater ihres Kindes. Das wollte ich auf keinen Fall.

Es wurde immer flacher. Im Geist sah ich bereits *Veronika Ferres* in der Hauptrolle. Der von ihr verkörperte immer gleiche deutsche Frauen-Typus im ZDF lag mir nicht. Alle dramaturgischen Gespräche über eine „gute Mutter", mit drei Frauen aus Redaktion und Produktion, die alle kinderlos waren, grenzten an Absurdität.

Die deutsche ZDF-Wunsch-Frau, hätte ich sie für meine ehemalige Film-Theorie-Professorin definieren müssen, glänzte durch praktisches Geschick, Bodenständigkeit, hatte stets genug Geld und war selten zweideutig, weder in ihrer Sexualität noch in ihren Gedanken.

Immer brauchte die ZDF-Frau dringend den richtigen Mann, um auf die richtige Spur zu finden. Meistens bedeutete diese Spur mehr Geld, oder aber eine moralisch erhabenere Ausrichtung in ihrem Leben. Immer wurde die Frau emporgehoben, dabei gerne von einem Hauch Tragik veredelt.

Mit Amrei wollte ich eine Frau erzählen, die etwas getan hat, was auch in ihren Augen nicht ganz in Ordnung war. Ein Kind von einem Mann bekommen, der mit ihr Schluß gemacht hatte, und ihm nichts davon zu sagen, konnten Zuschauer zumindest als bedenklich einstufen. Dafür wird sie angegriffen, aber auch bewundert.

Im Laufe der Geschichte findet sie ihren Weg zurück zu dem Vater ihres Kindes, wegen des gebrochenen Vertrauens wird es erst in Teil Vier eine runde Liebesgeschichte.

Jonas und Amrei sind beide feige und gleichzeitig mutig. Sie müssen sich aus einem Geflecht von Macht, Lüge und Intrigen befreien, das über drei Generationen Opfer gefordert hat. In der *Herzblutlinde* standen Aufgaben der heutigen, jungen Generation im Vordergrund.

Um eine zweite dramaturgische Meinung zu bekommen, bat ich Ben um Hilfe. Konnte er nicht ebenfalls ein paar Tage Urlaub am Bodensee machen. Mein ZDF-Maulwurf, wie ich in scherzhaft nannte, war ein einfühlsamer Übersetzer für ZDF-Werte. Wir waren kurzzeitig ein gutes Team in einer gemeinsamen Serien-Arbeit gewesen, außerdem hatte er von Anfang an mit gelesen. Er liebte diesen Vierteiler und beglückwünschte mich zu meiner mutigen weibliche Hauptfigur.

Ben mietete sich am Bodensee, nur ein Dorf weiter, zu einer Mountain-Bike-Herbsttour ein. Es würde leicht sein, sich in meiner Kur-Woche gelegentlich zu treffen.

Als ich ihm die seitenlangen Anmerkungen von Produktion und Redaktion zeigte, die sich auf das erste Drehbuch und auch auf das Gesamtkonzept bezogen, war er zunächst sprachlos.

«Da stimmt etwas nicht...»

«Was meinst du?»

«Die wollen eine ganz andere Geschichte, oder aber Annika verfolgt andere Ziele.»

Ben hatte, auf meine Bitte hin, von Anbeginn diese Projektentwicklung mit verfolgt. Es gab eine Sechs-Augen-Sitzung, in der unter anderem auch über meinen Vierteiler abgestimmt wurde. Er kannte zwei der Abstimmenden. Damals gab es noch keine Produktionsfirma.

Was die *Amigo*-Seilschaften betraf, war Ben pragmatisch. Bei manchen Projekten hatte er keine Wahl. Weisung von oben bedeutete, die Millionen waren verplant, der „Proporz" eingetütet.

Hatte Ben die Wahl, und befand etwas für entwicklungsfähig, so konnte er es immer gut begründen. Die *Herzblutlinde* fand er großartig, da die Geschichte drei Generationen umspannte und meine Figuren gut entwickelt waren. Was den Proporz betraf, eine eventuelle Bestechung im Hintergrund, war er nicht weiter beunruhigt.

«Es geht dich nichts an! Basta!»

Natürlich hatte ich Ben erzählt, was Karl mir über einen seiner Kollegen anvertraut hatte, und wie dieses Wissen in Folge meine Freundschaft mit Karl beschädigt hatte. Ich fand es danach sogar schwierig, den Namen dieses ZDF-Redakteurs, den ich nie kennengelernt hatte, obwohl er einige Serien- Folgen von mir betreut hatte, noch auszusprechen. Mich ekelte der Gedanke seiner Käuflichkeit, obwohl er doch ein Gehalt als festangestellter Redakteur bezog. Ben fand mich albern.

«Das kommt öfter vor... Was regst du dich darüber auf?»

Mir zuliebe hatten wir Bens Kollegen gemeinsam per Internet recherchiert und sogar ein Foto von ihm entdeckt. Ben kannte den Kollegen höchstens vom Sehen. Er wunderte sich nicht über die Geschichte mit dem Umschlag, doch ärgerte er sich über Karl.

«Solche Produzenten zerstören Qualität!»

Einige Jahre zuvor saßen Karl, Ben und ich bei einem teuren Abendessen. Ben hatte sich unwohl gefühlt, als Karl uns einladen wollte. Von einem Produzenten, der nach neuen Aufträgen fischte, zu einem teuren Essen eingeladen zu werden, konnte gegen ihn verwendet werden. Trotzdem war ich erstaunt, als Ben es lässig nahm.

«Musst du so etwas nicht melden?»

«Bei mir im ZDF? Am Ende noch bei unserem Intendanten? Nein, das würde man mir nicht verzeihen. Keine gute Idee.»

«Und die anderen Kollegen, die mit ihrem Gehalt auskommen und sich kein Ferienhaus nebenbei finanzieren können? Was ist mit denen?»

«Vielleicht ärgern sie sich insgeheim, doch sie würden sich nie einmischen.»

«Aber Ben, du hasst Korruption!»

«Mich ärgern Produzenten wie Karl, die sich mit mittelmäßigen Stoffen, und nur durch Bestechung, auf Dauer Sendeplätze sichern.»

«Und was ist mit den ZDF-Töchtern? Du arbeitest gerne mit ihnen. Da fließt das ZDF-Geld von alleine hin.»

«Aber es ist eine ZDF-Firma! Das sind wir.»

«Was du nicht sagst!»

Er sah mich grinsen, wie ich immer grinste, wenn ich ihn übertölpelt hatte. Ben war ein Teil des ZDF geworden, doch glänzte immer noch sein früheren Künstler-Feigenblatt-Charme. Im Jahr 2009 erzeugte sein Erfolg bereits Neid. Man hatte einen Kollegen an ihm vorbei befördert, der ihm von den Fähigkeiten her unterlegen war, aber politisch die richtige Einstellung hatte.

All das war vor unserem Treffen am Bodensee geschehen.

In dieser Herbstwoche, als ich von einem trockenen Brötchen am Tag, und dem schönen Blick auf dem See zehren sollte, war ich froh, Ben treffen zu können. Er hatte alles gelesen und runzelte die Stirn.

«Annika will dich nicht mehr als Haupt-Autorin, nur deshalb schicken sie dir einen derartigen Mist. Okay, das waren die generellen Anmerkungen zur Geschichte. Wo sind die Korrekturen zur ersten Drehbuch-Fassung?»

«Es gibt keine.»

«Gar keine? Aber warum nicht?»

«Keine Ahnung.»

Ben sah mich entsetzt an. Danach schwieg er einen Moment. Ich wusste, was Ben in diesem Moment dachte, denn ich hatte schon seit Tagen ähnliche Gedanken. Ich sprach sie als Erste aus, weil ich mir nicht sicher war, ob Ben es wagen würde.

«Tanja will mich raus haben, damit sie einen *Geier* dransetzen können, vielleicht sogar die Frau des Produzenten. Sie wollen meine Geschichte, aber bezahlen wollen sie nicht dafür. Deshalb soll ich jetzt mit blödsinnigen Anmerkungen fertig gemacht werden, bis ich meine Abgabetermine nicht mehr einhalten kann. Dann bin ich vertragsbrüchig.»

«Also stimmte dein Bauchgefühl doch!»

«Nein, es stimmte nicht! Tanja hatte ich vertraut.»

«Mist!»

Ben und ich hatten vor Vertragsabschluß ausgiebig darüber gesprochen, ob ich es wagen sollte, mit einem Proporz-Produzenten zu unterzeichnen, denn eine vertragliche Sicherheit für Drehbuchautoren gibt es nicht. Einige Autoren unterschreiben daher erst den Vertrag mit einem Sender, wenn ein Drehbuch *kurbelfertig* ist, also gedreht werden kann. So kann man nicht durch *Geier* ersetzt, und um sein Geld gebracht werden.

So lange mit einem Vertrag zu warten, muss man aber sich leisten können. Einem Vierteiler mit einem Entwicklungszeitraum von zwei Jahren konnte ich nicht vorfinanzieren. Ich hatte unterschrieben.

»Du steckst mitten im Schlamassel!»

Ben und ich berieten an diesem Nachmittag über Stunden, während ich versuchte, meinen knurrenden Magen zu ignorieren. Ben war wütend auf Annika.

«Du musst klagen!»

«Ich kann das ZDF nicht verklagen, das weißt du. Dann komme ich auf die *Schwarze Liste* und arbeite nie wieder für euch.»

«Was dann …?»

Den Rest der Woche, immer wenn Ben auf seinem Fahrrad vorbeikam, verbrachten wir mit einer unserer Lieblingsbeschäftigungen: *Dramaturgie.*

In langen Spaziergängen im goldenen Herbstlich wurde meine Geschichte immer runder. Das zweite Drehbuch begann in meinem Kopf Form anzunehmen.

Gleichzeitig las Ben meine fast tägliche Korrespondenz mit der Produktion und dem ZDF. Er gab mir kluge Ratschläge für bittende Briefe, die das Schlimmste verhindern sollten. Doch es nützte nichts. Man antwortete mir kaum, ich wurde immer deprimierter.

«Vielleicht sitzt ein *Geier* an meiner Geschichte?»

«Das dürfen sie nicht. Es ist deine Geschichte. So etwas würde Annika nicht tun…»

»Warum rufst du Annika nicht an?»

Ben sah mir nicht in die Augen. Er wusste, dass ich ihn in diesem Moment für seine Feigheit verachtete.

Enttäuschung, auch Zorn über das Verhalten von Redaktion und Produktion nahmen zu, trotzdem arbeitete ich hart.

Dann sprach ich eines Tages mit einem Regisseur, der kürzlich bei einem schlechten ZDF-Sonntags-Film von Annika Regie geführt hatte. In München witzelte man, sein Film bekäme den ersten Platz im ZDF-*Giftschrank*. Bei Produktionskosten von über einer Million Euro war das Drehbuch unterirdisch schlecht. Er war verzweifelt.

«Ich mache mir meinen Namen kaputt!»

«Wie ist das Malheur passiert?»

«Das übliche. Ein ziemlich mieses Buch, dazu die unfähigen Dramaturgen der Redaktion.»

«Annika?»

«Annika? Sabine? Völlig egal… Hauptsache, das Geld fließt. Ich glaube, die Autorin ist mit Annika befreundet.»

Sicher war er sich allerdings nicht, sonst hätte ich Ben sofort angerufen. Damals stritten Ben und ich viel über Machenschaften beim ZDF. Das einstige Stahlseil unserer langjährigen Freundschaft war brüchig geworden.

«Wenn Freiheit überhaupt etwas bedeutet, dann das Recht anderen Leuten das zu sagen, was sie nicht hören wollen.»

George Orwell

ARD & ZDF bei der Tanztherapie / Exodus

Eintrag des Therapeuten über die dritte gemeinsame Therapiestunde von ARD & ZDF:

Sechs turbulente Wochen waren seit der zweiten Stunde vergangen. Das Ministerium hatte zusätzlich sechs Einzelstunden gebucht, je drei pro Patient. Beide Sender sollten sich mit dem Begriff des Sendens an und für sich auseinandersetzen, unabhängig von Quote und Wettbewerb: Was wollten ARD und ZDF senden? Um ein rudimentäres Bild der Sendeziele zu vermitteln, gebe ich die jeweiligen Aussagen wieder. Bei beiden Patienten hatte sich der Wunsch des Sendens über die Sitzungen weiterentwickelt.

Aufnahmegerät: Erste ARD-Einzel-Stunde
ARD: «Gerne hätte ich persönlich wieder eine Serie, die reflektiert, was in unserem Land so lebt, auch und vor allem auf politischer Ebene. Eher die dänische Serie Borgen als das US-Original Westwing...»

Aufnahmegerät: Erste ZDF-Einzel-Stunde
ZDF: «Krieg, Krieg und noch mal Krieg. Der zweite Weltkrieg, und zwar in fast jeder erzählerischen Facette, ist international sehr gut verkäuflich. Dabei sieht man weltweit deutsche Waffen im Bild. Das erinnert andere Länder daran, dass man bei uns hervorragende Waffen kaufen kann. Adolf hat das weltweite Alleinstellungs-Merkmal, er ist ein deutsches Markenzeichen, das sollten wir nicht kampflos den Amerikanern überlassen. Das ist unsere Geschichte! Besonders gut versteht *Teamworx* das

Erzählen von spannenden Kriegsgeschichten. Bei *Bertelsmann* reicht die Tradition zurück zum Zweiten Weltkrieg. Die *Bertelsmann*-Tochter *Teamworx* liefert hervorragende Qualität, damit kommen wir weltweit groß raus...»

Aufnahmegerät: Zweite ARD-Einzel-Stunde
ARD: «Was WIR senden würden, wenn wir könnten, wie wir wollten... Nun ja, in der letzten Stunde habe ich über persönliche Präferenzen gesprochen, das ist nicht politisch korrekt. Man hat mich drauf aufmerksam gemacht. Die Intendanten, Sie wissen schon... Es ist so, dass unsere Intendanten oft über eine Viertelmillion Euro im Jahr verdienen, daher gibt es eine gewisse Hackordnung. Jetzt sitzt auch DEGETO wieder am Tisch und zwar mit neuem Sende-Gesicht! Ein ehemaliger *Teamworx* Mann! Kantiges *Bertelsmann*-Gesicht, spannende neue Ideen, für die er viele, viele Millionen verlangt: Kriegsfilme seien international sehr gut verkäuflich, findet er!
Jeder von der ARD bekam als Antrittsgeschenk eine WWII-Film-Bibel. Sie beinhaltet die wichtigsten Waffen, Uniformen und die meist verliehenen Orden und Tapferkeitsmedaillen. Sie sehen, es geht nicht darum, was ich senden möchte...»

Aufnahmegerät: Zweite ZDF-Einzel-Stunde
ZDF: «Ich möchte berichtigen. Nicht ich persönlich, sondern unsere ZDF-Zuschauer belohnen Kriegsthemen mit guten Einschaltquoten. Natürlich werden wir auch die üblichen Sendeminuten für Frauenprogramme finanzieren. Das kostet die

Hälfte, die Themen sind bekannt: Liebe, Kochen, Kinder und natürlich der Glaube, sonst wären wir nicht das ZDF...»

Anmerkung (Verschlusssache):
Während ZDF spricht, sehe ich, wie er geschickt eine Tageszeitung unter das Kissen auf der Couch schiebt. Ich lasse mir nichts anmerken. Seine Augen flackern unruhig, auf seiner Stirn sammeln sich Schweißperlen, doch ZDF lächelt ununterbrochen, auch bei unserem Abschied. In der versteckten Tageszeitung ist ein großer Manila-Umschlag verborgen. Darin sind Fotos mit verschiedenen Blickwinkel meiner Toilette. ZDF ist mit sich selber beschäftigt. Der Mann ist erstaunlich gut bestückt. Die Kamera liefert Qualität! Wird ZDF erpresst?

Aufnahmegerät: Dritte ARD-Einzel-Stunde
ARD: «Was das Senden betrifft, vergaß ich die letzten beiden Male das Boxen. Dafür wurden wir massiv angegriffen, da die Presse meinte, achtzig Millionen für Boxrechte seinen grundsätzlich zu viel für die Gebührenzahler.
Bedenkt man, dass der ÖRF im Nachbarland mindestens so viel an Putin bezahlen soll, für Wintersport... ? Steht Boxen dann wieder im Verhältnis?»

Ein SMS kommt bei ARD an. Sie sieht drauf, zuckt zusammen, als hätte sie einen Schlag erhalten.

ARD: «Über meine Verletzungen im Gesicht muss ich noch kurz sprechen. Nein, ich wurde nicht geschlagen, sondern bin zuhause die Treppe herunter gefallen... Irgendwelche Fragen?»

Anmerkung (Verschlusssache):
Ehrlicher Weise muss ich gestehen, dass ich nicht nach-
gefragt hatte, da ich von einer leicht mißglückten Schön-
heitsoperation im Gesicht von ARD ausgegangen war.
Jetzt, da sie so dicke mit Bertelsmann ist, hatte ARD viel-
leicht günstige Kontakte zu der RTL II-Sendung: Extrem
schön!-endlich ein neues Leben!
Allerdings bemerkte ich, als ich ihr in den Mantel half,
dass sie zitterte. Sie trug keine Regebogen-Ringelsöck-
chen mehr, ihr Lächeln hatte etwas Verzweifeltes.

Aufnahmegerät: Dritte ZDF-Einzel-Stunde
ZDF: «Das Senden sollten auch die TV-Intendanten
denjenigen überlassen, die mehr davon verstehen. Auf die richtige Schulung kommt es an! Bei
Bertelsmann ist alles aus einer Hand: Studien und
Analysen, Erfolgs-Berechnungen und demogra-
fische Entwicklungen. Der Quotensektor ist fest
eingeplant. Man legte mir ein wundervolles Sende-
Konzeptpapier hin. Hier, sehen Sie mal!»

Anmerkung (Verschlusssache):
Es waren die bekannten Fotos aus meiner Toilette, dar-
unter standen zwei Sätze: Helfen Sie mir, bitte! Wenn ich
nicht tue, was die sagen, steht ein Video aus Ihrer Toilette
morgen im Internet!
Natürlich wusste ich, wovor ZDF Angst hatte. Ähnlich
hatte man einen der letzten DEGETO-Chefs ins Aus ka-
tapuliert. Ein kleines schlüpfriges Filmchen im Internet.

Es kam nie zu der letzten gemeinsamen Tanzstunde.
Beide hatten sie mir auf getrennten Wegen geheime Bot-
schaften zukommen lassen. Sie baten um Fluchthilfe.

ZDF war etwas großzügiger. In einem Umschlag für mich waren fünfzigtausend Euro. Von ARD kamen nur dreißigtausend, dafür noch eine entzückende Postkarte, die nach italienischen Rosen roch.

Der Fluchtplan stand fest: Meine Wohnung sollte das Sprungbrett in ein neues Sender-Leben sein, jenseits des mächtigen Medienkonzerns mit einer erstaunlich langlebigen Vorliebe für Kriegsfilme.

Natürlich war die Flucht dramatisch. Bei ZDF war etwas durchgesickert. Das Video stand auf youtube und binnen weniger Stunden war ein shitstorm entfacht, der mehr als zwanzig Millionen Klicks im Internet brachte. ZDF war sehr populär.

Die Presse belagerte bereits mein Wohnhaus und meine Straße. Dennoch gelang die Flucht. Wie verrate ich hier nicht, denn obwohl ich diese Zeilen im Halbdunkel schreibe weiß ich nicht, wie gut die Objektive in den versteckten Kameras sind. Abgeholt hat sie bisher niemand, doch wurde mir meine Lizenz als Therapeut entzogen, und mir anschließend eine Steuerprüfung über die letzten zehn Jahre angekündigt.

Ansonsten haben sie mich in Ruhe gelassen, auch sieben Tage später sucht ganz Deutschland nach ARD und ZDF. Ich denke über einen neuen Geschäftszweig in diesem Bereich nach.

Die Medien-Maschinerie läuft auf Hochtouren: Gerüchte von geheimen Sekten, Veruntreuungen in Milliardenhöhe, und eine leidenschaftliche Liebesaffäre zwischen ARD und ZDF, laufen auf beiden Sendern. *Teamworx* will es verfilmen. Irgendwie ist es ja auch eine romantische Geschichte...

«Schweigen kann die grausamste Lüge sein.»

Robert Louis Balfour Stevenson,
schottischer Schriftsteller (1850 – 1894)

Frösche im Sumpf

Über viele Jahre versuchte ich Missstände zumindest anzusprechen, vor allem bei den Sendern selber.

Den Sachverhalt der Korruption besprach ich ausführlich mit Ben, aber auch mit einer befreundeten *Redakteurin* beim Bayerischen Rundfunk, mit der ich nie gearbeitet hatte.

Von meinem Drehbuch Verband gab es eine anonymisierte Umfrage zum Thema Bestechung von Redakteuren. Mein Wissen durch Karl meldete ich, mit dem entsprechenden Namen des Redakteurs, bei einem damaligen Vorstandsmitglied. Nichts passierte.

Jahre später fragte ich nach. Anscheinend war ich die einzige, die einen Fall gemeldet hatte.

Ben und auch die *Redakteurin* aus dem Bayerischen Rundfunk, kannten die Problematik aus ihren jeweiligen Sendern. Sie sahen es nur beide nicht als ihre Pflicht, etwas dagegen zu tun, auch fürchteten sie den möglichen Verlust ihres Arbeitsplatzes.

Bezüglich meiner Schwierigkeiten mit dem ZDF-Vierteiler gab es einen *Ombudsmann* beim ZDF. Meine Erfahrung mit ihm war kurz, aber bizarr. Zunächst wollte er nicht mit mir sprechen, sondern mit meinem Anwalt per Email korrespondieren, was mir erneute Kosten verursachte.

Dann erkundigte er sich in der entsprechenden Redaktion, wahrscheinlich bei Annika persönlich, wie ich im Nachhinein vermute. Abschließend wurde mir mitgeteilt, es würde sich leider um eine zivilrechtliche Angelegenheit handeln, was ich ihm ohnehin geschrieben hatte.

Als ich erklärte, mich in der Angelegenheit an die Presse wenden zu wollen, bekam ich ein letztes Email von dem Rechtsanwalt *Thomas Knierim.* Es kam am 20. Mai 2010. Darin stand: «…mit Publicity erreichen wir bis dahin keinen Fortschritt, deshalb sollte auch das Zeit haben.»

Natürlich gab es keinen Fortschritt. Natürlich weiß ich nicht, was im ZDF geschah. Man schwieg mir gegenüber. Von Herrn *Knierim* hörten weder mein damaliger Anwalt, noch ich je wieder ein Wort. Ich fand ihn auch nicht mehr als *Ombudsmann* des ZDF.

Korruption ist ein heikles Thema, die Medien geraten immer mehr in Verruf. Doch ich weiß nicht, ob ich Annika allein durch meine Nachfrage beim ZDF nicht persönlichen Schaden durch zusätzlichen Stress zugefügt habe. Ich hoffe nicht, denn ich wusste einfach nicht, an wen sonst ich mich hätte wenden können.

Auch Paul antwortete nicht auf meine Anfragen nach meinem Roman. Er arbeitete längst an einem anderen Auftrag vom ZDF, genau wie Tanja und Sabine. Die Millionen mussten zumindest zu einem Teil fließen.

Einer meiner Anläufe galt einem der damaligen Zuständigen für das Feuilleton der SZ, *Tobias Kniebe.* Ich hatte ihn durch gute, alte Freunde in Berlin kennengelernt. Er veröffentlichte ebenfalls Bücher, vielleicht konnte er meinen Kampf um meine Romanrechte verstehen.

Leider arbeitete *Tobias Kniebe* damals ebenfalls für den BR, was es für ihn schwierig machte, über die mögliche Korruption, und auch inhaltliche Zensur bei öffentlich-rechtlichen Rundfunkanstalten zu berichten.

Netterweise empfahl er mir einen SZ-Kollegen. Mit *Christopher Keil* korrespondierte ich eine ganze Weile, bis ich begriff, dass dieser Journalist noch nicht einmal wusste, dass wir als Autoren auch beim Fernsehen laut Vertrag nicht weisungsgebunden sind. Er hätte sich einarbeiten müssen, vielleicht auch ein wenig über die Geschichte der öffentlich-rechtlichen lesen müssen, hatte aber damals zu viele andere Themen auf dem Tisch.

Die Frage nach den Gründen, für die schlechte Qualität der Drehbücher bei den öffentlich-rechtlichen Sendern, sahen einige Journalisten der Einfachheit halber bei den Autoren selber, und nicht in den Arbeitsbedingungen, die sich auf Grund des politischen Einflusses massiv verschlechtert hatten.

Redakteure machten Änderungsvorschläge, die wir befolgten, so weit wir sie vertreten konnten, doch behielten wir die inhaltliche Verantwortung. In der Theorie ist es immer noch so, doch die Praxis sieht anders aus.

Heute ist der Name des Autors oft nur ein Feigenblatt, hinter dem sich die politische Einstellung eines Senders versteckt. Man behauptet, dass viele öde, oder auch auffallend politikkonforme Inhalte in den Köpfen der Kreativen wachsen, doch stimmt das so nicht. Der kleinste gemeinsame Nenner schlechter Drehbücher definiert sich durch wenig talentierte, dafür politikkonforme *Redakteure*, die notfalls mit *Geiern* den immer gleichen Gedankenmist schreiben.

In bestimmten Redaktionen geht das über Jahre. Immer öfter arbeitet man mit sendereigenen Firmen, oder aber den *Bertelsmann*-Töchtern. Politische Kooperation ist garantiert. Der Sender bezahlt, der Sender kontrolliert den Inhalt. Das müssten sich Kritiker, und auch Medienjournalisten merken, wenn sie glaubwürdig bleiben wollen. Und dann bitte eine kluge inhaltliche Analyse des Inhalts, wenn möglich mir dem Namen des verantwortlichen Redakteurs.

Wer kontrolliert unsere Sender? In einem Artikel von *René Martens*, erschienen im Juni 2013 im *Journalist*, beschreibt der Autor einige der Probleme mit unserer derzeitigen Senderaufsicht.

Aufgepasst! (Auszüge)

In die Debatte um die Aufsicht der öffentlich-rechtlichen Sender ist Schwung gekommen. Doch die fehlende Transparenz ist nicht das einzige Problem, das die Medienaufsicht hierzulande hat. Es mangelt an Bürgernähe und Politikferne. Manch ein Kritiker sagt, die öffentlich-rechtliche Aufgabe als solche habe sich erledigt. Es gibt wohl kaum Akteure des öffentlich-rechtlichen Rundfunks, die ein schlechteres Image haben als die Mitglieder der Aufsichtsgremien. Die „Gremlins" wie Moderator Günther Jauch sie einmal genannt hat, geraten in der Regel zu unerfreulichen Anlässen in den Blickpunkt – etwa, wenn Rundfunkräte sich nicht besonders geschickt dabei anstellen, einen neuen Intendanten zu finden. Oder wenn Skandale hochkochen und dabei auffällt, dass die Gremlins diese weder verhindert noch dazu beigetragen haben, sie aufzudecken. 633 Menschen sitzen derzeit in den Rundfunkräten und den erheblich kleineren Verwaltungsräten…

Dass die Politik die Räte dominiert, sei nicht allein die Schuld der Parteien, meint Norbert Schneider, langjähriger Direktor der Medienanstalten für Medien in Nordrheinwestfalen (LfM), die dort für Aufsicht und Lizensierung der privaten Rundfunksender zuständig ist. Verantwortlich für die Politikdominanz seien auch die anderen Mitglieder, die die Politiker „gewähren lassen – meistens, indem sie sich vorauseilend unterwerfen".

Schneider ist derzeit der radikalste Kritiker des Kontrollsystems. „Die öffentlich-rechtliche Aufsicht hat sich politisch und historisch erledigt", sagt er. „Die Ursprungsideen, die die Aufsichtsstruktur über den Rundfunk prägen sollten und lange auch geprägt haben, sind partiell obsolet, partiell überholt, partiell dysfunktional geworden." …

Wie lässt es sich besser machen?

Norbert Schneider konstatiert, dass Rundfunkräte nicht viel dafür getan hätten, den Bürgern, die sie vertreten, auch zu vermitteln, dass der Rundfunk ihnen gehöre.

Für die Sender gilt Ähnliches. Das teilweise schlechte Image der öffentlich-rechtlichen Programme ist somit auch Folge eines langen Entfremdungsprozesses: Vielleicht hätten vor allem auch junge Menschen eine andere Einstellung zum öffentlich-rechtlichen Rundfunk, wenn sie wüssten, dass er auf dem Papier ihnen gehört...

Eine Art Superbehörde, die alles regiert

Schneiders Vorschlag zielt zuerst einmal darauf ab, dass die Aufsicht „nicht mehr ein Organ der Medien sein sollte, die sie regulieren soll, sondern ein Gegenüber". Als Ausgangspunkt für eine Radikalreform schlägt Schneider vor, dass die Bundesländer, „vielleicht sogar der Bundespräsident", einen „Gründungsrat" für eine Medienanstalt der Sender einsetzen. In diesem Gründungsrat säßen Medienfachleute, aber auch Vertreter der Kirchen und *Protagonisten* des Universitäts- und Kulturbetriebs.

Letztlich geht es ihm um eine Reform der öffentlich-rechtlichen Aufsicht, die einzubetten wäre, in einen grundlegenden Umbau der gesamten Medienkontrolle. Das Ergebnis wäre eine Art Superbehörde, die fast alles reguliert, was bisher auf regionaler Ebene Sendergremien und Medienanstalten regulierten...

Die Frösche aus dem Sumpf

Realistisch seien seine Vorschläge nicht, gibt Schneider zu. Das liege auch daran, „dass für die Umsetzung auch diejenigen zuständig wären, die jetzt die Macht haben". Man müsste Politiker zumindest davon überzeugen, Strukturen abzuschaffen, mit denen zumindest sie bis heute prima leben können. Schneiders Fazit: „Mit den Fröschen den Sumpf trockenlegen ist schwierig."

Autor: René Martens

Die Frosch-Beobachtungen von *René Martens* treffen meines Erachtens auch auf die zunehmend schwieriger werdenden Aufsichtsfunktionen unserer Kirchen zu. Sich für Familienprogramm, vor allem aber friedfertigere Inhalte in den öffentlich-rechtlichen Programmen einzusetzen war nicht einfach. Das durfte ich hautnah miterleben.

Über Jahre versuchte die evangelische Kirche, allen voran auch Oberkirchenrat *Markus Bräuer*, inhaltlich etwas am Programm von ZDF und ARD zu verbessern. Weg von der monothematischen Krimi-Gewalt mit der immer gleichen Erzähl-Struktur, hin zu einem Familienprogramm, das man sich als Familie gerne ansehen würde. Man machte sich Gedanken über christliches Wirken, am Beispiel der christlichen Seelsorge.

Eine solche Figur wollte man gerne beim ZDF etablieren. Auch ich war Teil einer dieser Veranstaltungen, glaubte aber nicht so recht daran. *Markus Bräuer* und ich tauschten uns nach meinem inhaltlichen und auch rechtlichen Alptraum mit dem ZDF in einigen Emails aus. Ich hatte ihm zuerst geschrieben.

Er reagierte mitfühlend, doch absolut machtlos. Korruptionsverdacht, Zensur, politische inhaltliche Kontrolle, das waren Themen, die zu schwer waren, aber vielleicht auch aus anderen Gründen nicht angegangen werden sollten. Das ZDF wollte endlich die lange herbeigesehnte evangelische Seelsorgerin erzählen!

Das inhaltliche Anliegen von *Markus Bräuer* wurde von einem mir persönlich gut bekannten Drehbuchautor, geschrieben, und immer wieder im Feuer einer ZDF-Redaktion geschmiedet, die inhaltlich sehr ambitioniert ist, allerdings eher für die brutaleren ZDF-Krimis steht.

Meiner Meinung nach war das Ergebnis eher kontraproduktiv. Die ZDF-Antwort auf christliche Seelsorge war *Lena Fauch*, ein weiteres gewalttätiges ZDF-Format, mit der Schauspielerin *Veronika Ferres* als evangelische Polizeiseelsorgerin. Die neue TV-Reihe begann mit einem Amoklauf.

Wie reagiert die evangelische Kirche? Das bleibt abzuwarten. Es bleibt zu befürchten, dass auch in diesem Fall das Frosch-im-Sumpf-Prinzip greift.

«Weiß man, was einen gesund gemacht hat? Die Heilkunst, das Schicksal, der Zufall oder Omas Gebet?»

Michel der Montaigne (1533-92)

Das Milliardengrab

Wie verschwenden unsere öffentlich-rechtlichen Sender in einem Jahr über acht Milliarden Euro und sind gleichzeitig oft pleite? Warum haben sie weder ausreichend gutes heimisches Programm, noch viele vorzeigbare Export-Produktionen vorzuweisen?

Im europäischen, und auch im internationalen Vergleich, schneiden ARD und ZDF erstaunlich schlecht ab, trotzdem schaffen sie es seit Jahren, so weiter zu machen wie bisher.

Gegenwind kommt von kritischeren Feuilletons und Gruppen unzufriedener Zwangszahler. Auch die Kreativ-Branche beschwert sich seit Jahren, und stellt viele kluge Fragen. Engagierte versuchen über die Politik, diverse Verbände und Gremien darauf aufmerksam zu machen, dass es finanziell und auch inhaltlich gewaltig stinkt. Der bei *Transparency International* im Sommer 2013 veröffentlichte Korruptionsindex zeigt, wie viel Vertrauen verspielt wurde. Doch immer noch machen die Sender so weiter wie bisher. Ist das fair?

Mit diesem Acht-Milliarden-Vertrauen, das in Deutschland nicht nur einer Sender-Obrigkeit, sondern uns allen, die wir ein Teil der Kreativ-Branche sind, entgegengebracht wird, darf man nicht leichtfertig umgehen.

Wir könnten mit so viel Geld nicht nur in unserem eigenen Land gutes Fernsehprogramm und Filme machen, sondern auch wichtige, und vor allem zeitgemäße Inhalte, in den europäischen und auch internationalen Markt einfließen lassen.

Mit zeitgemäßen Inhalten könnte man weltweit Geld verdienen, das zurück in die Film- und Fernsehlandschaft fließen könnte.

Doch genau das wird anscheinend von ARD und ZDF nicht gewollt, nicht für möglich gehalten, oder ganz einfach nicht umgesetzt, da es an Visionen und fähigen Redaktionen fehlt.

Eine freie Autorin, Cutterin und Produzentin, in den USA sehr gut ausgebildet, verklagt man lieber, statt sich meiner berechtigten Kritik an stupiden Inhalten zu stellen. Warum?

In der letzten Juniwoche 2013, während ich die letzten Kapitel meines Buches schrieb, war ein engagierter *Rundfunkrat* des Bayerischen Rundfunks bei einer Versammlung der vor ein paar Jahren gegründeten *Deutschen Akademie für Fernsehen* zu Besuch. Genau ein Jahr vorher hatte ich den Rundfunkrat gefragt, ob die beim Kinderkanal entwendeten acht Millionen Euro wieder zurück in die Kasse gelegt wurden. Das Auftragsvolumen fehlte bei vielen Kollegen und Kolleginnen, die gutes Kinderprogramm machen wollten. Einige von ihnen hatten keine Arbeit mehr, doch für acht veruntreute Millionen könnte sehr viel gutes Kinderprogramm entstehen.

Als ich meine Frage im Münchner Landtag, beim Filmfest 2012 stellte, standen einige Politiker um mich herum. Alle wussten über die verschwundenen acht Millionen Bescheid. Doch hatte keiner nachgefragt, ob ARD und ZDF das veruntreute Geld vollständig zurück in die Produktionsschatulle des gemeinsamen Kinderkanals gelegt hatten. Einer der Politiker antwortete mir.

«Man macht sich als Politiker ungern bei den Medien unbeliebt...»

Es war eine wunderbar ehrliche Antwort.

An diesem Sommerabend, im Jahr 2013, brachte ein engagierter *Rundfunkrat* uns vorläufige Zahlen über das

Jahr 2011 mit, die er auf Wunsch aus verschiedenen Quellen zusammengetragen hatte. Einige Zahlen betrafen den Bayerischen Rundfunk und erklärten zumindest den Absagebrief, den ich kurz zuvor von *Hubert von Spreti* erhalten hatte, einem in München bekannten Redakteur, der außer Landes gewesen war, als wir unseren ersten Kino-Dokumentarfilm in München und Mali produzierten.

Als kleine Münchner Produktionsfirma mit einem angeschlossenem Buch-, CD- und DVD-Verlag sind wir ausschließlich an Koproduktionen, mit möglichst kleiner finanzieller Beteiligung eines Senders, interessiert. Daher fallen für einen Sender deutlich geringere Kosten an.

Der Arbeitsaufwand für den Sender ist gering. Wir verzichteten gerne auch auf die lokale, redaktionelle Begleitung für unseren nächsten, international verkäuflichen Dokumentarfilm. International verkäufliche Qualität zu erreichen ist schwer für einen lokalen Sender.

Da wir an länder-übergreifenden Themen, und auch mehrsprachig arbeiten, sind die Anforderungen an einige Redaktionen verständlicher Weise zu hoch. Erreichen wir jedoch die Exportqualität nicht, lohnen unsere Investitionen nicht. Das Ko-Produktionsmodell ohne redaktionelle Betreuung, ist ein ideales Sender-Modell, da es wenig kostet. Die Antwort von *Hubert von Spreti* war trotzdem negativ. Der bayerische Rundfunk müsste wieder sparen.

Es hätte gereicht, wenn der Bayerische Rundfunk uns auch bei unserem ersten Film nur 30.000 Euro gegeben hätte. Dafür hätten sie den Film auch lokal im BR senden können, was uns gefreut hätte. So lief er nur im WDR.

Beim BR gibt es gar kein Geld ohne betreuenden Redakteur, was mir absurd erscheint. Um zügig zu arbeiten waren in unserem Fall bei der redaktionellen Arbeit Französisch-Kenntnisse nötig. Allein daran scheiterte es beim

BR. Außerdem hätten wir für den Film bestimmt sehr viel länger gebraucht, da die Produktions-Zeit für *Redakteure* zweitrangig ist, Produzenten aber sehr viel Geld kosten kann.

Zurück zu der Milliarde an Gebührengeldern, die im Jahr 2011 nach Bayern geflossen waren. Das waren insgesamt 1040 Millionen Euro, davon gingen 49 Millionen an die Produzenten für Auftragsproduktionen mit redaktioneller Betreuung. Wofür genau hatte man die anderen 991 Millionen Euro ausgegeben?

Es wird auch in Zukunft nicht einfacher werden, dem Geldfluss der Gebührengelder genauer auf die Spur zu kommen. Doch stellten einige der Zahlen zumindest einen Zusammenhang her, der uns in der Branche schon länger beschäftigte: Hatten die stetig schwindende Intelligenz in den fiktionalen Programmen, sowie die geringere Anzahl der für internationales Publikum bei *ARTE* produzierten Dokumentarfilmen, etwas mit politischen Bestrebungen zu tun?

Wurden Gebührengelder insgesamt umgeleitet, vielleicht sogar durch Gremienbeschlüsse von Gremien, die eine bestimmte politische Zusammensetzung hatten?

Gebührenzahler sollten die Gelegenheit beim Schopf nehmen und nachfragen. Egal welche politische Partei man wählen möchte, man muss nicht Geld für Inhalte bezahlen, die nur einen Bruchteil ihres Geldes wert sind. Man bezahlt schließlich auch für ein Kotelett bei ALDI nicht so viele Euros, wie für ein Kotelett im Bioladen.

Bei den Dokumentarfilmen von *ARTE* gab es politische Entscheidungen, die den Wert der produzierten Dokumentarfilme deutlich verringert haben. Man produziert seit einiger Zeit wieder lokale Themen für lokale Sendeplätze. Nur dann darf auch *ARTE* einsteigen, doch diese Filme sind zu einem Großteil international wenig gefragt. Wieder einmal sind wir im eigenen Mustopf gelandet!

ARTE diente ursprünglich einem höheren Ziel. Man müsste, zumindest von deutscher Seite aus, den einst ambitionierten Sender neu überdenken.

Der *Rundfunkrat* sicherte uns bei der Versammlung bereits zu, dass nicht erneut achtzig Millionen Euro unserer Gebührengelder in Boxrechte fließen würden, wenn er es verhindern könnte.

Stattdessen würden freie Kino-Produktionen, Kinderprogramm, Dokumentarfilme und Kultur stärker gefördert werden. Ob ihm das gelingen wird?

Von den mehr als acht Milliarden jährlichen Gebührengeldern konnten wir an diesem Abend noch nicht einmal ein Viertel eindeutig belegen.

«Der Fisch stinkt vom Kopf her»

Ramadama

Meine Aufgabe als Künstlerin ist nicht die Umsetzung einer notwendigen Aufräumaktion bei den öffentlich-rechtlichen Sendern. Ich spiegele lediglich einige dunkle Seiten unseres gefräßigen Medien-Systems.

Das Aufräumen sollten fachlich kompetente Vertrauens-personen übernehmen, die über Korruptionsverdacht erhaben sind. Innerhalb der Fernsehbranche halte ich das für problematisch, denke ich an meinen früheren Freund Ben zurück.

Meine Ambitionen, in Zukunft wieder unter redak-tioneller Supervision zu arbeiten, stehen im direkten Zusammenhang mit dem Erfolg eines *Ramadama* im Fall meines Vierteilers.

Wollen wir als Gebührenzahler für unsere mehr als acht Milliarden Euro einen fairen Gegenwert bekom-men, gilt es zunächst zu begreifen, dass wir inzwischen gewohnt sind, für eine Millionen Euro eine Hundehütte ohne Dach zu akzeptieren. Das fiktionale Programm wird zusehends schlechter, weil das Redakteurs-System auf-geblasen und überaltert ist. Auch haben wir inzwischen viel zu wenig ambitionierte Geschichtenerzähler in den Sendern selber. Lieber schreibt man *Breaking Bad* ab.

Was das Preis-Leistungs-Verhältnis bei ARD und ZDF betrifft, werden wir seit Jahren von einer politisch bemächtigten Verwaltung an der Nase herumgeführt. ARD und ZDF denken an ihre eigenen Vorteile und ihre eigenen Angestellten, die beschäftigt und gefüttert wer-den wollen. Letztens schrieb mir ein befreundeter Autor, was er von den sieben (!) Redakteurinnen hielt, die seine Drehbücher überprüfen sollten. Reine Arbeitsbeschaf-fungsmaßnahme!

Das Drehbuchschreiben und auch kreative Filmarbeit sind künstlerisch und kostenintensiv. Zeitverzögerungen durch ein mehrheitliches Redaktionsfeedback sind Schwachsinn. Für die Qualität wäre es besser, man würde zu dem alten System zurückkehren, in dem die Sender sendeten und die Produzenten produzierten. Damit würden sich auch die unflätig teuren Töchter- und Enkelfirmen von ARD und ZDF erledigen.

Den Anspruch auf inhaltliche und finanzielle Hoheit, den die momentanen Redaktionen von ZDF und ARD halten wollen, kann ich bei dem geringen qualitativen Output nicht nachvollziehen. Bei der enormen Geldverschwendung und der freiwilligen Quotenhörigkeit der letzten Jahre, sollten alle Kulturschaffenden das derzeitige Redaktions-System kritisch hinterfragen.

Fügt man die zunehmende politische Ausrichtung vieler Sender hinzu, fällt die inhaltliche Bilanz, vom künstlerischen Blickwinkel aus betrachtet, erschreckend dünn aus. Verdummung kann die *RTLGruppe* genau so gut, dafür muss man nicht bezahlen.

Sendeplätze für freie Produktionen, ohne redaktionelle Kontrolle, sollten schnell und in großer Zahl bereitgestellt werden. Gerade in den bildungsferneren Schichten wird derzeit zu Recht die Gebührenfreiheit eingefordert, da die Privatsender das Bedürfnis nach trivialer Unterhaltung professionell bedienen. ARD und ZDF müssten sich im fiktionalen Programm unterscheiden, dringend müsste intelligentes, deutsches Programm entwickelt werde.

Sieben Vorschläge zur Strukturverbesserung und finanziellen Regeneration:

1. Reduzierung des Verwaltungsaufwandes:
ARD und ZDF könnten sich in Teilen zusammentun, um Doppelungen zu eliminieren.

Ein Teil der Verwaltungs-Struktur könnte bis zum Jahr 2015 halbiert werden. Bis Ende 2014 laufen viele Verträge aus. Notfalls könnten überflüssig werdende Mitarbeiter umgeschult, oder bei vollem Gehalt freigestellt werden, dann benötigen sie keinen Arbeitsplatz im Sender.

Es gibt *Redakteure* und Redakteurinnen, die kaum genug Arbeit für eine halbe Stelle haben. Sie könnten Teil einer Senderbeistellung sein, denn auf Produktionsseite fallen Arbeiten an, die von redaktionellen Mitarbeitern erledigt werden könnten. Das könnte ein zusätzlicher Finanzierungsblock sein. Der WDR hat solche Modelle, wir haben als Produktionsfirma gute Erfahrung damit gemacht.

In meinen zwanzig Jahren Erfahrung hätten *Redakteure* sich Zeit, und der Sender sich viel Geld sparen können. Weder braucht man sieben *Redakteure* für ein gutes Drehbuch, noch zwei. Sind Sender ehrlich mit sich, wissen sie, dass sie einige wenige tüchtige und qualifizierte Leute haben, die auch immer voll ausgelastet sind.

Qualitativ hochwertiges Programm braucht weder ein großes Budget, noch viele Köche, sondern eine hohes Maß an Kreativität und Konzentration. Wären *Redakteure* mit diesen beiden Eigenschaften gesegnet, hätten sie mit großer Wahrscheinlichkeit einen anderen Beruf gewählt.

2. Transparenz – finanziell und personell
Finanzielle Transparenz:
Unbedingte Transparenz in allen Belangen, die mit öffentlich-rechtlichen Gebührengeldern zu tun haben, inklusive der Gehälter, notwendigen Investitionen und

jährlichen Auftragsvergaben. Die für jeden Zahler einsehbaren Sachverhalte bitte visuell ansprechend gestalten, so dass auch junge Menschen sehen können, was sie alles für ihr Geld bekommen.

Personelle Transparenz:
Alle Angestellten eines Senders mit einem Foto, einer kurzen beruflichen Vita, und auch Schulabschluß und Ausbildung ins Internet stellen. Auch das ist für die nachfolgende Generation wesentlich, um sich identifizieren zu können. Die *Redakteure* sollten zudem Programme einstellen, die sie betreut und verantwortet haben. Beim WDR gibt es bereits Beispiele für gut gepflegte Redakteurs-Datenbanken.

3. Prozentual festgelegte Auftragsvergabe:
Es sollte feste Regelungen über die Anteile des jährlichen Auftragsvolumens geben für:
Tochterfirmen, Firmen mit Senderbeteiligungen, die Firmen der großen Medienkonzerne, und die freien Produzenten.

Es ist davon auszugehen, dass eine inhaltlich-politische Einflussnahme der Sender durch die *Redakteure* durch die Bank stattfinden könnte, wenn es gewollt wird. Das zeigt mein Beispiel der *Herzblutlinde*. Autoren können sich nur schlecht dagegen wehren. Daher sollte man von vornherein einen hohen Prozentsatz an inhaltlich nicht von Sendern beeinflußbaren Programmen anbieten. Das würde die generelle Akzeptanz bei den Jungen erhöhen. Man könnte es als den *INDIE*-Sektor bezeichnen und eine Marke daraus machen.

Die Senderinhalte, die über Töchter- und Enkelfirmen, aber auch Firmen mit Senderbeteiligungen an den

Zuschauer herangetragen werden, sollten deutlicher als Senderinhalte zu erkennen sein. Auch Ehrlichkeit hilft bei der jungen Generation.

Zusätzlich sollte man in nationales und internationales Programm aufteilen. Ein höheres Budget für Produktionen mit Verwertbarkeit im Ausland sollte festgelegt werden.

4. Produktionsbudgets über fünf Millionen

Die fiktionalen Bemühungen von ZDF und ARD sind zum Teil Hochglanz. Aber sie werden immer teurer. Meine Recherchen haben ergeben, dass hier nur wenige Firmen zum Zuge kommen, ein prominentes Beispiel ist *Teamworx*, *Tochterfirma* des finanzstarken internationalen Medienkonzerns *Bertelsmann*.

Teamworx könnte zum einen mit der populären Kriegsfilm-Unterhaltung verstärkt über zusätzliche Gelder aus dem Ausland finanziert werden. Genau wie die private *RTLGruppe* gehört Teamworx zum *Bertelsmann* Medienkonzern. *Teamworx* und RTL sind also über die *Bertelsmann*-Mutter eine Finanz-Familie. Bis jetzt konnte mir niemand erklären, warum unsere Gebührengelder für ARD und ZDF der Firma *Teamworx* Budgets in zweistelliger Millionenhöhe finanzieren, obwohl Teamworx zu *Bertelsmann / RTL* gehören. Das reißt ein gewaltiges Loch in die jährliche Produktionskasse von ARD und ZDF.

Man könnte den Großteil der *Teamworx*-Produktionen der *RTLGruppe* überlassen. Dieser Quotentanz zwischen *Teamworx* bei ARD und ZDF, oder *Teamworx* bei *RTL* ist ein teures Scheingefecht. Unsere Gebührengelder werden unnötig belastet.

Einen Fehler, den man bei Teamworx-Produktionen nicht machen sollte: Popularität mit kultureller Qualität zu verwechseln. Gerne vergleicht Nico Hofmann sein grandioses Trivia-Werk Unsere Mütter, unsere Väter mit einer Spielberg-Produktion aus den 80er Jahren. Sein eigener Vergleich zeigt, dass man sich bemüht hat, möglichst gekonnt zu kopieren.

Bertelsmann / *Teamworx* steht heute, wofür *Bertelsmann* schon im Zweiten Weltkrieg in Buchform stand: Die spannend-populäre Unterhaltung, gerne auch im Kriegsmilieu erzählt. Nur bezahlen wir inzwischen zweistellige Millionenbeträge aus Gebührengeldern für TV-Trivia, während selbst für kulturell hochwertige *low budget* Kino-Kultur, die ohne redaktionelle Betreuung entstehen möchte, die Gelder schwinden.

Produktionsbudgets von über fünf Millionen sollten generell eine Genehmigung außerhalb der Sender beantragen müssen.

5. Trennung von Fernsehen und Kino

Fernsehangestellte gehören meiner Meinung nach nie in öffentliche Kino-Fördergremien, zum Beispiel in die Gremien des BKM oder der *FFA*. Wird von Kino-Förderanstalten bei einem Drehbuch eine dramaturgische TV-Betreuung empfohlen, ist das kontraproduktiv.

Dramaturgische Betreuung ist zudem sehr individuell. Man muss sich das vorstellen wie einen Maler, der mit jemanden über sein halbfertiges abstraktes Ölgemälde reden soll. Der künstlerische Prozeß lebt von der künstlerischen Wahrnehmung, die aber setzt eine künstlerische Ausbildung voraus. Dann erst kann ein künstlerischer Dialog entstehen, aber nur in Freiheit. Das setzt eine freiheitliche Entscheidung voraus.

Alles andere kostet am Ende nur Geld. Man muss in Deutschland lernen, dass ein gewisses Maß an Professionalität viel Geld sparen kann. So ist zum Beispiel in unserer Mini-Produktionsfirma in Schwabing, mit nur knapp 90.000 Euro an Fernseh- und Fördergeld, ein unterhaltender und bildender Kino-Dokumentarfilm entstanden, der nach New York City, Paris und Tokyo eingeladen wurde. Dafür mussten wir zusätzlich zu dem Fernsehfilm für die WDR-Redaktion eine internationale Kinofassung schneiden, das kostete extra Geld. Trotzdem blieben wir unter 180.000 Euro Produktionsbudget für einen international verkäuflichen Film in drei Sprachen. Der Film reist in einer Computer-Festplatte, die nicht größer ist als eine Zigarettenschachtel.

Es ist nicht das große Budget, sondern es kommt auf den künstlerischen Inhalt an. Dazu braucht man Künstler, die kritisch und mutig sind und keine bequemen Jasager. Wenn das auch ARD und ZDF begreifen, werden sie vielleicht auch wieder den Dialog mit den Künstlern suchen, die ihnen all die Jahre gesagt haben, dass sie viel zu schnell in eine wirklich falsche Richtung rennen, und nebenbei viel zu viel von unserem Geld für Unnützes ausgeben.

Das Kreativ-Potential eines Landes muss man für sich nutzen können, und es nicht mit aufgeblasener Verwaltung ersticken wollen. Daher wäre es von großem Vorteil, wenn das Fernsehen seine Nase nicht in Kino-Angelegenheiten stecken würde.

6. Kosten: Grundmodul und Zusatzmodule

ARD und ZDF könnten ein Modell entwickeln, das auf weite gesellschaftliche Akzeptanz stoßen würde: Ein Grundmodul für etwa fünf bis sieben Euro im Monat als Basisversorgung. Das müsste jeder Haushalt bezahlen. Dieses Grundmodul müsste Nachrichten, Information, ein Minimum an Kunst und Kultur, Kinderprogramm und den Hörfunk beinhalten.

Zusätzlich könnte man TV-Zusatzmodule buchen, für einen jährlichen, festen Betrag. Sport, deutsche Unterhaltung, internationale Unterhaltung, einen internationalen Kulturkanal, einen hochwertigen Dokumentarfilmkanal, einen hochwertigen Kinder- und Jugendkanal.

Das Angebot ließe sich erweitern. Zwei bis fünf Euro pro Modul als Abonnement. Man könnte freiwillig mehr bezahlen als heute, müsste es aber nicht. Das wäre zeitgemäß für die Zuschauer und würde auch viele *Redakteure* anregen. Die *Redakteure* könnten freier arbeiten, unter Umständen auf zusätzlicher Erfolgsbasis. Die Kritiker wären zufrieden, die *Tatort* und Fußballfans kämen mit oder ohne Zusatzmodule auf ihre inhaltlichen und finanziellen Kosten.

In dieser Landschaft wären Korruption, politische Kontrolle, Redaktions-Zensur, *Amigo*-Seilschaften und *Schwarze Listen* für kritische Autoren überflüssig.

In der verwaltenden Vielfalt könnte eine inhaltliche Vielfalt leben und wir müssten uns nicht so schrecklich langweilen.

Ein Intendant namens Dr. Thomas Bellut müsste keine Briefe von einer verzweifelten Autorin unbeantwortet lassen, weil er solche Briefe erst gar nicht bekommen würde. Es gäbe weder Programmdirektoren für ein gesamtes Sender-Programm, noch Intendanten für einen Gesamtsender. Die Satelliten der Module würden eigenständig arbeiten.

7. Ein Sender für den filmischen Nachwuchs
Unser talentierter filmischer Nachwuchs bräuchte bei ARD und ZDF einen eigenen Sendekanal, der nicht un-

bedingt von etablierten Redaktionen betreut werden sollte. Die Hochschulen sollten selber bestücken, und auch gleich eine Möglichkeit anbieten, zu lernen, was nötig ist, um später bei einem Sender zu arbeiten.

Es wird, auch über das Internet, zukünftig immer mehr Plattformen geben, die mit Inhalten bestückt werden wollen. Eine gezielte Schulung mit einem gemeinsamen Hochschul-Sender wäre ein ideales und kostengünstiges Übungsfeld.

Innerhalb der Hochschulen könnte man alles Mögliche für diesen jungen Sender anbieten, je nach Sendezeit und Vorlieben. Man könnte zusätzlich die Sender-Archive plündern und eine Vielzahl von Themen zusammenstellen, die intelligente, junge Menschen ansprechen. Der Phantasie der Hochschüler wären keine Grenzen gesetzt. Dazu eigene Werke, stetig wachsend, vom ersten Kurzfilm bis hin zu den jungen Oskar-Anwärtern der nächsten Generation. So könnten ARD und ZDF dem filmisch-künstlerisch talentierten Nachwuchs in Deutschland nicht nur ein eigenes kulturelles Gesicht geben, sondern gleichzeitig nachfolgende Generationen als Gebühren-zahler an ARD und ZDF binden. Künstlerisch hochwertige Werbung ginge natürlich auch, auf diesem jungen Kreativ-Sender.

«Idiotentest?« «Und wer, glauben Sie, ist damit
gemeint, Sie oder ich?«

Oh Boy, Spielfilm von Jan-Ole Gerstner, 2012
Gewinner des Deutschen Filmpreises 2013

Zwei von Hundert

Warum war ich in Wirklichkeit verklagt worden? Hatte ich mit meinen Nachfragen bezüglich des ZDF-*Proporz* in ein Hornissennest gestochen? Wir Bayern können das. Es ist unsere Neugierde, gepaart mit der Naivität der Landbevölkerung im Süden. Wir geben einfach keine Ruhe.

Immer noch würde ich den einen oder anderen Sachverhalt gerne genauer wissen, vielleicht erbarmt sich ein Wissender. Zwei von hundert Menschen sollen Zivilcourage besitzen.

April 2013: Kurz nach Mitternacht, bei großzügig finanzierten Festivitäten im Berliner Friedrichstadt-Palast, unterhielt ich mich während des Empfangs, nach dem illustren Deutschen Filmpreis, mit einer besorgten Berliner Politikerin. Sie hatte Beunruhigendes über die Zustände beim Bayerischen Rundfunk gehört. Wir wurden einander von einer befreundeten *Regisseurin* aus München vorgestellt. Es war zu später Stunde laut und fröhlich, sie erhob ihre Stimme, um sich zunächst bei mir nach den Nöten der freien Filmschaffende in Bayern zu erkundigen.

«Ist es wirklich so schwierig? Und stimmt es, dass das von *Bettina Reitz* veröffentlichte Statement, über die radikalen Sparmaßnahmen bei Koproduktionen, ein verzweifelter Hilferuf aus dem Bayerischen Rundfunk war?»

«Ein Hilferuf von unserer *Fernsehdirektorin*?»

«So hätte es *Dr. Matthias Esche*, einer der beiden Geschäftsführer, ausgedrückt... Sie kennen ihn?»

Ich kam nicht dazu ihr eine Antwort zu geben, hielt einen Hilferuf jedoch für unwahrscheinlich. Außerdem schien die Sender-Tochter Bavaria selber eines der größten Probleme am Filmstandort München zu sein, zumindest nach meinen Recherchen. Wieder wurde dort sehr viel

Geld für einen TV-Kostümfilm ausgegeben, mindestens sechs Millionen sollten es sein, diesmal Schiller.

Da stellte sich schon die nächste Neugierige zu uns, erneut in eleganter Abendgarderobe. Ihr Lippenstift war zu grell, auch wankte sie leicht vom Alkohol. Vielleicht eine Schauspielerin? Sie wollte von mir wissen, ob es stimmte, dass der gutaussehende, neue Intendant des Bayerischen Rundfunks, mit der Tochter des bedeutenden TV-Rechte-Gurus, der ein ehemaliger Mitarbeiter von *Leo Kirch* sei, ein Kind gezeugt hätte...

«Hat er, oder hat er nicht, der Schwerenöter?»

Ich hatte keine Ahnung. Klatsch interessierte mich nicht besonders. Auch war ich müde, die diesjährige Bühnen-Show, von *Fred Kogel* betont im TV-Stil inszeniert, hatte mich angestrengt.

Da wurde neben uns laut und männlich gelacht. Ich erkannte die *Amigos* sofort. Auch sie waren vielleicht zu später Stunde ein wenig angeheitert, ganz sicher wirkten sie selbstbewußt und männlich-fröhlich. Der ZDF-Intendant Dr. Thomas Bellut mit Gattin, daneben sein ZDF-Justiziar *Peter Weber*, wenn ich mich nicht sehr irrte. Der prägnante Weber-Schnurrbart war leicht zu erkennen. Diese Rechtsverdreher, wie man in Bayern gern sagte, machten mir nun seit Jahren das Leben schwer.

In dem schummrig warmen Licht, bei meinen zweiten, oder dritten Glas Champagner, während ich die letzte Woge an Mitternachts-Klatsch stoisch ertrug, sah ich die ZDF-*Amigos* in einem hoffnungsvollen Licht. Vielleicht sollte ich einfach hingehen und fragen, ob man mir meine Geschichte zurückgab, was hatte ich zu verlieren?

Der Justiziar lachte gewinnend mit einer blonden Schönen an seiner Seite, ihre lange Robe mit dem eleganten Ausschnitt paßte zu ihren ondulierten Haare. Zufällig sah sie in meine Richtung und ich erschrak. Ihre ausdrucksvollen Augen erinnerten mich an Annika!

Vielleicht war es doch keine gute Idee, mich in Erinnerung zu bringen. Plötzlich wollte ich nur noch gehen.

Ich trank den letzten Schluck Champagner, verabschiedete mich so charmant wie möglich von den Damen und machte mich auf den Weg zur Treppe.

Da entdeckte ich, wenige Schritte neben Intendant und Justiziar, den Berliner Proporz-Produzenten Paul. Er hatte mich ebenfalls gesehen, wir begrüßten uns. Nett fragte er, wie es mir denn so gehen würde.

Ich erschrak. Erwartete Paul etwa, dass ich über meine Hoffnung auf die Wiedereröffnung unseres Gerichtsverfahrens in Karlsruhe sprach? Kam nicht in Frage. Dann lieber ein unverfänglicher Allgemeinplatz. Mein Befremden über die kitschige Wasserfontäne und die lapidare Moderation für den diesjährigen Deutschen Filmpreis? Alles zu sehr ZDF in meinen Augen, da konnte gar kein Kino-Gefühl aufkommen. Doch sah das Paul vielleicht anders: Fernsehen, Fernsehen über alles...

Plötzlich war ich zu müde, um viele Worte an ihn zu verschwenden, also bluffte ich auch.

«Wunderbar geht es mir, und selber?»

«Großartig!»

Als ich den Friedrichstadt-Palast über die große Treppe verließ, immer darauf achtend, dass meine Absätze sich, auf dem Weg nach unten, nicht in dem Prunkteppich verfingen, war ich mir sicher: Wir alle, die wir Zahler waren, sollten den veralteten, geldgierigen Dinosauriern ARD und ZDF mehr unter die müden Verwaltungs-Schuppen leuchten, ihre Eingeweide mit unseren Fragen durch pusten, und ihre kurzsichtigen Augen mit neuen Vorschlägen kitzeln. Es wird höchste Zeit!

DANK

Mein Dank geht an den *Mo* (bayerisch für Ehemann) und meine beiden Buben für ihre Geduld. Wenn ich schreibe, vergesse ich sogar das Essen und leider manchmal auch das Kochen.

Danken möchte ich auch meinem Anwalt Andreas, der mich mit klugen Bedenken hoffentlich vor weiterem rechtlichen Ärger bewahren wird.

Weiterhin an Anne, die mich angefeuert hat. Heike, die nachfühlen konnte, wie schwer es ist, wenn einem Autor eine Geschichte entrissen wird. Désirée, meine wundervolle Kritikerin, durch ihre Afrika-Erfahrungen eine ideale Spezialistin für Korruption. Meine treue Freundin Hike, von Anfang an fassungslos über die dunkle Seite der Mainzelmännchen. Weiterhin danke ich den Journalisten, die mir ihre wertvolle Arbeit zur Verfügung stellten. Thomas Schuler möchte ich für sein Seminar über investigative Recherche, und seine lehrreichen Bücher über Bertelsmann danken.

Großartig waren meine älteren Film-Freunde. Beim diesjährigen Münchner Sommerfest der *Filmkademie* erinnerten sie mich mit viel Insider-Wissen an den wirtschaftlichen und künstlerischen Schaden, den die Millionen-Machenschaften zwischen *Leo Kirch* und *Dieter Stolte* (ZDF) vielen freien Filmemachern zufügten.

Last not Least gilt mein Dank dem *Oberhausener Manifest* aus dem Jahr 1962. Dieses mutige Papier erschien kurz nach meiner Geburt, mein Vater war mit verantwortlich. Es wird Zeit, dass auch unsere Generation stärker definiert, wofür wir als freie Kulturschaffende stehen wollen. Sonst versickert unser aller Geld für Boxen, *Amigo*-Unsinn und Filme, auf die wir nie stolz sein können.

Der Zusammenbruch des konventionellen deutschen Films entzieht einer von uns abgelehnten Geisteshaltung endlich den wirtschaftlichen Boden. Dadurch hat der neue Film die Chance lebendig zu werden.

Deutsche Kurzfilme von jungen Autoren, Regisseuren und Produzenten erhielten in den letzten Jahren eine große Zahl von Preisen auf internationalen Festivals und fanden Anerkennung der internationalen Kritik. Diese Arbeiten und ihre Erfolge zeigen, daß die Zukunft des deutschen Films bei denen liegt, die bewiesen haben, daß sie eine neue Sprache des Films sprechen.

Wie in anderen Ländern, so ist auch in Deutschland der Kurzfilm Schule und Experimentierfeld des Spielfilms geworden.

Wir erklären unseren Anspruch, den neuen deutschen Spielfilm zu schaffen.

Dieser neue Film braucht neue Freiheiten. Freiheit von den branchenüblichen Konventionen. Freiheit von der Beeinflussung durch kommerzielle Partner. Freiheit von der Bevormundung durch Interessengruppen.

Wir haben von der Produktion des neuen deutschen Films konkrete geistige, formale und wirtschaftliche Vorstellungen. Wir sind gemeinsam bereit, wirtschaftliche Risiken zu tragen.

Der alte Film ist tot. Wir glauben an den neuen.

Bodo Blüthner	Walter Krüttner	Detten Schleiermacher
Boris v. Borresholm	Dieter Lemmel	Fritz Schwennicke
Christian Doermer	Hans Loeper	Haro Senft
Bernhard Dörries	Ronald Martini	Franz-Josef Spieker
Heinz Furchner	Hans-Jürgen Pohland	Hans Rolf Strobel
Rob Houwer	Raimond Ruehl	Heinz Tichawsky
Ferdinand Khittl	Edgar Reitz	Wolfgang Urchs
Alexander Kluge	Peter Schamoni	Herbert Vesely
Pitt Koch.		Wolf Wirth

26

272

Glossar

· *Alphabet City* Kleiner Bezirk innerhalb des Eastvillage in Manhattan, in dem die Avenues Buchstaben und keine Zahlen haben, in den achtziger Jahren berüchtigt für Drogenhandel.

· *Amigo* Umgangssprachlich in Bayern im Sinne von Vetternwirtschaft und korrupten Machenschaften gebräuchlich.

· *Angst essen Seele auf* Spielfilm von Rainer Werner Fassbinder, aus dem Jahr 1974.

· *Arbeitsgemeinschaft Dokumentarfilm, AG DOK* Die Arbeitsgemeinschaft Dokumentarfilm ist mit rund 850 Mitgliedern der größte Berufsverband fernsehunabhängiger Autoren, Regisseure und Produzenten sowie Filmschaffenden aus den Bereichen Kamera, Ton und Schnitt in Deutschland. Sie steht Vertretern aller Filmgenres offen und versteht sich in erster Linie als film- und medienpolitische Lobby des Dokumentarfilms.

· *ARTE* Deutsch französischer Kultursender, auf deutscher Seite gemeinsam verantwortet von ARD und ZDF.

· *Bakschisch* Synonym für Bestechungsgeld, persisch für Geschenk

· *bella figura* Vollständig: fare una bella figura, eine gute Figur abgeben, sich bemühen.

· *Bertelsmann* Die Bertelsmann SE & Co. KGaA mit Hauptsitz in Gütersloh ist ein internationaler Medienkonzern und wurde vom Institut für Medien- und Kommunikationspolitik im internationalen Ranking für 2013 auf Platz 8 der weltweit erfolgreichsten Medienunternehmen geführt.

· *blickpunkt:film* Wöchentlich erscheinende Fachzeitschrift über die Filmwirtschaft.

· *Breaking Bad* Erfolgreiche US Fernsehserie von Vince Gilligan über einen erkrankten Chemielehrer, der das große Geld mit der Herstellung synthetischer Drogen verdienen will.

· *Cindigo* CINDIGOfilm GmbH, Münchner Filmproduktionsfirma mit angeschlossenem Verlag.

· *Citizen Artist, Citizen Musician, Citizen Dancer:* Künstler, die ihre soziale Verantwortung durch die Gabe ihrer Kreativität gestalten.

· *Das Glück am Horizont* TV-Spielfilm für die Degeto, 2008. Regie Bettina Woernle, in den Hauptrollen Götz Schubert und Katharina Schubert.

· *Degeto* Hundertprozentige Tochterfirma der ARD, seit Juli 2012 unter der Leitung der Juristin Christine Strobl, Tochter des CDU-Politikers Wolfgang Schäuble. Ausgaben im Jahr 2009: 426 Millionen Euro. Es wurden erhebliche Mängel in der Buchführung festgestellt.

· *Degeto-Sendeplatz* Der am heftigsten kritisierte Degeto-Sendeplatz ist der Freitagabend - ein traditioneller Frauen-Sendeplatz mit Weichspül-Unterhaltung.

· *Der Gott des Gemetzels* Spielfilm von Roman Polanski aus dem Jahr 2011 nach dem gleichnamigen Theaterstück von Yasmina Reza mit finanzieller Beteiligung von ARD / DE-GETO, BR und NDR.

· *Deutsche Akademie für Fernsehen (DAfF)* Gegründet von Fernsehschaffenden im Jahr 2010

· *Deutsche Filmakademie* Selbsterklärtes Ziel ist es den Filmschaffenden ein Diskussionsforum zu bieten und das Ansehen des deutschen Films zu fördern

· *Dialog* Das im Film Gesprochene.

· *Die Rettungsflieger* Seit 1997 wöchentlich ausgestrahlte ZDF-Fernsehserie, die auf Grund großer Beliebtheit bereits mehrere Male wiederholt wurde.

· *Dramaturgie / Dramaturg* Beratende und fachlich geschulte Unterstützung in der Drehbuchentwicklung .

· *Elementals* Ein Begriff aus der US-Künstlerwelt: Maler, Komponisten oder Schriftsteller, deren künstlerische Arbeiten eher intuitiv als vom Intellekt gesteuert entstehen. Unter den Drehbuchschreibern sind es die Charaktere-Schreiber und nicht die Plotter. Also entstehen zuerst die Menschen und dann die Geschichte.

· *FastCulture* Umgangssprachlich für leicht zugängliche Kultur, die nicht wirklich als kulturell wertvoll bezeichnet wird.

· *FFA* Die Filmförderungsanstalt (FFA) ist eine Bundesanstalt des öffentlichen Rechts. Sie hat unter anderem die Aufgabe, Maßnahmen zur Förderung des deutschen Films und zur Verbesserung der Struktur der deutschen Filmwirtschaft durchzuführen.

· *FFF* Der FilmFernsehFonds Bayern ist eine Gesellschaft zur Förderung der Medien in Bayern mit Sitz in München.

· *foreign students* Studenten aus dem Ausland.

· *Geier* Umgangssprachlich und branchenintern gebräuchlich für Drehbuchautoren, die nach Senderwunsch die Werke von anderen Drehbuchautoren weiterschreiben, oft auch für ein geringeres Gesamthonorar.

· *Giftschrank* Branchenüblicher Ausdruck für den Aufbewahrungsort der Filme, die zu schlecht sind, um gezeigt zu werden.

· *Greencard* Umgangssprachlich für eine zeitlich unbeschränkte Aufenthalts- und Arbeitsbewilligung für die Vereinigten Staaten.

· *Greenhorns* Neulinge

· *Hawaii Five-0* Amerikanische Polizeiserie, die von 1968 – 1980 auf Hawaii gedreht wurde und sich unter anderem mit den Rassenkonflikten auseinander setzte. Seit 2010 lässt der Sender CBS die Serie noch einmal in einem Remake aufleben. Im Jahr 2013 wird die vierte neue Staffel gedreht.

· *Herzblutlinde* Nicht verfilmter Filmstoff und Roman, Handlungsort Chiemgau

· *Herzflimmern* Herzflimmern – Die Klinik am See, ZDF-Seifenoper aus dem Jahr 2011 mit insgesamt 255 ausgestrahlten Folgen, die sich keiner großen Beliebtheit erfreuten.

· *Homeland* Erfolgreiche US-Serie über einen Armee-Maulwurf, inhaltlich lose angelehnt an die israelische Serie Hatufim – In der Hand des Feindes.

· *Hunter College* Staatliche Universität in New York, gegründet im Jahr 1870.

· *INDIE* Unabhängig. In der Film- und Verlagsbranche ist vor allem die finanzielle und inhaltliche Freiheit gemeint, die politische Einflussnahme ausschließt.

· *Journalist* Fachzeitschrift seit dem Jahr 1951. Herausgeber ist der Bundesvorstand des deutschen Journalisten-Verbands.

· *KIKA* Gemeinsamer Kinderkanal von ZDF und ARD, ging 1997 erstmalig auf Sendung.

· *Jud Süß* Antisemitischer, nationalsozialistischer Spielfilm aus dem Jahr 1940, nach dem 1925 erschienenen, gleichnamigen Roman von Lion Feuchtwanger

· *Kurbelfertig* Branchenüblicher Begriff für ein Drehbuch, das verfilmt werden kann.

· *Lena Fauch* Düstere und realistische ZDF-Polizei-Drama-Reihe mit Veronica Ferres. Sendejahr 2012.

· *Lerchenberg* Lerchenberg ist eine zum 50. Geburtstag des ZDF produzierte satirische Sitcom und gleichzeitig der Sitz des ZDF.

· *line producer* Meist ein angestellter ausführender Produzent, der einen Film auf administrativer Seite begleitet.

· *Liquor License* Schanklizenz für harte Spirituosen.

· *low budget* Niedrige Produktionsbudgets. Je nach Produktion kann low budget auch ein Budget von bis zu zwei Millionen Euro für einen Kinofilm bedeuten. Der Traum vieler Filmemacher ist low budget ohne Fernsehredaktionen.

· *Ludwig II* Deutscher Historienfilm der Regisseure Peter Sehr und Marie Noëlle aus dem Jahr 2012 über das Leben von Königs Ludwig II. von Bayern. Produktionsbudget circa 16 Millionen Euro.

· *Maria sucht Josef* Erst ein Drehbuch, dann ein Weihnachtsroman. Erschienen im Jahr 2010 als Taschenbuch beim Piper Verlag.

· *Marienhof* Deutsche Seifenoper, ab dem 1. 10. 1992 täglich im Vorabendprogramm der ARD gesendet.

· *Menschliches Versagen* Dokumentarfilm von Michael Verhoeven, Produktionsjahr 2008

· *Mo* Bayerisch für Ehemann

· *National Geographic Society* Im Jahr 1888 in Washington D.C. gegründet, ist die NGS eine wissenschaftliche und bildungsorientierte Organisation, die unter anderem weltweit Dokumentarfilme produziert.

· *New York University* Größte private Universität der Vereinigten Staaten, 1831 gegründet.

· *Oberhausener Manifest* Filmhistoriker sehen das Oberhausener Manifest als den Beginn der gesellschaftspolitischen Trendwende der bundesdeutschen Filmkultur nach dem Zweiten Weltkrieg.

· *Öffis* Kosename für öffentlich-rechtliche Rundfunkanstalten.

· *Oh Boy* Spielfilm von Autor und Regisseur Jan-Ole Gerstner aus dem Jahr 2012, gedreht mit einem Budget von 300.000 Euro. Bejubelter Gewinner des Deutschen Filmpreises 2013 und der Beweis, dass Filmhochschulabgänger mit wenig Geld gute Filme machen können, wenn sie eine gute Geschichte zu erzählen haben.

· *Ombudsmann* Unparteiische Schiedsperson.

· *Outline* In der Film- und Fernsehindustrie ist die Outline eine gängige Vorstufe des Drehbuchs, in der in knapper Form alle Szenen aufgelistet werden, die der Autor erzählen möchte.

· *persona non grata* Jemand, der nicht willkommen ist.

· *prison system* Gefängnissystem in den USA, zunehmend weltweit kritisiert.

· *Produzentenallianz* Der größte Verband deutscher Film- und Fernsehproduzenten, gegründet 2008. Viele Produzenten arbeiten für ARD und ZDF Tochter- und Enkelfirmen, so dass man von einer Produzenten-Sender-Allianz sprechen könnte.

· *Proporz* In Bezug auf die Praxis der Auftragsvergabe bei ARD und ZDF eine für mich als Autorin nachvollziehbare Begründung, jenseits der Willkür, oder einer Bevorzugung.

· *Protagonisten* Im Film vorkommende Rollen.

· *Ramadama* Umgangssprachlich bayerisch für ein notwendiges Aufräumen.

· *Redakteur/in* Keine geschützte Berufsbezeichnung, aber ein Berufsbild. Der Redakteur ist in der Regel angestellt und übernimmt innerhalb einer Redaktion festgelegte Aufgaben. Im Zusammenhang mit ARD und ZDF steht eine Kontrollfunktion im Vordergrund.

· *redaktionelle Abnahme* Wichtiger Arbeitsschritt in der Drehbuchentwicklung, davon abhängig ist oft die Bezahlung eines Autors.

· *Regisseur/in* Für die Umsetzen eines Drehbuches zuständig, arbeitet beim Fernsehen meistens weisungsgebunden – im Gegensatz zum Drehbuchautor, der frei arbeitet.

· *Rommel* ARD-Fernsehfilm aus dem Jahr 2012, der die letzte Lebensphase des bekanntesten deutschen Generals des Zweiten Weltkriegs erzählt. Eine Teamworx Produktion (Bertelsmann) mit einem Budget von circa sechs Millionen Euro.

· *Rote Rosen* Deutsche ARD-Telenovela, in der eine Frau Mitte vierzig im Mittelpunkt steht.

· *RTLGruppe* RTL Group SA (abgeleitet aus Radio Télévision Luxembourg) ist mit 53 Fernseh- und 28 Radiosendern Europas größter Betreiber von werbefinanziertem Privatfernsehen und Privatradio. Hauptsitz des Konzerns ist die Stadt Luxemburg.

· *Rundfunkrat* / *Rundfunkräte* beim ZDF auch Fernsehrat: Das bei deutschen öffentlich-rechtlichen Rundfunkanstalten oberste für die Programmkontrolle zuständige Aufsichtsgremium.

· *Rundfunkstaatsvertrag* Staatsvertrag zwischen allen sechzehn deutschen Bundesländern, der bundeseinheitliche Regelungen für das Rundfunkrecht schafft.

· *Sat. 1* / *Pro Sieben* Privatsender in Unterföhring bei München. Der Sender gehört zur ProSiebenSat.1 Media AG. Der Gründer war Leo Kirch.

· *Schwarze Liste* Negativliste oder Index von Personen, die gegenüber nicht aufgeführten Personen benachteiligt werden.

· *Sender-Rückfluss* Finanzielle Mittel, die ursprünglich vom Sender kommen, jedoch auf Umwegen wieder in die Taschen von Senderangestellten fließen.

· *shooting gallery* Lokalität, in der man Drogen kaufen und konsumieren kann, zum Beispiel die Droge Heroin mit vorrätigen Spritzen.

· *Storyliner/in* Ein Arbeitsschritt in der Drehbuchentwicklung, bei dem einzelne Szenen und Sequenzen bis ins Detail ausgearbeitet werden. Die Ergebnisse ähneln dem Treatment eines Drehbuchs und bilden die Grundlage für die Dialogbücher.

· *Stupid German Money* Ursprünglich von der US Filmwirtschaft geprägter Begriff für naiv ausgegebenes deutsches Geld.

· *Super RTL* Privater Fernsehsender, seit 1998 Marktführer bei den 3-13jährigen.

· *Szenen* Ein filmischer Ablauf, der an einem Drehort stattfindet, auch mit Dialogen.

· *Tatort* Seit mehr als vierzig Jahren (Erstausstrahlung 1979) die beliebteste deutsche Kriminalserie.

· *Tätowierung* Spielfilm aus dem Jahr 1967. Zeitbilder aus den 60ger Jahren um jugendliche Ausreißer.

· *Teamworx* teamWorx Television & Film GmbH ist eine Firma für Filmproduktion und eine Tochter der UFA Film- und TV Produktion des internationalen Medienkonzerns Bertelsmann.

· *THE SPIRIT* Teamworx Produktion und Imagefilm für die Bertelsmann AG über die Ziele und Grundwerte für alle Mitarbeiter, Führungskräfte und Gesellschafter.

· *Tochter- und Enkelunternehmen von ARD und ZDF* Laut eines Berichtes der Kommission zur Ermittlung des Finanzbedarfs der Rundfunkanstalten (KEF), gibt es 186 Tochter- und Enkelunternehmen von ARD und ZDF mit einem jährlichen Umsatz deutlich über eine Milliarde Euro.

· *Transparency International* Weltweit agierende Nichtregierungsorganisation (NGO) mit Sitz in Berlin, die sich in der nationalen und internationalen volks- und betriebswirtschaftlichen Korruptionsbekämpfung engagiert.

· *Treatment* Szenischer Ablauf eines ganzen Filmes.

· *Tree-Hugger* Menschen, die Bäume umarmen und eine besondere Beziehung zu Bäumen haben.

· *UFA*, ehemals Universum Film AG, gegründet

· *Unsere Mütter, unsere Väter* ZDF-Kriegs-Mehrteiler aus dem Jahr 2013. Eine Teamworx Produktion (Bertelsmann) mit einem Budget von circa zehn Millionen Euro.

· *Verband Deutscher Drehbuchautoren (VDD)* Berufsverband mit dem erklärtes Ziel, die Interessen aller in Deutschland arbeitenden Drehbuchautoren in der Öffentlichkeit und im Berufsleben zu vertreten.

· *Verwaltungsräte* Zuständig bei deutschen öffentlich-rechtlichen Rundfunkanstalten für die Gesamtleitung in Zusammenarbeit mit dem verantwortlichen Intendant / in.

· *Weekly* Wöchentliche Fernsehserie

· *Wehrsportgruppe Hoffmann* Terroristische Vereinigung neonazistischer Prägung, die 1980 verboten wurde.

· *Weiße Rose* Christlich motivierte Widerstandsgruppe in München während der Zeit des Nationalsozialismus. Berühmte Mitglieder waren die Geschwister Scholl und Willi Graf.

· *White Lady* Umgangssprachlich für Heroin

· *Willy* Lied von Konstantin Wecker aus dem Jahr 1977

· *Winterkind* Fernsehfilm für den WDR aus dem Jahr 1997, Regie Margarethe von Trotta

· *Woodstock in Timbuktu - die Kunst des Widerstands* Kino-Dokumentarfilm von Désirée von Trotha, aus dem Jahr 2012

· *ZDF Enterprises* Die ZDF Enterprises GmbH wurde 1993 als 100-prozentige privatwirtschaftliche Tochtergesellschaft des ZDF gegründet. Im Jahr 2007 kaufte sich ZDF Enterprises in die Bavaria ein.

· *ZDFneo* Ersetzte 2009 den ZDFdokukanal und sendet vor allem US-Serien.

· *Ziemlich beste Freunde* Originaltitel: Intouchables, französisch für Die Unberührbaren. Französische Filmkomödie der Regisseure Olivier Nakache und Éric Toledano aus dem Jahr 2011.

Personen

Literatur

· Schuler, Thomas: Bertelsmann Republik Deutschland – eine Stiftung macht Politik, Campus Verlag, 2010

· Schuler, Thomas: Die Mohns – vom Provinzbuchhändler zum Weltkonzern, Campus Verlag 2004

· Rückert, Sabine: Tote haben keine Lobby. Von der Dunkelziffer vertuschter Morde, Hoffmann und Campe Verlag, 2000

· Krechel, Ursula: Landgericht, Jung und Jung Verlag, 2012

· Rigoll, Dominik: Staatsschutz in Westdeutschland, Göttinger Wallstein Verlag, 2013

Quellen

· Die wichtigsten journalistischen Quellen stehen bei den jeweiligen Texten

Die Enkel der Echse

Welch ein Schatz ginge der Menschheit verloren, wenn die Kultur der Tuareg verschwinden würde? Aus persönlicher Sicht berichtet die Autorin über zwei Jahrzehnte ihrer Begegnungen mit den Nomaden in der südlichen Sahara.

Ein historischer und politischer Überblick ermöglicht Einblicke in die aktuell dramatische Entwicklung.

464 Seiten, Klappbroschur, 74 Farbfotographien
ISBN: 9783944251028

Himmelsstürmerinnen

OKTOBER 2013

Frauen, die etwas riskieren sind anspruchsvoll, dabei nur selten gefällig. Angreifbar stellen sie sich in unseren Medien der Öffentlichkeit und schwimmen auch bei Gegenströmung gerne weiter. Wer sind diese Frauen?

Eine literarische Annäherung an Magazinmacherinnen, weltreisende Journalistinnen, Frauenretterinnen, Wüstenwesen, waghalsige Turmspringerinnen, ehemalige Glamourgirls und vermeintliche Diven.

256 Seiten, Klappbroschur
ISBN: 9783944251110

Abenteuer Kinderbetreuung

Dieses Buch soll Spaß und Mut machen, darf bereichern und vor allem auch helfen Entscheidungen zu treffen. Die heutigen Möglichkeiten der Kinderbetreuung sind vielfältig bis abenteuerlich, gesundes Misstrauen ist gerechtfertigt.

Sachlich, liebevoll und bisweilen kritisch beschreibt die Autorin ihre beruflichen sowie privaten Erfahrungen - mitten aus ihrem mit Kinderlachen erfüllten Leben.
Ein ergänzendes Q&A beantwortet wichtige Eltern- Fragen.

256 Seiten, Klappbroschur
ISBN: 9783944251073

Alleinerziehend, na und?

Dieses ungewöhnliche Sachbuch ist ein bunter Mix aus
erstaunlicher weltweiter Recherche, humorvoller Rebellion
gegen bürokratische Nilpferde - und praktischen Tricks, so
auch Rezepte, die schnell glücklich und satt machen.

Dazu Interviews mit großartigen Menschen und viele
Anleitungen zum Glücklich-Sein in der kleinsten Familien-
form. He, wir sind nicht allein - bald gibt es in Deutschland
ganze drei Millionen von uns!

240 Seiten, Klappbroschur
ISBN: 9783944251097